PRAKTIKUM
DES
BÜRGERLICHEN RECHTES
FÜR VORGERÜCKTERE

ZUM AKADEMISCHEN GEBRAUCH UND ZUM SELBSTSTUDIUM

VON

DR. RUDOLF STAMMLER,
PROFESSOR AN DER UNIVERSITÄT HALLE.

ZWEITE, UMGEARBEITETE AUFLAGE.

MIT FIGUREN.

LEIPZIG,
VERLAG VON VEIT & COMP.
1903

Ein Richter oder ein Staatskundiger kann viele schöne juristische oder politische Regeln im Kopfe haben, in dem Grade, daß er selbst darin ein gründlicher Lehrer werden kann, und wird dennoch in der Anwendung derselben leicht verstoßen, entweder, weil es ihm an natürlicher Urteilskraft (obgleich nicht am Verstande) mangelt, und er zwar das Allgemeine in abstracto einsehen, aber ob ein Fall in concreto darunter gehöre, nicht unterscheiden kann, oder auch darum, weil er nicht genug durch Beispiele und wirkliche Geschäfte zu diesem Urteile abgerichtet worden.

Kant.

Druck von Metzger & Wittig in Leipzig.

Vorwort.

1.

Die erste Frage, welche der Rechtsstudent sich klar machen muß, ist die nach einer festen **Grundstimmung** für die Verwertung seiner Studienzeit.

Hier stehen sich heute, aus längerer geschichtlicher Entwicklung her, zwei getrennte Auffassungen einander gegenüber. Nach der einen Meinung möchte das akademische Rechtsstudium ein gewisser Luxus sein, die Zeit eines staatlich zugestandenen äußeren Lebensgenusses, getragen von bevorrechteter Auffassung, — nach der zweiten Ansicht ist es dagegen eine **pflichtmäßig** obliegende Tätigkeit und eine **Berufsarbeit**, wie andere auch.

Die zuerst genannte Anschauung hat eine Tradition aus vergangenen Tagen für sich. Sie konnte sich namentlich für die Ausbildung der Juristen auf der Universität in der Periode festsetzen, in der das geltende Recht in Deutschland zum größten Teile partikular verschieden war. Da blieb der Rechtslehre im wesentlichen nur eine **allgemein vorbereitende** Aufgabe: Sie übermittelte den geschichtlichen Lauf der rechtlichen Ordnungen, von deren einzelner Ausgestaltung in der Gegenwart sie keine Darstellung liefern durfte; sie versuchte, an den Institutionen vormaliger Rechte die wissenschaftliche Technik zu zeigen, mit der auch heute Jurisprudenz und Gesetzgebung zum großen Teil arbeiten, und überließ es der späteren praktischen Tätigkeit, das wirklich bestehende Recht überhaupt erst kennen zu lernen.

In der neueren Zeit hat sich dies grundlegend geändert. In dem Mittelpunkte des juristischen Unterrichtes auf der Hochschule steht nunmehr das praktisch geltende Recht, das in wachsendem Maße durch die Reichsgesetzgebung sich einheitlich ausgestaltet. Es gibt heute wohl keinen einzigen Zweig der Rechtserkenntnis, der nicht seine systematisch vollendete Ausführung in der akademischen Rechtslehre erführe: So bietet diese nicht mehr eine bloße Vorbereitung zu einer nachher zu beginnenden Ausbildung, sondern sie ist diese wissenschaftliche Ausbildung selbst.

Noch immer aber waltet weithin jene Tradition, die vorhin angedeutet wurde. Und das ist ein übles Ding, von dem Standpunkte unserer allgemeinen Lage aus.

Die Zeiten sind ernst. Nur durch bestes Aufbieten seiner Kräfte, durch rechtes Vervollkommnen des geistigen Könnens vermag ein Stand und ein einzelner seine Daseinsberechtigung zu behaupten.

Die Anforderungen ändern sich. Was der einen Epoche als ein harmloses Spiel nur erschien und als ein unbedenklicher Rest von mittelalterlicher Romantik, das ist anderen Tagen mit sachlichem Grunde ein soziales Unrecht! Und müßig ist es auch hier, einer angeblich guten alten Zeit sehnsüchtig nachzuschauen.

Übel stände es um unser Volk, wenn wirklich die Entwickelung des Charakters in rechter Weise sich nur durch eine Lebensführung erwerben ließe, die bloß einer verschwindend kleinen Zahl junger Leute zukommen könnte. Hier dürfte lediglich ein Versuch vorliegen, gewisse bloß subjektiv gültige Neigungen nach allgemein gültiger Art zu rechtfertigen.

Die Lehrjahre eines Menschen sollen sich von den Wander- und Meisterjahren nicht durch Vergeudung von Zeit und Kraft und bloßen leichten Sinn unterscheiden. Wenn es überall Pflicht ist, sich gegenständlich zu vervollkommnen, so dürfen jene erstgenannten davon sich nicht ausnehmen.

Aber man meint wohl, daß sich beides doch *vereinigen* ließe? Davon ist hier keine Rede. Wir sprechen nicht von einem mehr oder weniger in frohen Erholungsstunden. Jetzt handelt es sich um zwei prinzipiell verschiedene Grundstimmungen, die tatsächlich in unserer, an diesem Punkte unfertigen Entwickelung miteinander ringen. Und von diesen kann bloß die eine richtig sein, und nur die eine das Feld behaupten.

2.

Für diejenigen, welche unserer allgemeinen Auffassung zustimmen, erhebt sich nun die weitere Frage: In welcher sachlichen Richtung soll die geforderte Berufsarbeit grundsätzlich aufgenommen werden?

Wer als pädagogischer Staatsmann oder als akademischer Lehrer für die wissenschaftliche Ausbildung jemandes zu sorgen hat, muß sich zuvor klar machen, wie normalerweise der am Schlusse der Unterweisung aussehen sollte, für den wir lehrend uns mühen. Welche Eigenschaften sollte also ein junger Jurist nach dem Abschlusse seiner Studien aufweisen?

Ich antworte: Nicht bloß ein gelehrtes Wissen und positive Kenntnisse; auch nicht nur solche in wissenschaftlichem Zusammenhange begriffen und behalten; vielmehr auf der selbstverständlichen Grundlage dieses letzteren eine geistig gehobene Qualität.

Dreierlei ist es, was für eine rechtswissenschaftliche Ausbildung nötig ist, und dessen Erlangung in der Überzahl der Fälle nur durch akademischen Unterricht möglich erscheint.

Wir wollen die Erkenntnis unseres Rechtes und seiner Geschichte in einer technisch einheitlichen Auffassung einpflanzen. Es ist als ein harmonisch ausgeführtes Ganzes einzusehen und allenthalben gleichmäßig so zu durchdenken, daß in seinen Begriffen und Sätzen kein Widerspruch besteht. Dadurch allein vermag die Jurisprudenz sich zum wissenschaftlichen Range zu erheben. Denn Wissenschaft ist jedes Bewußtsein, das auf Einheit geht und in der Umformung zu ihr sich vollendet.

Aber es ist zweitens auch erforderlich, dem angehenden Juristen eine planmäßige Anleitung zum praktischen Können zu geben. Er soll die Fähigkeit erhalten, juristische Themata methodisch gut anzufassen und durchzuarbeiten und seine Urteilskraft in der Subsumtion des Konkreten unter die maßgeblichen Normen zu üben. Und falls ich einen Ausdruck von etwas zugespitzter Fassung einsetzen darf, so gehört es zum Bereiche des akademischen Rechtsunterrichtes zu lehren, wie man gute Entscheidungsgründe mache, zu demjenigen des praktischen Vorbereitungsdienstes dagegen anzuleiten, wie ein zutreffender Tatbestand angefertigt und eine rechte Beweiswürdigung vorgenommen werde.

Zum dritten gilt es, den Sinn dahin zu schärfen, daß man das Recht in dem Ganzen des sozialen Lebens und des Menschendaseins begreift. Nicht als ein gelehrter Polyhistor, sondern als ein denkender Jurist. Der praktische Beruf kennt später nur abgegrenzte Aufgaben als Einzelheiten. Man müßte in ihnen ertrinken und untergehen, wenn nicht der theoretisch geübte Blick das Ganze der rechtlichen Ordnung und ihres Waltens umspannte. Die einzige Gelegenheit aber, das zu erringen, ist für die weitaus meisten nur in die kurze Spanne der Universitätszeit gelegt.

Und es ist wohl am Platze, die Gelegenheit wirklich auszunutzen. Nicht aus persönlichem Bedürfnisse allein. Die unmittelbare Aufgabe der juristischen Praxis fordert es, stetig gesteigert.

Es gibt zwei Arten rechtlicher Subsumtion. Ein besonderer Tatbestand wird entweder unter ein technisch geformtes Gesetz gebracht oder unmittelbar nach sachlich richtigem Rechte beurteilt. Wie jeder Jurist heute weiß, ist das der Hinweis auf *Treu und Glauben*, die *guten Sitten*, den *wichtigen Grund*, das *billige Ermessen* und viele andere Ausdrücke mehr. Mit diesem verstärkten Zurückgehen der neuen Gesetze auf ein grundsätzlich begründetes Recht ist unserem Stande eine bedeutsame, vielleicht die schwierigste Aufgabe jetzt gestellt. Es ist eine Lebensfrage für die heutige Rechtsprechung und Verwaltung und juristische Beratung, daß jenes Zurückgehen auf gegründete Prinzipien in gesicherter Methode und überzeugender Deduktion geschehe. Die gute Absicht des Gesetzgebers darf nicht ein kleines Geschlecht finden.

Aber dann ist es auch unerläßlich, daß der angehende Jurist in den Tagen seiner akademischen Arbeit zu der starken Grundauffassung energisch erzogen werde, deren feste Betätigung von ihm einmal erwartet wird. Es muß ihm klar werden, was jene doppelte Subsumtion besagt, die wir oben nannten. Es soll ihm eindringen, wie es eine juristische Aufgabe ist, im Urteilen nach dem Grundgedanken des Rechtes selbst, die das Gesetzbuch mit *Treu und Glauben* und anderem fordert, und nicht eine moralische, die auf innere Gesinnung bloß geht. Er soll erkennen, wie die rechtliche Ordnung, als die Form der Gesellschaft, grundsätzlich nur einen Zwangsversuch zum richtigen Verhalten der ihr Unterstellten bedeutet, und eine Ahnung mag ihm aufgehen, was der Satz besage: *Cuius merito quis nos sacerdotes appellet: iustitiam namque colimus et boni et aequi notitiam profitemur.*

3.

Haben wir hiernach das Ziel der akademischen Rechtslehre umschrieben, so wird sich der Weg dazu in rechter Richtung deutlich und gesichert festhalten lassen.

Es kann keinem Zweifel unterliegen, daß auch innerhalb des juristischen Unterrichtes das Bemühen des Lehrenden vorzüglich auf die Entwicklung der Selbsttätigkeit im Lernenden gerichtet sein muß. Oberste Aufgabe des Rechtslehrers ist die, daß er den Studierenden zu selbständigem Denken anregt: Das Mittel zur Bildung ist die Erregung der Selbsttätigkeit.

Nun ist es klar, daß bei solchem Satze in erster Linie an die Art des unterweisenden Vortrages gerührt wird, der nicht in bloßer (und sei es noch so *exakter*) Darreichung empirischen Stoffes bestehen soll; sondern bei welchem eine geistige Gemeinschaft zwischen Lehrer und Hörern zu begründen ist, indem diese sich in den Blickpunkt des anderen versetzen und mit seinen Augen sehen lernen, auf daß die eigene Blickkraft rege werde.

Allein zur gänzlichen Erfüllung des Vorhabens, tüchtige Juristen auszubilden, kann es mit nichten genügen, dem Vortrage in erwähnter Weise eine möglichst gute Qualität zu verleihen: Es wird auch nötig sein, dem Studierenden in Abwechslung mit dem Aufnehmen des Stoffes, Aufgaben zu stellen, die er in Selbständigkeit, unter Anleitung des Lehrers zu durchdenken und zu lösen hat. Es ist diese Erwägung, die mich vor vielen Jahren dazu geführt hat, von dem ersten Beginne des Studiums an Übungen für Anfänger einzurichten.

Mehrfach hat man solche Anfängerübungen als Bewährung von etwas schon Gelerntem und die dortigen Arbeiten als Leistungen der Studenten aufgefaßt. Daraus zogen die Lehrer den Schluß, daß jene Übungen der Vorlesung, zu der sie gehörten, erst im nächsten Semester zu folgen hätten, und die Schüler wiederum, daß es unter allen Umständen darauf ankäme, gute Arbeiten als abgeschlossene Leistungen vorzulegen. Aber dieses erfüllt keineswegs den hier obwaltenden pädagogischen Plan.

Danach sollen die Anfängerübungen nur eine weitere besondere Lehrart sein, um denselben Stoff, der in der Vorlesung vorgetragen wurde, noch einmal von anderem Standpunkte aus vorzuführen. Bei einem einmaligen theoretischen Vortrage von abstrakten juristischen Lehren rauschen diese an der überwältigenden Mehrzahl unserer Studenten vorüber. Und es ist eine illusorische Forderung, daß sie das also Vorgetragene zu Hause mit Verständnis sich einprägten und fortdauernd für eine weitere Einübung in kommenden Zeiten präsent hielten. Vielmehr muß eine jede wichtige Rechtsfrage für den Anfänger im Rechtsstudium in verschiedener Beleuchtung vorgenommen werden, wenn er sie überhaupt begreifen und beherrschen soll.

Zwar kann es wohl dem tüchtigen Dozenten gelingen, dem Hörer das besondere Problem eines Vortrages in der Auffassung des Vordenkenden deutlich zu machen. Aber um es erkennend unter sich zu haben, dazu ist notwendig, daß der Studierende für sich und von sich aus es noch einmal hervorbringe. Er muß in dieser Arbeit es erwerben, will er es geistig wirklich besitzen. Es soll ja seine eigene Gedankenwelt sein, die er durch die akademische Lehre erhält, und nicht bloß wiedergegebene Sätze der letzteren selbst. So ist ihm Gelegenheit zu bieten, das Vorgetragene, als ein Hilfsmittel zu dem gedachten Ziele, in angeregter Nachprüfung zu durchdenken und es in seine (vielleicht sehr besondere) begreifende Art zu übersetzen.

Aus eigener Kraft sich das zu leisten, dazu sind nur sehr wenige im stande. Und für diese braucht man allerdings keine besonderen pädagogischen Ziele und Mittel. Hier kann man vielmehr ruhig das Wort KANTS gelten lassen, welches er einmal seinen Vorträgen vorausschickte: daß er nicht für die hervorragend Beanlagten lese, da diese ihren Weg schon so wie so finden würden; auch nicht für die ganz Beschränkten, denn solchen sei überhaupt nicht zu helfen; sondern für die breite Menge der mit gutem Durchschnittsverstande Begabten, aus denen wohl etwas Tüchtiges geschnitzt werden könne, so man ihnen die rechte Anleitung und Unterweisung biete.

Nach alledem wird nun die Aufgabe klar stehen, welcher die Anfängerübungen meines Planes, in diesem ihrem Grundgedanken, gerecht werden sollen. Sie sind eine Wiederholung des theoretisch Vorgetragenen, und zwar eine Wiederholung von der eigenen Denkart des Schülers aus, der dadurch zu selbständigem wissenschaftlichem Denken erzogen werden soll. Sie treten in eine Lücke ein, welche durch die Beschränkung auf ein nur einmaliges Vorführen der Lehre, und zwar nur von dem Standpunkte des Dozenten aus, sich erfahrungsgemäß allzu leicht bildet und doch mit Grund scharf empfunden wird.

In dem von interessierten Praktikern immer wieder gemachten Vorschlage, daß die Universitätslehrer das von ihnen Vorgetragene in Besprechung jeweils wiederholen sollten, liegt also ein nicht ohne weiteres zu verachtender und wegzuwerfender Gedanke. Nur die pedantischen Einzelheiten eines schulmäßigen Abfragens sind hier unmöglich. Sie bleiben bei unserem Plane ganz beiseite. Nach ihm kommt es gar nicht darauf an, daß gerade mit jedem einzelnen *geübt* wird; sondern nur darauf, daß er mit dem nochmaligen besonderen Durchsprechen der Rechtsfragen Anweisung und Arbeitsmöglichkeit zu eigener kleiner Produktion erhält. Und die etwaigen schriftlichen Arbeiten sollen mithin nur ein Mittel zur Erlangung des wissenschaftlichen Verständnisses sein, und nicht eine Probe einer gewordenen, sondern einer richtig werdenden juristischen Ausbildung abgeben.

Dagegen werden Arbeiten, welche als Probe einer in gewissem Maße erlangten rechtswissenschaftlichen Befähigung dienen, besser aus den Übungen herausgenommen und einer hinter diesen liegenden eigenen Zwischenleistung übergeben. Wird deren Ziel sachgemäß gesetzt, und nicht Gedächtniswerk, sondern verhältnismäßig gehobene juristische Qualität gefordert, so muß dieses ja eine Wohltat sein, — nicht nur für Schwache und leichter Beeinflußte und Verführte, sondern gerade für die Guten, die Fleißigen und Tüchtigen. Denn es ist längst bemerkt worden, wie in keiner anderen Berufsarbeit eine so lange Zeit zwischen den Beginn der Tätigkeit und die Probe ihrer richtigen Durchführung gesetzt ist, als bei dem akademischen Studium, und namentlich bei dem juristischen. Erst nach Jahren wird dem, der es vormals gar nicht von selbst überblicken konnte, amtlich eröffnet, wie er es vordem hätte machen sollen, und daß er vielleicht schon längst besser getan hätte, von dem für ihn ungeeigneten juristischen Berufe Abstand zu nehmen. Je mehr aber Stoff und Art des Rechtsunterrichtes auf der Universität sich mehren und steigern, um so stärker muß das Fehlen eines konkreten Zieles nach kürzerer Arbeitsdauer sich unleidlich bemerkbar machen.

Hier war solches zu erwähnen, um den Plan der Anfängerübungen klarer herauszuschälen. Sie sollen nicht die geschilderte Doppelaufgabe übernehmen und nicht Probeleistungen des vollführten Studiums einer theoretischen Vorlesung abgeben; sondern haben in der vorhin geschilderten Weise einen wiederholenden Parallelkursus auszuführen.

4.

Die einzelne Durchführung des damit entworfenen Planes ergibt sich nun in Folgerichtigkeit von selbst.

Es zeigt sich, daß es ein unökonomisches Haushalten mit Zeit und Kraft der Studierenden ist, wenn sie in dem einen

Semester die Vorlesung bloß rezeptiv entgegennehmen und dann in dem darauf folgenden Halbjahre mit den dazu gehörigen produktiv durchzudenkenden Übungen einsetzen. Das hat von dem hier dargelegten Grundgedanken aus nicht mehr Sinn, als wenn man wünschen würde, daß jede Vorlesung eigentlich zweimal gehört werden sollte. Denn ich bestreite nicht, sondern behaupte vielmehr: daß erst bei dem wiederholten Durchdenken in neuer Betrachtungsart das rechte wissenschaftliche Verständnis eines juristischen Lehrvortrages sich eröffnet; nur freilich nicht bei einer einfachen und genauen Reproduktion, sondern bei einem selbsttätig nachsinnenden Verarbeiten.

Weshalb aber soll dieses nicht alsbald Punkt für Punkt der Vorlesung zur Seite gehen, um deren wirkliches Verständnis erst zu schaffen und einzuprägen; warum statt dessen ein volles halbes Jahr bloß darauf verwenden, Stoff zu sammeln und nach Hause zu tragen, und diesen erst im folgenden Semester mit dem Lehrer durcharbeiten? — Ich gestehe, hierin nichts als einen pädagogischen Umweg erblicken zu können, den man bei anderen lehrenden Bestrebungen schwerlich wählen möchte. Was würde man von einem Sprachunterrichte halten, der zunächst nur die Lehren der Grammatik einseitig vortrüge, ohne jemals den Schüler zur probeweisen Verwertung des durchgenommenen Stoffes anzuleiten? Oder könnte man sich die Einführung in die Mathematik ersprießlicherweise sonstwie denken, denn in Verbindung mit zu lösenden Übungsaufgaben? Bei dem Rechtsunterrichte aber steht es nicht anders. Und so wenig das Verstehen des heute Vorzutragenden — von dem Standpunkte des bloßen Vortrages aus — von dem wesentlich abhängig sein darf, was die Vorlesung in sechs Wochen bringen wird, so wenig braucht es das selbsttätige Einüben des jetzt Vorgeführten zu sein.

Nirgendwo ist das von größerer Bedeutung, als gerade in dem ersten Studiensemester. Hier ist das Verständnis des römischen Rechtes zu erschließen, das die beste Einführung und sicherste Grundlegung für das Rechtsstudium bietet. Es stellt ein abgeschlossenes System dar, klar zu überschauen, ohne alsbald in Einzelheiten zu sehr abzulenken; und mit sicheren juristischen Begriffen, in deren Synthesis die formale Methode auch unserer Rechtsvorstellungen sich zeigt. Es gewährt die Möglichkeit, da man es durch den weiten Gang der Jahrhunderte begleitet, den Sinn für das geschichtliche Werden eines Rechtes zu pflegen und dieses in seiner rechten Funktion innerhalb einer sozialen Entwicklung analysierend aufzuzeigen. Sein Aktionensystem ist die beste Schule für die Schärfe des juristischen Nachdenkens und Begründens; und seine Betrachtung führt alsbald zu den Klassikern der Rechtsprechung, den unerreichten Vorbildern in der Handhabung des Rechtes als einer *ars boni et aequi*.

Aber das römische Recht ist auf der anderen Seite in seinen Eigenarten dem Anfänger so fremd, daß die wiederholte und doch verschieden geleitete Durchsprechung im einzelnen ganz besonders angezeigt sein muß. Ihre Möglichkeit wird gleichzeitig durch exegetische und praktische Übungen gegeben. Die Lektüre römischer Quellen ist im ersten Studiensemester aus eigener Kraft des Studierenden so gut wie unmöglich, mit geeigneter, der Vorlesung folgender Anleitung ohne alle Schwierigkeit und überaus fruchtbar; und die alsbaldige praktische Anschauung dessen, was das Recht eigentlich will und soll, wird sich ohne das Hinführen zum selbständigen Nachdenken über konkrete Rechtsfragen ebensowenig gewinnen lassen, wie sie mit diesem Hilfsmittel leicht und eindringlich beschafft werden kann.

Und daß dieses in gemessener Zeit und unter Zusammenhalten der Kräfte der Studierenden geschieht, darauf drängt die nunmehrige Lage des Rechtes und der Rechtswissenschaft in starker Weise hin. Bis vor kurzem war (aus den in der ersten Nummer dieses Vorwortes erwähnten Gründen) für das römische Recht ein Zeitraum von drei Semestern (*Institutionen* und *Pandekten*) bemessen; jetzt konnte ihm nur ein einziges zugeteilt werden. Nur ergänzend und freilich sehr nutzbringend mögen in der weiteren Studienzeit Exegetika sich einlegen. Die Hauptarbeit aber ist heutzutage für diese Grundlegung des ganzen juristischen Studiums in dem ersten Halbjahre zusammenzudrängen, für das sonach gerade die Notwendigkeit eines sehr intensiven

Studiums sich ergibt; wie nicht minder diejenige, durch lehrende und durch verwaltende Einrichtungen dem tunlichst nachzuhelfen.

Für die sich anschließenden und nun weiter bauenden Anfängerübungen im bürgerlichen Rechte kann ich jetzt für alle Teile Aufgaben und Themata zur Verfügung stellen. Auch sie wollen einen eigenen Kursus neben den Vorlesungen abgeben. Es entspricht nicht ausreichend der Meinung unserer Übungen, wenn hier und da ein Rechtsfall aus der Sammlung herausgegriffen wird: während ihnen die Absicht zu Grunde liegt, das eindringliche, weil selbsttätig erworbene Verständnis des in der Vorlesung Gelehrten erst erschöpfend zu beschaffen. Darum sollten sie möglichst vollständig von dem Studierenden durchgearbeitet werden, der nun überall eine Probe für sich machen kann, ob er auch wirklich das wissenschaftliche Verständnis der gerade in Frage stehenden Lehre erlangt hat.

Auf diesem Studium des römischen und des bürgerlichen Rechtes baut sich dann abschließend das Praktikum des bürgerlichen Rechtes auf. Während die Anfängerübungen darauf abzielen, jede einzelne Lehre für sich zu klären und festzusetzen, so hat das Praktikum die Aufgabe, die Gesamtübersicht über das bürgerliche Recht in sicherer Beherrschung zu liefern. Es soll zugleich die methodische Einführung in die praktische Rechtswissenschaft geben und die Fähigkeit der juristischen Subsumtion, die in den seitherigen Übungen von selbst in gewisser Weise geweckt wurde, nach pädagogischem Plane nunmehr fördern und ausbilden. —

Auf dem Gebiete der Reform unseres juristischen Unterrichtes sind der Worte nachgerade genug gewechselt: es war notwendig, zu tatkräftigem Versuche einmal überzugehen. Daß dieses wünschenswert und angebracht ist, das ist mir allerdings eine sichere, in genügender Erfahrung wurzelnde Überzeugung; und jede mögliche Verbesserung und Vervollkommnung im Betriebe des Rechtsstudiums kann ja doch jedem nur willkommen sein. Ich kenne sehr wohl das Wort Lessings: *Erziehung gibt dem Menschen nichts, was er nicht auch aus sich selbst haben könnte; sie gibt ihm das, was er aus sich selbst haben könnte, nur schneller und leichter.* Aber ich fürchte, daß dieses außerhalb seines dortigen Zusammenhanges vor Mißdeutung nicht sicher ist, und es hat Auslegungen gegeben, die der Meinung des großen Urhebers ganz ferne lagen.

Daher vermeine ich, daß wer das Lehren zum Berufe sich erkoren, mit Lust und Liebe es betreiben mag, besser und sicherer bei dem Satze als Wahrspruch bleiben soll: Das Leben unterrichtet auch, aber recht nur den geschulten Kopf!

Halle a. S., 19. Februar 1903.

Rudolf Stammler.

Inhalt.

Erster Abschnitt.

Anleitung zur praktischen Rechtswissenschaft.

Zweiter Abschnitt.

Themata zu Rechtsgutachten.

Dritter Abschnitt.

Praktischer Kursus des bürgerlichen Gesetzbuches.

Vierter Abschnitt.

Berühmte Civilrechtsfälle der neueren Zeit.

Erster Abschnitt.

Anleitung zur praktischen Rechtswissenschaft.

I

Personen.

1. Wer kommt in den folgenden Fällen als ersatzpflichtig in Betracht?

a) Der Knecht Damian fährt nachlässigerweise mit einem Frachtwagen einen städtischen Laternenpfahl um. Die Pferde gehören dem Orgon, der Wagen dem Philet, von welchen beiden Alexander, der Dienstherr des Damian, Gespann und Fuhrwerk gemietet hat.

b) Ein militärisches Dienstpferd geht durch Unachtsamkeit des Burschen durch und fügt einem Dritten Schaden zu.

c) Auf der Station Wegeleben betrat Tieftrunk den Wartesaal des Bahnhofes und bestellte bei dem Restaurateur Terminus eine Tasse Kaffee. Unglücklicherweise setzte sich der Reisende auf einen schadhaften Stuhl und stürzte zu Boden, wobei er sich nicht unerhebliche Verletzungen zuzog.

d) In einer Gemeindeschule in Berlin erteilte der als tüchtig im Experimentieren bekannte Lehrer W. den Chemieunterricht in der ersten Klasse. Während desselben ereignete sich eines Tages das Unglück, daß eine Flasche, in welcher Wasserstoffgas erzeugt werden sollte, explodierte, und ein Glassplitter dem Schüler G. ins Auge drang. Die Verletzung war leider so stark, daß das Auge auslief.

2. Zwischen welchen Personen kommen nachstehende Rechte und Pflichten in Betracht?

a) Es ist von uns mit Herrn Ökonomen Dehoff ein Vertragsverhältnis eingegangen worden, durch welches unseren Mitgliedern eine reelle Bedienung bei Besorgung von Abfuhrgeschäften jeder Art gesichert ist. Wir bitten auch fernerhin alle Aufträge durch uns vermitteln zu lassen. Geschäftsstelle des Haus- und Grundbesitzervereins, e. V.

b) Auf dem Staatsbahnhof in H. besteht jetzt eine Einrichtung, die es den Reisenden ermöglicht, Gepäckstücke, die durch Geschäfte oder sonstige Mittelspersonen im Auftrage von Reisenden bei der amtlichen Gepäckaufbewahrungsstelle hinterlegt sind, daselbst wieder in Empfang zu nehmen. Bei der Gepäckaufbewahrungsstelle werden Ausweisformulare mit daran befindlichen Nummerzetteln vorrätig gehalten und zum Preise von 1 ℳ für das Stück an das Publikum abgegeben. Die Mittelsperson, die für einen Reisenden Gegenstände zur Aufbewahrung bei der Gepäckaufbewahrungsstelle abgeben will, hat den Ausweis auszufüllen und dem Reisenden, der die Gegenstände bei der Aufbewahrungsstelle wieder in Empfang nehmen will, zu übergeben, die Gegenstände selbst aber mit den an dem Ausweise befindlichen Nummerzetteln zu versehen. Dem Überbringer der Gegenstände händigt die Aufbewahrungsstelle einen Hinterlegungsschein aus, der jedoch lediglich als Empfangsbescheinigung über die erfolgte Hinterlegung dient und zur Rückforderung der hinterlegten Gegenstände nicht berechtigt. Die Aufbewahrungsgebühr beträgt für jeden Gegenstand für die ersten beiden Tage zusammen 10 ℳ, für jeden folgenden Tag weitere 10 ℳ.

c) Ein Frachtbrief aus dem XVIII. Jahrhundert.

Laus deo! Anno 1733, 10. Aug. In Augsburg.

H'Jient sende im Namen und Geleit GOttes | durch Fuhrmann Max Hämerla hieunten verzeichnete Güter | von welchen | wenn sie in rechter Zeit | wol | und wie hiernach bedungen | geliefert werden | gebührender Lohn | wie hierunten zu sehen | zu bezahlen | und damit laut Aviso zu verfahren ist. Weil auch die Fuhrleute versprochen haben | die Güter auf einer Achs | ohne Abladung | zu liefern | keine verbottene Strassen zu fahren | und alle Zöll und Weg Geld getreulich zu entrichten | so werden bei Unterlassung dessen | die Herren Mautner | und alle andern Zoll-Einnehmer | auch alle Übernehmer der Güter | sich allein an der Fuhrleute Personen | Geschirr und Pferde zu halten | sonst auch ein jeder sich vorzusehen wissen | ihren Fuhrleuten keinen mehreren Vorschuß zu thun | als was sie demselben selber anvertrauen mögen | auf die Güter aber keine Absehen zu machen. | GOtt befohlen.

W Ein Fäßl mit neben Signo C. J. 20 gewogen $1^1/_4$ Ctr.
P Ein Ball „ „ „ gewogen $1^1/_4$ Ctr. } *zusammen*
M Ein Fäßl Schmalz gewogen $^5/_8$ Ctr. *$3^1/_8$ Ctr.*
Sage drey und ein achtel Centner ord. Fracht zu zahlen
adio *Justus Schäuffele.*

d) Eine mecklenburger Bank hatte an den Gutspächter A. Wechselforderungen in Höhe von über 2000 ℳ. Als die Direktion in Erfahrung brachte, daß für A. eine Geldsendung von 2000 ℳ durch das Postamt Güstrow zur Auszahlung gebracht werden solle, erwirkte sie Pfändung, an welche sich jedoch das Postamt in Güstrow nicht hielt.

3. Wie sind die kommenden Tatbestände juristisch zu konstruieren?

a) Der Verband deutscher Bergleute hat seinen Sitz in Bochum, mehrere hundert Zahlstellen befinden sich aber in den verschiedensten Teilen Deutschlands. Die Vorsteher einiger Zahlstellen waren nun in Strafe genommen worden, weil sie als Vorsteher von Vereinen, die eine Einwirkung auf öffentliche Angelegenheiten bezwecken, es unterlassen hatten, Satzungen und Mitgliederverzeichnisse bei ihren Ortspolizeibehörden einzureichen. Die Vorsteher der Zahlstellen beantragten gerichtliche Entscheidung.

b) Ein braver Hund, der sein ganzes Leben damit zugebracht hat, das Elend des Menschengeschlechts zu mildern, ist vor kurzem in London gestorben. Tim war sein Name. Er lebte am Bahnhof von Paddington und trug am Halse eine kleine Sparbüchse, in der er die Almosen der Reisenden zu Gunsten der Waisen und Witwen der Eisenbahnangestellten sammelte. Man schätzt, daß Tim in zehn Jahren nicht weniger als 16 000 ℳ zusammengebracht hat.

c) Von Freunden eines verstorbenen Gelehrten wurden Beiträge gesammelt, um diesem ein Denkmal zu errichten. Es kamen etwa 2000 ℳ mehr zusammen, als zu jenem Zwecke unbedingt nötig war. Das sammelnde Komitee beschloß, für diese Summe ein verzinsliches Wertpapier zu kaufen und es aufzuheben, bis der älteste Sohn des Verstorbenen seine Studien beginnen würde, was voraussichtlich in einigen Jahren der Fall sein dürfte, um es dann diesem zuzuwenden.

d) Vor einiger Zeit kam ein Denkmalfonds für die Märzgefallenen von 1848 in Berlin zum Vorschein. Der Fonds betrug 9000 ℳ. Nachforschungen in den Akten des Magistrats haben ergeben, daß in den fünfziger Jahren die damaligen Komiteemitglieder, weil sie ihrer Verantwortlichkeit enthoben sein wollten, den Fonds zum gerichtlichen Depositum abgeführt haben. Hier wurde das Geld, wie die beim Landgericht I angestellten Ermittelungen ergaben, noch einige Zeit aufbewahrt und, da sich niemand darum kümmerte, nach mehreren Jahren vom damaligen Stadtgericht als *herrenlose Sache* in aller Form aufgeboten. In dem angesetzten Aufgebotstermin wurden indes Rechtsansprüche nicht angemeldet.

4. Zwei Verwicklungen in gesellschaftlichen Unternehmungen.

a) Eine arabische Beduinengesellschaft in Stärke von 37 Personen mit Kamelen, Pferden u. s. w. hatte sich auf dem Sportplatz zu Darmstadt einquartiert, um dort Vorstellungen zu geben. Über die Lohnzahlung gerieten die exotischen Gäste mit dem Geschäftsführer in Streitigkeiten, die damit endigten, daß der letztere die Leute einfach im Stiche ließ und verschwand. Nun machten verschiedene Lieferanten ihre Forderungen auf dem Rechtswege geltend, was zur Folge hatte, daß das gesamte Tiermaterial gepfändet wurde. Die völlig mittellos zurückgebliebenen Beduinen müssen nun auf Kosten der Stadt verpflegt werden.

b) Im Jahre 1900 fallierte ein bekanntes amerikanisches Reisebureau, die Boston Craford Company, von deren Kunden gerade 65 zum Besuche der Ausstellung in Paris weilten, während weitere 450 Kunden zur Zeit sich in verschiedenen Plätzen des Kontinents aufhielten. Als die Nachricht von dem Konkurse der Gesellschaft bekannt wurde, verlangten die Pariser Hotelbesitzer Begleichung der Rechnungen seitens ihrer Gäste, und da letztere ihre Kassen der Reisegesellschaft übergeben hatten, so waren sie zum größten Teil nicht darauf vorbereitet.

5. Ein Amtsgerichtsrat in dem Städtchen Z. hatte einem ihm persönlich bekannten Kaufmanne K. auf dessen wiederholtes Bitten die Akten eines zwischen dritten Personen schwebenden Rechtsstreites zur Einsichtnahme nach Hause mitgegeben und war einige Tage darauf verstorben. Der Kaufmann weigerte sich, die ihm sehr interessanten Dokumente, die er so unbefugterweise in Besitz erhalten hatte, wieder herauszugeben.

Auf welchem Wege Rechtens kann er dazu angehalten

werden? Wer ist überhaupt befugt, gegen ihn vorzugehen? Würde es einen Unterschied machen, wenn der Beamte in Unterschlagungsabsicht jene Papiere einem Helfershelfer übermittelt hätte, in dessen Händen jetzt die Akten sich befinden?

II

Rechtsverhältnis.

1. Wie sind folgende Verträge juristisch zu bestimmen?

a) Ein Impresario schließt mit dem Inhaber eines Spezialitätentheaters einen Vertrag, wonach er Künstler, die er zu diesem Zwecke engagiert, auf der Bühne des andern auftreten lassen soll. — Von praktischem Interesse wird dies namentlich, wenn 1) der Besitzer der Schaubühne in Konkurs fällt (KO. 61 : 1); 2) die engagierten Künstler dem Impresario durchgehen.

b) Die Anforderungen der Mode gehen heute sogar so weit, daß dasselbe Kleid eigentlich nicht zweimal in der Gesellschaft gesehen werden darf. Da müssen manche Damen der Gesellschaft Auswege suchen. So haben sich jetzt einige Londoner Damenschneider entschlossen, Toiletten zurückzunehmen, wenn sie nur einmal getragen worden und noch ganz frisch und gut sind, und für das Leihen ein Drittel des Preises zu rechnen.

c) Zwischen dem Reichspostamt und der Deutsch-atlantischen Kabelgesellschaft ist über das 1900 nach New York gelegte Kabel folgende Vereinbarung getroffen worden. Das Reichspostamt übernimmt den Betrieb des Kabels an dessen deutschen Endpunkt (Emden), während die Unternehmerin für die Unterhaltung auf den Azoren und der nordamerikanischen Seite zu sorgen hat. Das Deutsche Reich zahlt der Unternehmerin für die Benutzung des Kabels 1 400 000 *M* jährlich auf die Dauer von 40 Jahren und bezieht die Gebühreneinnahmen bis zum Betrage von jährlich 1 700 000 *M*. Insoweit die Einnahmen diesen Betrag überschreiten, erhält das Deutsche Reich unter gewissen Voraussetzungen einen Gebührenanteil von 25 Cts. für das Wort. Hergestellt und verlegt wird das Kabel, dessen Gesamtlänge 4366 Knoten beträgt, von einer englischen Gesellschaft.

d) Ein eigentümlicher Industriezweig wird seit einigen Jahren vom Reichslande aus betrieben, und zwar vollzieht er sich in folgender Weise: In X. soll eine Kirche erbaut werden, wozu die vorhandenen Gelder nicht ausreichen. Der betreffende Pfarrer schließt nun einen Vertrag mit einem *Unternehmer* ab, wodurch sich dieser verpflichtet, dem ersteren monatlich einen festen Betrag von 50 oder 100 *M* abzuliefern. Der Unternehmer schickt dann eine ganze Schar gewandter Almosensammler im Lande herum. Jeder ist mit einem Einschreibeheft versehen, das auf der ersten Seite ein Legitimationsschreiben des Pfarrers, auf der zweiten ein solches vom Bürgermeister der die Kirche bauenden Gemeinde trägt. Die Kollekteure, die sich hauptsächlich an die Landbevölkerung wenden, bringen auf diese Weise mindestens 500 *M* täglich zusammen.

2. Welche Rechtsverhältnisse sind in nachstehenden Tatbeständen gegeben?

a) Als der griechische Königsthron im Jahre 1863 dem Dänenprinzen Georg angeboten wurde, verlangte sein Vater, der dänische König, von England, Frankreich und Rußland, daß sie im Falle einer Revolution in Griechenland jährlich 40 000 Lstrl. (800 000 *M*) zahlten, welche Summe auf seinen Sohn übergehen sollte. Schließlich einigte man sich auf 24 000 Lstrl. (480 000 *M*) jährlich, so daß, wenn König Georg vertrieben würde, England, Rußland und Frankreich für ihn jährlich je 8000 Lstrl. zahlen müßten.

b) In Paris hat die Militärverwaltung angeordnet, damit die Invaliden, die die Ehrenlegion- oder die Militärmedaille tragen, auf der Straße nicht in angetrunkenem Zustande den Spott der Gassenbuben bilden, so sei jedem Individuum, das einen etwas angeheiterten alten Krieger ins Invalidenhotel bringt, eine Prämie von 75 Cts. zu gewähren. Dies hat nun zu einer schamlosen Spekulation auf die Betrunkenheit der alten Stelzfüße Veranlassung gegeben. Findige Leute haben sich mit einigen Schankwirten der Umgebung des Invalidenhotels *dahin verständigt*, für 25 Cts. die alten Herren, die natürlich die Zeche bezahlen müssen, niederzutrinken, worauf sie diese heimführen und die Prämie von 75 Cts. erhalten, von der ihnen nach Abzug der 25 Cts. für den Schankwirt noch 50 Cts. Reinverdienst bleiben.

c) Der Redakteur Dachmann begründete eine Zeitung *Hanauische Nachrichten;* die er später an die Aktiengesellschaft *Hanauische Zeitungsgesellschaft* entgeltlich veräußerte. In dem Vertrage übernahm Dachmann die Verpflichtung, *alles zu vermeiden, wodurch in die Rechte der Erwerberin eingegriffen und es derselben unmöglich gemacht werde, die von ihr erworbenen Rechte auf das Zeitungsunternehmen auszubeuten und zu verwirklichen.* — Das Unternehmen wurde nachmals von der Erwerberin an Gebrüder Itzeton gegen bare Geldzahlung weiter veräußert.

d) Zwangsversteigerung. Sonnabend, den 12. September, vormittags 10 Uhr, werde ich Prenzlauerstraße 13: Das Urheberrecht eines Mitverfassers an dem Lustspiel *Ein dummer Streich* von B. Achrad—Felix von Bruch auf Anordnung des königlichen Amtsgerichts I Berlin zwangsweise gegen Meistgebot und sofortige Barzahlung öffentlich versteigern. Raßek, Gerichtsvollzieher.

Dagegen soll (nach unverbürgten Zeitungsnachrichten) Mascagni, um die Verbreitung der Musik Richard Wagners in Italien zu hindern, das Aufführungsrecht jenes für Italien durch freien Vertrag erworben, dann aber keine Miene zur tatsächlichen Ausübung des Rechtes gemacht haben; was nun die Erben Wagners doch verlangen zu können glauben.

e) In dem sogenannten *Gewissensfonds* haben die Vereinigten Staaten von Amerika eine Einnahmequelle, wie sie wohl kein anderes Land aufzuweisen hat. Im Jahre 1811 war beim Schatzamt ein anonymer Brief eingelaufen, dem ein Fünfdollarschein beigelegt war. In dem Schreiben stand zu lesen, daß dem Absender das Gewissen schlage, weil er einmal die Bundeskasse um fünf Dollars betrogen habe. Nachdem die Beamten sich lange den Kopf darüber zerbrochen hatten, was mit dem Gelde geschehen solle, verzeichnete man es schließlich unter *Verschiedene Einnahmen.* Seitdem hatte man noch häufig Gelegenheit, ähnliche Eingänge unter dieser Rubrik zu buchen. Bis jetzt sind 300 000 Dollars als *Gewissensfonds* verzeichnet worden.

3. Welches ist die richtige Auffassung dieser Sachlagen?

a) In Halle befindet sich auf der Saale eine Badeanstalt, die aus zusammengekoppelten Schiffen mit darüber befestigten Brettern und Ankleidehäuschen besteht; an einigen dieser letzteren steht angeschlagen *Privateigentum*. Auf Befragen gibt der Besitzer der Anstalt an, eine dieser Zellen sei von einem Rentner, eine andere von einer Gesellschaft junger Kaufleute auf eigene Kosten mit seiner, des Besitzers, Genehmigung errichtet worden.

b) Die eine dieser Zellen wurde eines Tages von mutwilligen Knaben im schulpflichtigen Alter stark beschädigt; die darin befindlichen Sachen (Spiegel, Kämme etc.) entwendet.

c) Bei starkem Hochwasser und einem heftigen Unwetter wird die ganze Anstalt losgerissen, stößt, als sie den Fluß hinabtreibt, gegen eine Brücke und geht in Trümmer. Die einzelnen Bestandteile werden ziemlich vollständig allmählich aufgefischt und wieder gesammelt.

4. Was ist über die Konstruktion und Zulässigkeit der kommenden Erklärungen zu bemerken:

a) Bei einem Ausstande von Maurergesellen wurden aus einer Streikkasse an die Ausständigen Unterstützungen bezahlt. Die Kasse war durch Beiträge geschaffen worden, welche teils von den jetzigen Empfängern selbst dazu gesteuert, teils von Arbeitern anderer Berufszweige gesammelt worden waren. Die jetzigen Unterstützungen wurden nur gegen Erteilung einer Quittung gewährt, die dahin lautete:

Ich Unterzeichneter bescheinige hiermit, daß ich heute von Herrn . . . .

M . . . . . .

als Streikunterstützung für 6 Tage erhalten habe. Die erhaltene Unterstützung betrachte ich jedoch in dem Falle nur als Darlehen, wenn ich die Arbeit vor der offiziellen Beendigung des Streiks wieder aufnehme, ohne daß die geforderten Bedingungen erfüllt sind, und erkläre mich alsdann bereit und halte mich für verpflichtet, die insgesamt erhaltene Summe an Herrn . . . . . . zurückzuzahlen.

. . . .

(Eigenhändige Unterschrift.)

b) Als die Stadt Mannheim einen ihr gehörigen Bauplatz im neuen Industriehafen versteigern wollte, richtete der *Deutsche Verein für Gasthaus-Reform* an den Stadtrat ein Schreiben, in dem es hieß: *Wir beantragen, daß die Stadtgemeinde unserem Verein oder einer ad hoc von uns zu bildenden Gesellschaft den Bauplatz kostenlos überläßt; wir verpflichten uns dagegen, auf diesem Platze eine Schank-*

wirtschaft mit Wirtswohnung zu errichten und sie durch Pächter oder Verwalter nach dem Gotenburger System zu betreiben. Wir wollen allen Gewinn, der sich über eine fünfprozentige Verzinsung des angelegten Kapitals hinaus ergibt, gemeinnützigen Zwecken zuwenden, und zwar soll diese Verwendung alljährlich durch eine Kommission von fünf Mitgliedern bestimmt werden. Wir wünschen jedoch, daß von dem Gewinne mindestens die Hälfte solchen Einrichtungen zufließe, die dem Alkoholmißbrauch unmittelbar oder mittelbar entgegenwirken.

c) Bei der kürzlich in Kapstadt erfolgten Eröffnung des Testaments von Cecil Rhodes ergab sich, daß einem Herrn M. Kahn in Paris ein Legat in Höhe von 6000 Pfund vermacht war, und damit hat es folgende eigentümliche Bewandtnis. Rhodes war Anfang der neunziger Jahre in Paris, wo er die Bildergalerie des genannten Herrn Kahn besichtigte. Unter den Bildern gefiel ihm besonders ein Rembrandt, den Kahn ihm für 1000 Pfund zu überlassen bereit war. Aber Rhodes war nicht in Käuferlaune, erbot sich dagegen, folgendes Abkommen, das auch wirklich geschlossen wurde, mit dem Eigentümer zu treffen: Sollte Kahn vor Rhodes sterben, so sollte Rhodes das Bild als Vermächtnis erhalten; falls aber Rhodes früher stürbe, sollte Kahn ein Legat von 6000 Pfund erhalten.

5. *Unum negotium?* — l. 2 D. loc. cond. (19, 2); l. 15 (16) D. de NG. (3, 5); l. 5 § 14 (6 § 12) eod.; l. 5 § 6 (6 § 4) eod. —

Tatbestand.

Kläger fordert Kaufpreis für geliefertes Heu; Beklagter rechnet mit höherem Schaden und unterbliebener Weiterlieferung auf und erhebt Widerklage auf den Überschuß.

Es waren zwei Lieferungsverträge abgeschlossen worden.

Einer im August: Auf 500 Zentner Heu, zu 3,70 *M* den Zentner, gegen sofortige Kasse, lieferbar bis Mitte September.

Über das zweite Geschäft wurde im September verhandelt. Kläger bot durch Postkarte vom 20. September weitere 500 Zentner an, diesmal zu 3,60 *M*. Der Beklagte depeschierte: *Akzeptiere 500 Zentner.* Nachher stellt sich heraus, daß das Telegramm verstümmelt war; Beklagter hatte zugesetzt: *3,55 M.* Kläger wies dieses Gebot jetzt zurück; und Beklagter schrieb, daß er die Post für seinen Schaden verantwortlich machen wolle.

Inzwischen hatte die Erledigung des Augustgeschäftes begonnen. Der Beklagte hatte den Kläger am 24. September angewiesen, den ersten Wagen so zu versenden, daß er am 30. September bei jenem sei. Darauf erfolgte eine Sendung von 103 Zentnern. Der Beklagte zahlte nicht. Er wurde gemahnt und sandte am 6. Oktober 150 *M* mit dem Anerbieten, den Rest in Wechseln zu zahlen. Der Kläger wies dies ab und trat bei weiterem Ausbleiben von Zahlungen am 18. November vom ganzen Geschäft zurück (BGB. 326; vgl. 454).

Der Beklagte erklärt seinen Zahlungsaufschub mit dem Lieferungsverzuge des Klägers. Er hatte in dem oben erwähnten Schreiben vom 24. September den Kläger auch angewiesen, den zweiten Wagen spätestens am 7. Oktober zu senden, was nicht geschehen wäre. Hieraus hätte er einen Anspruch auf Schadensersatz.

Dagegen meint Kläger, daß nach dem dargelegten Tatbestande ihm und nicht dem Beklagten ein Zurückbehaltungsrecht zugestanden hätte (BGB. 273); und zwar aus dem Ganzen der beiden Geschäfte.

Wie ist über diesen Rechtsstreit zu urteilen?

III

Anspruch.

1. Welche Ansprüche kommen nachstehend begründetermaßen in Betracht?

a) Es behauptet der A., daß ihm B. noch Geld schulde. B. bestreitet dieses; und zwar mit Recht. A. zwingt aber den B. durch rechtswidrige Drohung, diese Nichtschuld zu bezahlen.

b) Ein Kaufmann war in einem großen Berliner Hotel abgestiegen. Als er eines Nachmittags von einem Ausgange zurückkehrte und eilends seinem Zimmer zuschritt, trat er auf ein Stück mit Kleister bestrichenes Linoleum, das zur Ausbesserung des Bodenbelags bestimmt war, glitt aus, fiel hin und brach den rechten Arm. Da die Hotelleitung den Unfall lediglich der Hast und Unvorsichtigkeit des Gastes oder der Fahrlässigkeit des von ihr mit der Ausbesserung betrauten Handwerkers zuschrieb und darum jede Ersatzpflicht ablehnte, erhob der Verletzte Klage.

c) Ein Ire hat einen 25 Fuß tiefen Brunnen gegraben. Als er am nächsten Morgen wiederkommt, sieht er zu seinem Schrecken, daß der Brunnen eingestürzt ist. Da kommt ihm ein rettender Gedanke. Er wirft seinen Hut und Rock auf die Trümmer und verbirgt sich hinter dem nächsten Busch. Nach einiger Zeit gehen Leute vorbei; in dem Glauben, daß der Arbeiter verschüttet sei, räumen sie in angestrengter zweistündiger Arbeit den Brunnen frei.

d) Im Grundbuche steht für das Grundstück y. der X. als Eigentümer eingetragen. T. fälscht die Unterschrift des X. unter der Bewilligung zum Eintrage einer Hypothek. Diese wird eingetragen. Nun stellt sich heraus, daß die Eintragung des X. auf Grund eines Scheingeschäftes mit Z., dem wahren Eigentümer von y., erfolgt war.

2. Der Kaufvertrag über ein Pferd ist wegen arglistiger Täuschung des Verkäufers von dem Käufer angefochten worden. Das Tier befindet sich in den Händen des Käufers; dieser hat den halben Kaufpreis bezahlt.

Was für Ansprüche sind begründet? Besteht ein Zurückbehaltungsrecht? Findet die Lehre von dem Rücktritte und von den gegenseitigen Verträgen Anwendung?

3. Eine sehr reiche, geizige Amerikanerin, die in einer deutschen Universitätsstadt ihren Wohnsitz genommen hatte, fürchtete, die Brightsche Krankheit zu haben, wollte aber den Arzt nicht eher um Hilfe angehen, bis sie die Gewißheit davon erlangt hatte. Die Harnanalyse ergab nichts; in einer Poliklinik fürchtete sie, als zahlungsfähig erkannt zu werden; also stellte sie bei einer Versicherungsgesellschaft den Versicherungsantrag. Zwei Vertrauensärzte untersuchten sie auf das gründlichste; sie wurde benachrichtigt, daß nach dem ärztlichen Attest der Versicherung nichts im Wege stehe, und über ihren Gesundheitszustand nunmehr beruhigt, antwortete unsere Millionärin sehr einfach, daß sie sich die Sache anders überlegt habe.

Ist damit die Angelegenheit wirklich erledigt? Kann nicht jene Versicherungsgesellschaft (oder vielleicht die Vertrauensärzte) eine rechtliche Forderung erheben, — Abschluß des Versicherungsvertrages, Prämienzahlung, Honorar, positives oder negatives Vertragsinteresse, Bereicherung?

4. Welche Tatsachen müssen zur Begründung folgender Ansprüche gegeben sein?

a) *Actio venditi; — actio redhibitoria; — condictio ex mutuo; — condictio indebiti; — actio Pauliana; — actio negatoria.*

b) Der Bergwerksbesitzer haftet nach § 148 des preußischen ABG. für allen Schaden, welcher dem Grundeigentum oder dessen Zubehörungen durch den Betrieb des Bergwerkes zugefügt wird. — Der Berichterstatter wird also folgende Momente, das Vorbringen vorausgesetzt, bei der Bearbeitung der Sache zu berücksichtigen haben: I. Rechtserzeugende Tatsachen . . . .

(Aus Daubenspeck, Referat, Votum und Urteil.)

5. Es kaufte K. von dem V. ein Restaurant in Halle für 1400 ℳ und leistete 300 ℳ Anzahlung. Dann kamen sie über Zeit und Art der Übergabe in Streit; und als K. zur Empfangnahme ankam, erklärte ihm V., er übergebe wegen jener Streitigkeiten nicht und halte sich an den Vertrag nicht mehr gebunden. K. nahm dies an und verlangte die 300 ℳ zurück. V. verweigerte es, indem er die Summe als Entschädigung beanspruchte.

Gleich darauf verkaufte V. an einen Dritten und verzog nach Magdeburg. K. klagte aber trotzdem auf Zahlung von 300 ℳ bei dem Amtsgerichte in Halle.

War dort ein Gerichtsstand begründet?

Vgl. CPO. 29.

6. Ein Techniker hatte einem Fabrikanten für dessen Grundstück eine elektrische Lichtanlage nebst Zubehör zum Preise von 2500 ℳ käuflich geliefert und sich daran das Eigentumsrecht bis zur vollständigen Zahlung des Kaufpreises vorbehalten. Der Fabrikant geriet in Konkurs. Sein Grundstück wurde im Wege der Zwangsvollstreckung versteigert, ohne daß der Techniker wegen seines Rechtes an der Lichtanlage vor der Erteilung des Zuschlages die Aufhebung oder einstweilige Einstellung des Verfahrens herbeigeführt, und ohne daß er nach dem Zuschlage im Kaufgelderverteilungstermine einen Anspruch auf den Versteigerungserlös geltend gemacht hätte. Das Grundstück wurde von dem ersten Hypothekengläubiger erstanden. Der Techniker behauptet, daß das Grundstück durch die Lichtanlage einen um 500 ℳ höheren Wert erlangt habe und verlangt nun diesen oder die Lichtanlage selbst heraus.

Was für Ansprüche stehen hier in Frage; und was ist zu ihrer Begründung und Durchführung erforderlich?

IV

Verteidigung des Beklagten.

1. Liegt in den kommenden Rechtsfragen *Leugnung* oder *Einrede* vor?

a) *Actio venditi,* — dagegen Beklagter: 1. Der Kaufvertrag sei durch wechselseitige Vereinbarung wieder aufgehoben worden; — 2. Es seien andere Zahlungsbedingungen festgesetzt gewesen, als der Kläger behaupte; — 3. Der Verkäufer sei zur Zeit des Vertrages geistesgestört gewesen; — 4. Von dem Verkäufer sei hinterher vertragsmäßig Stundung bewilligt worden.

b) Streitigkeiten zwischen Gastwirt und Reisenden: 1. Vorschützen, daß das Zimmer unter einer auflösenden Bedingung gemietet worden, die nun eingetreten sei (BGB. 158, 2); — 2. Berufung auf Verjährung nach BGB. 196: 4); — 3. Entgegnung des Gastwirtes, daß der Reisende von dem erlittenen Schaden nicht unverzüglich Anzeige erstattet habe (BGB. 703); — 4. Vorbringen des Gastes, daß er an dem Zimmerschlüssel ein Zurückbehaltungsrecht geltend mache (BGB. 273).

c) Die Schwester verlangt von dem Bruder Ersatz für Dienste, die sie ihm im letzten Jahre in seinem Hauswesen erwiesen. Er erwidert, daß sie dieses in Schenkungsabsicht vollführt habe (BGB. 685). — Gegen die Klage aus Schenkungsversprechen wird vorgebracht, daß der Schenker (nach BGB. 519) bedürftig sei.

d) Eigentumsklage, gestützt auf Ersitzung (BGB. 985; 937). Beklagter: 1. Kläger sei nicht in gutem Glauben gewesen (BGB. 937); — 2. Er, der Beklagte, habe inzwischen selbst gutgläubig das Eigentum erworben (BGB. 932); — 3. In jedem Falle sei eine Unterbrechung des klägerischen Eigenbesitzes nach BGB. 940 erfolgt.

e) Besitzesklagen: Der Beklagte beruft sich: 1. Auf fehlerhaften Besitz des Klägers nach BGB. 861; — 2. Auf ein Recht zum Besitze nach BGB. 863; — 3. Auf den Satz *petitorium absorbet possessorium* (BGB. 864, 2).

2. Unter welche Arten juristischer Verteidigungsmöglichkeit fällt das nachstehende Vorbringen des Beklagten?

a) Der Klage des A. auf Rückzahlung eines Darlehens setzt

der Beklagte B. entgegen: 1. Daß er das Darlehen nicht für eigene, sondern ausdrücklich für Rechnung des C. von dem A. begehrt und in Empfang genommen habe; 2. daß er zu diesem Geschäfte von C. bevollmächtigt gewesen sei und ihm das empfangene Geld übergeben habe.

b) Ein Landmann, der von seinem Nachbar gerichtlich belangt wurde, weil er wiederholt und trotz alles Widerspruches über des Klägers Wiese gegangen war, antwortete, daß er angenommen habe und es nicht anders wisse, als daß dieser über das klägerische Grundstück führende Fußpfad ein öffentlicher, jedermann frei stehender Weg sei.

c) Von dem V. wird gegen K. das Wiederkaufsrecht eines Pferdes geltend gemacht. K. erwidert, daß er jenes Recht vertragsmäßig nur für den Fall zugestanden habe, daß es innerhalb dreier Monate ausgeübt werde; was nicht geschehen sei.

3. Wie sind folgende Streitfälle in der Richtung der vorigen Frage zu bestimmen?

a) Ein Lehrer hatte bei einem Gärtner ein Brautbukett bestellt, welches 7 *M* kosten sollte. Da es im Herbste aber wenig Rosen gab, so nahm der Gärtner weiße Georginen dazu. Als der Lehrer seiner Braut das Bukett überreichte, machte sie ihm die bittersten Vorwürfe über die Georginen, weil diese Blume für eine Braut zum Kirchgange eine Beleidigung sei. Der Lehrer schickte das Bukett sofort zurück und verweigerte die Bezahlung.

b) Mit großer Reklame wurde seinerzeit ein neues kosmetisches Mittel, der orientalische Schönheitsstift, in den Handel gebracht. Er sollte die Haut verschönern, verfeinern und verjüngen. Aber der Stift fand nicht den erwarteten Absatz, und der Verfertiger geriet in Rechtsstreitigkeiten mit dem Geschäft, das den Alleinvertrieb übernommen hatte, und forderte eine Summe von 1450 *M*. Das verklagte Geschäft leugnete nicht, Schönheitsstifte in diesem Betrage empfangen zu haben. Wohl aber bestritt es, daß der Schönheitsstift die ihm nachgerühmten guten Eigenschaften besäße. Denn wenn dem so wäre, würden Nachbestellungen erfolgt sein. Die blieben jedoch aus, und deshalb wollte der Beklagte seine Reklamekosten mit der Forderung des Klägers ausgleichen.

c) In Bergarbeiterkreisen sind schon häufig lebhafte Klagen

über einen Mißstand laut geworden, der einer der Gründe des großen Streiks vom Jahre 1889 war, über das *Wagennullen.* Es besteht darin, daß die Zechenverwaltungen alle Wagen, welche nicht vollständig gefüllt sind oder unreine, d. h. mit Steinen u. s. w. vermischte Kohlen enthalten, einfach streichen, und der Bergmann dafür keinen Lohn erhält.

4. Es klagt Pahl gegen Brust: Sie hätten sich vereinigt, um das Gut des X. gemeinsam anzukaufen und parzelliert weiter zu veräußern. Das sei auch durch gemeinschaftliche Tätigkeit geschehen; wobei Brust nach außen hin als Erwerber und als Verkäufer aufgetreten sei. Verlangt wird Rechnungslegung und Herausgabe des halben Gewinnes.

Der Beklagte schützt vor, daß die ihnen beiden zur Verfügung stehenden Summen nicht ausgereicht hätten, um das geplante Geschäft auszuführen. Deshalb seien sie mit dem Sohne des Beklagten einig geworden, daß dieser sich an dem Geschäfte beteilige.

Wie ist diese Verteidigung des Beklagten juristisch zu charakterisieren?

5. Der Musiklehrer L. hat von der Handlung H. mehrere Klaviere gemietet und eines davon mit Bewilligung der H. seinem Schüler D. zum Gebrauche überlassen. Nach Ablauf der Mietzeit verlangt H. von D. die Rückgabe des Instrumentes und geht auf Weigerung jenes gegen ihn im Klagewege vor (BGB. 556, 3). D. entgegnet, daß sein Lehrer L., als er das Klavier noch in Händen gehabt, dieses stets selbst gestimmt und so durch eigene Mühewaltung in gutem Zustande erhalten, es auch einer durch zufälligen Zimmerbrand notwendig gewordenen Ausbesserung unterzogen habe (BGB. 536; 547). Wegen des, dem L. hiernach zustehenden, Ersatzanspruches mache er, der jetzige Beklagte D., ein Zurückbehaltungsrecht geltend (BGB. 273; 556, 2). H. bestreitet die Zulässigkeit dieser Einrede.

Ferner hatte L. von einem Schüler Q. zwei Bände Noten geliehen und an den D. leihweise weiter gegeben, der nun gleichfalls von Q. unmittelbar auf Rückgabe angegangen wird (BGB. 604, 4). D. erklärt: Wie ihm von L. soeben mitgeteilt worden sei, so habe dieser den einen Band, der dem Q. gar nicht gehört habe, von dem Eigentümer E., einem Vetter des Q., käuflich erworben; den zweiten, für sich allein wertlosen, Band darauf von Q. geschenkt erhalten. Hiernach halte er, D., sich dem Q. gegenüber zu nichts verpflichtet. — Worauf der juristische Vertreter des Q. die Berufung auf die vorgebrachten Tatsachen für unstatthaft erklärt.

Welche Eigentümlichkeit liegt in jenen Einwendungen des Beklagten vor? Sind sie rechtlich zulässig und erfolgreich?

V

Replik und Duplik.

1. Wie ist im folgenden Rede und Gegenrede des Klägers juristisch zu kennzeichnen?

a) Gegen die Klage auf Kaufgeld schützt der Beklagte Mangelhaftigkeit der Sache vor und will den Preis mindern. Der Kläger erwidert, daß ihm im Kaufvertrage die Haftung für Mängel erlassen worden sei.

b) Der Eigentümer eines Hundes wird verklagt, weil das Tier den Kläger durch Bisse verletzt habe. Von dem Beklagten wird vorgebracht, daß der Kläger den Hund gereizt und geschlagen habe; der Kläger beruft sich auf Notwehr oder Notstand.

c) Auf eine Darlehensklage wird vom Beklagten Zahlung vorgeschützt. Der Kläger gibt die Zahlung an sich zu, behauptet aber, daß sie auf eine andere Forderung, als die jetzt eingeklagte, geschehen sei.

d) Nach dem Tode des A. verlangt B., als nächster Verwandter, die Erbschaft von dem Besitzer C. heraus. C. weist ein gerichtliches Testament des A. vor, worin C. zum Erben eingesetzt ist. Nun beruft sich B. auf ein späteres privatschriftliches Testament, durch das jenes frühere widerrufen worden sei (BGB. 2254).

2. R. klagt gegen S. auf Zahlung von 60 ℳ, wofür er ihm einen kleinen amerikanischen Füllofen verkauft habe; S. habe die Annahme verweigert. S. entgegnet, daß er den Kauf nur dahin abgeschlossen habe: wenn seine, des Beklagten, Ehefrau damit einverstanden wäre, was nicht der Fall sei. R. widerspricht dem, da S. nur gesagt habe, er hoffe, daß seine Frau den Kauf billigen werde.

Was für eine Art rechtlicher Erwiderung haben hier die streitenden Teile gewählt?

3. Auf dem Marktplatze der kleinen Stadt Gumrode stehen städtische Tonnenwagen, die zum Abfahren der Fäkalien dienen. Kinder, die dort spielen, klettern auch auf den Wagen herum. Als der elfjährige Robert Opitz von dem einen Tonnenwagen herabsteigen will, gleitet er aus und fällt so unglücklich auf einen daneben stehenden Handwagen, daß er sich erheblich verletzt. Er muß auf ärztliche Anordnung längere Zeit im städtischen Krankenhause zu Hinterstedt verpflegt werden. Der Gemeinde Hinterstedt erwachsen dadurch Kosten im Betrage von 90 ℳ. Sie verlangt diese von dem Ortsarmenverbande Gumrode nach dem Gesetze über den Unterstützungswohnsitz. Darauf klagt diese Gemeinde gegen den Vater Opitz, der in auskömmlichen Verhältnissen lebt, auf Ersatz.

Der Beklagte beruft sich darauf, daß die Klägerin den entstandenen Schaden selbst verschuldet habe. Das Stehenlassen von Wagen auf Straßen und öffentlichen Plätzen sei durch eine Polizeiverordnung der Stadt Gumrode verboten; diese habe also gegen ihr eigenes Gesetz verstoßen und müsse die Folgen tragen (BGB. 823, 2). Daß die Wagen unbefugterweise öffentlich dastanden, haben die Magistratsmitglieder sehr wohl gewußt.

Die Klägerin weist darauf hin, daß sie nicht als Stadtgemeinde, sondern als Ortsarmenverband klage; in der letzten Eigenschaft treffe sie gar kein Verschulden. Auch fehle zwischen dem Stehenlassen der Wagen und der Verletzung des Knaben jeder Kausalzusammenhang. Soweit er bestehe, sei er durch die freie Tat des Knaben, der nichts auf dem Wagen zu suchen gehabt, unterbrochen worden (BGB. 254) und für den Vater wegen der nicht gewahrten Aufsichtspflicht erledigt (BGB. 832).

In seinem Schlußworte betont der Beklagte, daß Stadtgemeinde und Ortsarmenverband sich vorliegend decken. Das Verschulden der Klägerin bestehe in der Übertretung der Polizeiverordnung selbst. Daß Kinder auf den öffentlichen Plätzen ihr spielendes Wesen treiben, sei selbstverständlich und nicht weiter zu beaufsichtigen. Auch könne eine etwaige Schuld des Knaben dem Vater nicht zugerechnet werden.

Die Behauptungen und Gegenreden der beiden Parteien sind juristisch zu charakterisieren und (als Klage, Leugnung, Einrede, Replik u. s. w.) zu ordnen; — und ist danach begründet anzugeben: Wer in dem Streite mit Fug zu siegen hat?

4. Von V. wird am 2. Mai eine Klage gegen K. auf Zahlung von Kaufgeld von 40 ℳ beim Amtsgerichte eingereicht und am

6. Mai dem Beklagten zugestellt. Inzwischen hatte K. eine Klage aus einer ihm abgetretenen Darlehensschuld des G. gegen V. auf 600 ℳ angestellt und gleichfalls dem V. zustellen lassen.

Im Verhandlungstermine des V. gegen K. am 18. Mai beruft sich K. auf Aufrechnung mit jener Darlehensschuld.

V. erwidert, daß dieses wegen der eingetretenen Rechtshängigkeit nicht zulässig sei. Aber K. antwortet, daß er bereit sei, nach günstiger Entscheidung dieses Prozesses von seiner Klage 40 ℳ abzusetzen.

Wie ist das beiderseitige Vorbringen rechtlich zu bestimmen?

VI

Beweislast.

1. Wem liegt nachstehend der Beweis der streitigen Tatsachen ob?

a) Eine Speditionsfirma in Potsdam übernahm einen Umzug der Möbel und sonstigen Einrichtungen von sechs Zimmern nach Berlin. Bei der Ablieferung wurde eine wertvolle Tischdecke und ein Teppich vom Auftraggeber vermißt. Dieser zog den Wertbetrag der Gegenstände von der Rechnung ab, wurde jedoch von dem Spediteur verklagt.

b) Von einem Gutsbesitzer war zur Wartung des Viehs ein Schweizer angenommen worden, der eine Kaution stellen mußte. Eines der ihm anvertrauten Kälber kommt durch Unfall um. Der Schweizer bekommt gekündigt und klagt nun seine Kaution ein. Der Gutsbesitzer erwidert, daß jener den Verlust des Tieres zu vertreten habe; der Kläger aber stellt seine Schuld in Abrede.

c) In einer Klage auf Zahlung des Kaufpreises wird dessen Höhe vom Kläger als *angemessen* und auch *üblich* bezeichnet. Der Beklagte aber behauptet, daß sie beim Vertragsschlusse einen erheblich geringeren Preis verabredet hätten; was der Kläger bestreitet.

d) Es war A. dem X. 300 ℳ schuldig. B., der Bruder des A. händigte diese Summe dem X. ein, um so die Schuld des A. zu bezahlen. Jetzt fordert B. von dem A. die 300 ℳ zurück. A. entgegnet, daß B. damals das Geld nicht aus eigenen Mitteln hergegeben habe, sondern daß er,

A., seinem Bruder mit dem zur Zahlung erforderlichen Betrage versehen habe. Von B. wird das Gegenteil angegeben.

2. Nobel klagt gegen Grimmbart auf Schadensersatz wegen Nichterfüllung eines über ein Schwein geschlossenen Kaufvertrages. Die Klage wird am 20. Januar zugestellt.

In dem Verhandlungstermine behauptet Grimmbart, daß bei dem Abschlusse des Kaufvertrages folgendes vereinbart worden sei: Das Schwein müsse von Nobel spätestens bis Neujahr abgeholt werden; andernfalls sei der Kaufvertrag aufgehoben.

Von Nobel wird diese Verabredung bestritten.

Welches ist die juristische Konstruktion der Parteibehauptungen? Und wie steht es mit der Beweislast?

3. Bei dem Ökonomen Hendrich hat der Knecht Pumke vom Januar bis Oktober 39 Wochen lang in Dienst gestanden. Sie sind dann mit beiderseitigem Einverständnisse voneinander geschieden. Pumke fordert nun noch 63 *M* Lohn. Er habe sich für einen Jahreslohn von 240 *M* bei freiem Unterhalte verdungen; aber nur 117 *M* erhalten, statt der ihm zukommenden 180 *M*. Dagegen erklärt Hendrich, daß er beim Mieten des Knechtes ausgemacht habe: Wochenlohn von 3 *M* und Nachzahlung von 84 *M*, falls der Knecht ein volles Jahr im Dienste aushalte.

Wer hat den Beweis für seine jeweilig bestrittene Behauptung zu erbringen?

4. Der Rechtskandidat Gabriels hat in der Eisenbahn während der Fahrt ein Fenster eingestoßen, dessen Wert die Bahnverwaltung mit 3 *M* von ihm fordert. Gabriels gibt an, daß er das Fenster gegen den Zugwind habe schließen wollen. Es sei aber gequollen gewesen und habe einen ungewöhnlichen Widerstand geleistet. Er habe zum Aufziehen des Fensters erhebliche Kraft anwenden müssen; hierbei habe es plötzlich nachgegeben und sei gegen den oberen Fensterrahmen geschlagen und dabei gesprungen. — Dagegen sagt der diensttuende Schaffner, daß er gleich nachher das Fenster leicht habe auf- und abziehen können; und daß es bloß durch Schuld des Reisenden beschädigt worden sei.

Da eine weitere Aufklärung des Sachverhaltes nicht möglich erscheint, so hängt das Schicksal des Streites offenbar von der Beweislast ab.

Wie ist diese richtig zu verteilen?

5. Das Handelshaus Hoffheinz klagt 5000 *M* Kaufpreis für gelieferte Pflaumen von dem Kaufmanne Polack ein.

Dieser erwidert, daß er *Santa Clara* Pflaumen bestellt habe; und daß in der Korrespondenz mit Hoffheinz *Abladung von Kalifornien* vereinbart sei. Die ihm angebotenen Pflaumen seien aber ohne Bezeichnung des Ursprungsortes der Ware ihm zugeführt worden.

Dagegen bringt Hoffheinz vor, daß er nicht anders wisse und glaube, als daß die von ihm gelieferten Pflaumen jenen Erfordernissen des Kaufvertrages entsprächen. Sollte es nicht der Fall sein, so möge der Beklagte das beweisen.

Worauf der letztere, unter Berufung auf BGB. 459, 2 die Beweislast dem Kläger zuschiebt, da über den Nachweis des vertragsmäßigen Ursprunges der verkauften Waren weder eine Abrede, noch ein Geschäftsgebrauch bestehe.

Wie ist hierüber zu erkennen?

VII

Quantum aequius melius sit.

1. Inwieweit erkennt unser bürgerliches Recht nachstehend eine klagbare Rechtspflicht an?

a) Zu einer staatlichen Gewerbeschule hatte die Stadt vertragsmäßig Beiträge zu leisten. Die Schule wurde nicht genügend besucht. Mit beiderseitigem Einvernehmen wurde sie aufgehoben. An zwei Lehrer wurde Pension bezahlt, und zwar mit verhältnismäßigen Beiträgen der Stadt. Dann fand diese, daß in dem Vertrage stehe: sie sei nur *für die Dauer des Bestehens der Schule* zu Beiträgen verpflichtet. Sie weigerte sich weiter zu zahlen und forderte das Geleistete zurück.

b) Ein erwachsener Sohn hatte seiner Mutter in der Wirtschaft mehrere Jahre lang unter Aufbietung seiner vollen Arbeitskraft geholfen. *Ihr Sohn*, heißt es in der von der Witwe also ausgestellten Urkunde, *habe hierfür eine Entschädigung nicht verlangt und nicht erhalten, sie habe sich aber verpflichtet gefühlt, ihn durch die gedachte Schenkung einigermaßen zu entschädigen.*

c) Auf der Straße gleitet ein Herr aus. Er sucht sich zu halten und reißt dabei ohne Schuld eine alte arme Frau zu Boden, die hierdurch verletzt wird.

d) Bei Uslar wurden einige Dorflehrer vom Lokalschulinspektor aufgefordert, die Kinder ihrer Schulen auf einen bestimmten Platz zu führen, wo ein Missionsfest gefeiert werden sollte. Die Lehrer kamen dieser Weisung nach. Während der Feier entfernten sich heimlich drei zehn- oder elfjährige Jungen vom Festplatz, liefen nach einer etwa 10 Minuten von dort entfernten Kleinbahn und lösten an den auf der Bahn stehenden Lowries, die mit Basaltsteinen beladen waren, die Bremsen. Darauf setzten sich die Wagen auf dem abschüssigen Gelände in Bewegung, fuhren mit großer Geschwindigkeit talab und stürzten in den am nächsten Bahnhof gelegenen Abladeplatz. Dem Eigentümer der Wagen ist ein Schaden von 5—6000 ℳ entstanden.

e) Von dem Glossator Bulgarus wird berichtet, er habe gelehrt: Daß das Eigentum an wilden Tieren, welche sich in gelegten Schlingen fangen, dadurch allein noch nicht erworben werde, daß also der Fremde, der ein solches Wild herausnehme, keinen Diebstahl begehe (cf. l. 55. D. de ARD. 41, 1). Als nun bald darauf Bulgarus — so erzählt Savigny weiter — mit einem seiner Schüler die Gegend von Bologna durchritt, trafen sie auf ein wildes Schwein, das sich in einer Schlinge gefangen hatte. Der Schüler wollte es mitnehmen und berief sich, als ihn Bulgarus abhielt, auf jenen Vortrag. Bulgarus aber erwiderte: Eine Klage hätten wir allerdings nicht zu fürchten, aber die Sorge für unseren guten Namen muß uns abhalten — *scandalum magis timeo, quam iudicium futurum* (Gl. ad. § 14 J. de RD. 2, 1).

f) Vor einiger Zeit erschoß sich in einem Gasthof zu Trier eine junge Dame, nachdem sie auf der Post folgendes Telegramm an einen Offizier in Metz aufgegeben hatte: *Ich erschieße mich heute nacht im Hotel Venedig.* Vielfach wurde darauf die Frage aufgeworfen, ob die Post nicht verpflichtet war, von dem Inhalt der Depesche ungesäumt dem Wirte und der Polizei Kenntnis zu geben.

2. Welche Art der Ausführung von Rechtsverhältnissen fordert BGB. im folgenden?

a) Ein Bach durchfließt mehrere Wiesen. Der Eigentümer der oberen Wiese staut im Winter an der unteren Grenze seines Grundstückes das Wasser, lässt seine Wiese überschwemmen und verkauft nach eingetretenem Froste das Eis an eine

Brauerei. Der unten gelegene Eigentümer des Baches widerspricht diesem Vorgehen.

b) Bei Kaufverträgen, nach welchen gewisse Naturprodukte (Getreide, Kartoffeln, Zwiebeln, Obst u. s. w.) zu liefern waren, fragte es sich, ob bei den Anforderungen an die Qualität der schlechte Ausfall der Ernte zu berücksichtigen war.

c) Neuerdings wird vielfach Klage darüber geführt, daß in vielen Arbeitsverträgen die Dienstverpflichteten auf die Anwendung von BGB. 616 verzichten müssen.

d) Es hatte sich eine Ehefrau mit Grund von ihrem Manne getrennt und weigerte die Rückkehr wegen dessen verwerflichen Lebenswandels. Sie gebar ein Kind. Über dieses stand dem Vater die elterliche Gewalt zu; und er forderte es von der Mutter heraus.

e) Eines Tages wurde der berühmte Chirurg Nélaton zu einem großen Finanzmann gerufen. Er eilte sofort mit seinem Besteck herbei und fand zu seiner Überraschung einen Patienten, der allem Anschein nach sich einer vortrefflichen Gesundheit erfreute. Befremdet fragte er, um was für eine Operation es sich denn handle. Der Finanzmann zog ruhig seine Schuhe aus, hielt dem Chirurgen den Fuß hin und sagte: *Ich habe da ein Hühnerauge, das mir große Schmerzen verursacht, ich habe nur zu Ihnen Vertrauen und habe den Wunsch, daß nur Sie es mir ausziehen.* Nélaton schnitt ein Gesicht, breitete jedoch, ohne ein Wort zu sagen, eine Serviette über seine Knie und entfernte das Hühnerauge. Kaum aber war er nach Hause gekommen, so schickte er seinem Patienten eine Honorarnote, die also lautete: *Für eine chirurgische Operation . . . 6000 Franken.*

f) General Buffin, der als Vertreter Belgiens an der Totenfeier des Königs Umberto teilnahm, wurde bei einem großen Eisenbahnunglücke in der Nähe von Rom am Beine verletzt und verlangte eine halbe Million Lire Entschädigung, während die Eisenbahn diese Summe um den fünften Teil gemindert sehen wollte.

3. Ist in den kommenden Fragen ein gesetzlicher Endigungsgrund von Rechtsverhältnissen gegeben?

a) Ein kleiner Hund geriet in die Abflußstelle des Rinnsteines und war von dort bis zu dem ersten Reinigungsschacht des

Grundstückes weiter gekrochen. Alle Versuche, das arme Tier zu befreien, mißlangen, weil der Schacht zu eng war; Feuerwehrleute erschienen, doch konnten auch diese nicht helfen. Um den Hund nicht unnötig leiden zu lassen, wurde die Stelle, wo er sich befand, voll gepumpt, so daß er ertrinken mußte.

b) Es war jemand schuldhaft durch einen anderen verletzt worden. Letzterer erkannte seine Entschädigungspflicht an, da jener nun arbeitsunfähig war. Nach längeren Verhandlungen einigten sie sich vergleichsweise über die Höhe einer Rente. Nach einem Jahre wurde der Verletzte vollständig gesund und wieder arbeitsfähig.

c) Von einem Reisenden war in einem Gasthofe Aufenthalt *mit Pension* genommsn worden. Die Vorteile der letzteren wurden nur unter der Bedingung eines längeren Aufenthaltes mit achttägiger Kündigungsfrist gewährt. Dann erhält der Reisende Nachrichten über einen Krankheitsfall zu Hause und sieht sich dadurch zu plötzlicher Abreise genötigt.

d) Von versammelten Familienangehörigen war einer armen Verwandten eine Unterstützung zugesagt worden. Das von allen Beteiligten unterzeichnete Vertragsprotokoll enthielt unter anderem die Bestimmung: *Die Unterstützung wird abhängig gemacht von dem sittlichen Verhalten der Empfängerin und der guten Erziehung ihrer Kinder, und hört auf, sobald ihre Verhältnisse sich so gestalten, daß sie oder ihre erwerbsfähig gewordenen Kinder selbst für den Unterhalt der Familie sorgen können, worüber dem Familienvater die Entscheidung zusteht.*

4. Bei Arbeitern in elektrochemischen Werken gibt es nicht selten sogenannte Gewerbekrankheiten, die durch die ständige Beschäftigung in jenen Betrieben entstehen. So ist neuerdings die *Chlorakne* viel beachtet worden, die in einer Entzündung, Schwellung und Vergrößerung der Talgdrüsen besteht. Sie ist bisher ausschließlich bei ganz bestimmten Arten des Betriebes, der elektrolytischen Zersetzung der Lösungen von Chloralkalien aufgetreten. Obwohl damit also ein enger Zusammenhang zwischen einer besonderen Darstellungsweise genau bekannter chemischer Substanzen und der Entwickelung einer ungemein charakteristischen Hautkrankheit mit Sicherheit festgestellt ist, sind die Heilkundigen über die feineren Beziehungen, die hier wirksam sind und namentlich über die eigentlichen Ursachen der Schädigung noch völlig im ungewissen.

Ein Arbeiter, der ein Jahr lang in solcher Fabrik beschäftigt und dann in der erwähnten Art krank geworden war, verlangte eine Entschädigung. Durch Urteil des Reichs-Versicherungsamtes wurde der Anspruch auf Versicherungsrente abgewiesen, weil kein *Unfall,* sondern eine *Krankheit* vorlag, die einen Entschädigungsanspruch nicht begründete.

Nun beschritt der Verletzte den Rechtsweg. Das Beweisverfahren ergab, daß die Fabrik alles getan hatte, was in ihren Kräften stand, um die Gesundheit ihrer Arbeiter zu schützen. Lüftung und Reinigung der Arbeitsräume waren mustergültig; für eine gehörige Hautpflege der Leute wurde Sorge getragen; und die Fabrik bemühte sich, durch bezahlte Sachverständige über das Wesen der *Chlorakne* in das Gewisse zu kommen.

Wie ist zu entscheiden?

5. Es war eine schreckliche Nacht. *Wenn sie noch am Leben sind,* bemerkte endlich der Professor, *wie finden sie sich bei dieser Dunkelheit hierher zurück? Nach Warnicken hin liegt die See voll von Steinen; noch dicht am Lande kann das Boot zerschellen!* . . . *Ich weiß ein Mittel,* rief endlich Bertha nach einigem Nachdenken, *machen wir hier auf dem Berge ein Feuer an; sie müssen's von der See aus bemerken können!* — *Aber das ist verboten,* wendete der Jurist ein . . .

Unten am Strande ließen sich Menschenstimmen vernehmen. *Sie sind's!* rief alles wie mit einem Munde . . . *Wer kam auf die Idee, das Feuer anzuzünden,* fragte Arthur; *wir wären ohne dies Signal trotz des Leuchtturms auf die Steine geraten* . . .

Rat Schnabel schleppte sich inzwischen mit Gewissensbissen herum. *Weißt du, lieber Bruder,* sagte er mit gezwungenem Lächeln, *daß wir alle zehn Jahre Zuchthaus reif haben?* . . . *Wer zur Nachtzeit auf der Strandhöhe Feuer anzündet, welches die Schiffahrt zu gefährden geeignet ist,* deklarierte der Rat bedenklich, *ich habe das Strafgesetzbuch nicht im Kopfe, aber zehn Jahre werden's wohl sein* . . .

(Aus WICHERT, Am Strande.)

Fragen:

a) Welches ist nach unseren Gesetzen die zutreffende strafrechtliche Beurteilung des Falles?

b) Wie steht es damit nach bürgerlichem Rechte: falls etwa

zu dem Feuer fremde Brennmaterialien oder der Zutritt zu einem Privatgrundstücke nötig gewesen wäre?

c) Was wäre über einen Vertrag zu bemerken: die Rettung von Schiffbrüchigen gegen Belohnung mit eigener Lebensgefahr zu versuchen?

6. Die Urteile des Gerichtspräsidenten MAGNAUD.

In Château-Thierry an der Marne, Departement Aisne, waltet seit 1887 PAUL MAGNAUD seines richterlichen Amtes. Er hat in den letzten Jahren vielfach die Aufmerksamkeit dadurch auf sich gezogen, daß er gegenüber der herrschenden bloß formalistischen Rechtsprechung der Franzosen das dortige Gesetz möglichst im Sinne seines Grundgedankens: ein richtiges Zusammenleben zu ordnen, anwendet.

Viele seiner Urteile gehen auf strafrechtliche Fragen. So erfolgte durch ihn die Freisprechung einer armen Arbeiterin, die in einem Bäckerladen einen Laib Brot genommen hatte; nachdem festgestellt war, daß sie, ihre Mutter und ihr Kind seit drei Tagen nichts gegessen und in der bittersten Not sich befunden hatten. Ein anderes Urteil betraf einen siebzehnjährigen italienischen Tagelöhner, der elternlos im größten Elend sich befand; als er längere Zeit ohne eigenes Verschulden arbeitslos geblieben war, hatte er gebettelt, und wurde deshalb angeklagt, aber von MAGNAUD freigesprochen.

Gar manche von des letzteren Erkenntnissen gehen aber auf bürgerliches Recht. Hier werden einige mitgeteilt; unter der Frage: Wie in diesen Fällen nach unserem BGB. zu erkennen wäre?

a) Ein junger Mann hatte einem Mädchen die Ehe versprochen und es alsdann geschlechtlich mißbraucht. Als es Mutter geworden war, verließ jener seine Braut und sein Kind, ohne sich um sie zu kümmern.

(Nach dem CC. gibt es kein Verlöbnisrecht. Es gilt der bekannte Satz über die *paternité* [340; 342; cf. 756]. Und es kann hier nur CC. 1382 in Betracht gezogen werden.)

b) Eine Ehefrau erhielt von einem Dritten eine Leibrente ausgesetzt. Der Ehemann hatte sich um die Vermögensverwaltung nicht gekümmert und trieb sich unstet umher. Er verlangte jetzt jene Rente für sich; und forderte, daß die Frau sich seinem vagabundierenden Leben anschlösse.

(Nach CC. 1400 svv. gilt als gesetzliches Güterrecht der Ehegatten die Mobilien- und Errungenschaftsgemeinschaft. Der Mann verwaltet die Gemeinschaft als Herr und Oberhaupt.)

c) *Attendu qu'il est établi par les débats qu'à plusieurs reprises B. a violemment frappé l'enfant L. agée de deux ans, sur laquelle il avait autorité par suite de son mariage avec sa mère qui l'avait eue avant cette union.*

Attendu que B. tout en reconnaissant qu'il était quelquefois un peu vif prétend qu'il n'a jamais infligé que de très légères corrections à cette enfant.

Mais attendu que certains voisins des époux B. ont entendu non seulement le bruit des coups que recevait l'enfant, mais encore la femme B. s'écrier en s'adressant à son mari: Je te defends de frapper ainsi ma fille de coups de sabots . . .

d) *Attendu qu'il résulte de l'instruction et des débats, la preuve que R. a volontairement, ainsi qu'il le reconnait, mis le feu à une meule d'avoine . . .*

Attendu que R. est âgé de moins de seize ans et parait avoir agi sans discernement.

Mais attendu que des renseignements recueillis, il resulte que les parents de ce prévenu n'ont pas les moyens suffisants de le surveiller, ni l'énergie nécessaire pour le maintenir dans la bonne voie . . .

Zweiter Abschnitt.

Themata zu Rechtsgutachten.

Aufgaben und Rechtsfälle.

1. Das Bankhaus Steckner hat einen nach Ansicht bewährter Techniker feuer- und diebessicheren Raum (Stahlkammer) herstellen lassen, in dem sich schmiedeeiserne Schränke mit verschließbaren Fächern befinden. Diese Fächer werden dem Publikum unter folgenden Bedingungen zur Benutzung angeboten:

1. Die *Überlassung* der Schrankfächer geschieht in der Regel auf ein Jahr. Wenn vor Ablauf desselben von keiner Seite eine gegenteilige *schriftliche Erklärung* erfolgt ist, so gilt der Vertrag *stillschweigend* auf ein weiteres Jahr *verlängert.* Der Vertrag ist *nur für die Person* gültig, mit welcher er geschlossen wurde. Die zu zahlenden *Gebühren* sind in einem besonderen Tarife der Dauer der Benutzung entsprechend festgesetzt.
2. Die Schrankfächer stehen unter dem *eigenen Verschlusse* des Kunden und dem *Mitverschlusse* des Bankhauses und können nur von beiden zusammen geöffnet und geschlossen werden. Das Bankhaus hat sich den *Mitverschluß gesichert, um im Interesse der Geschäftsfreunde* die Berechtigung der Personen, die Zutritt zu den Schrankfächern wünschen, desto strenger prüfen zu können.
3. Dem Kunden werden von dem Bankhause *die zu seinem Schrankschlosse gehörenden Schlüssel* nebst Doppelschlüsseln ausgehändigt. Für ihre sichere Aufbewahrung hat der Empfänger Sorge zu tragen und im Verlustfalle auch nur eines Schlüssels — bei *eigener Verantwortlichkeit für die Folgen*

der Unterlassung — dem Bankhause *sofort Anzeige zu machen.* Die Änderung des Schlosses und die Anfertigung neuer Schlüssel wird dann auf Kosten des Kunden veranlaßt.

Verliert der letztere alle Schlüssel, so daß ein gewaltsames Öffnen seines Schrankfaches nötig wird, so hat er sich mit dem Bankhause über die Vornahme solchen gewaltsamen Öffnens zu *verständigen,* das nur von den *Beauftragten des Bankhauses* vorgenommen werden darf. Für alle daraus erwachsenden Kosten ist der Kunde *ersatzpflichtig.*

4. Wer einem Dritten *das dauernde Recht* zum Eintritt in die Stahlkammer verschaffen und ihm die Verfügung über das Schrankfach *übertragen* will, hat denselben dementsprechend zu *bevollmächtigen.* Dies hat nach einem von der Bank *unentgeltlich* zu verabreichenden *Formular* in Gegenwart eines in der Stahlkammer beschäftigten *Beamten* zu geschehen.

   Stirbt ein *Benutzungsberechtigter,* so gestattet das Bankhaus den Eintritt zu dem betreffenden Schrankfach und die Verfügung über dessen Inhalt nur den Personen, die sich als *gesetzlich anerkannte Erben* ausweisen.

5. Soll in einzelnen Fällen, z. B. wegen Krankheit, eine *Vertrauensperson* vorübergehend *vertreten,* so genügt es, wenn sich diese Person durch *ein eigenhändiges Schreiben* des Kunden *als berechtigt* ausweist.

6. Zur Vornahme der mit den *niedergelegten Wertgegenständen* etwa erforderlich werdenden Arbeiten (Trennung von Zinsscheinen u. s. w.) stehen den Benutzern der Schrankfächer die im Vorraum befindlichen verschließbaren Abteile *unentgeltlich zur Verfügung.*

7. Die Schlüssel des Schrankfaches und der dazu gehörigen Kasten sind bei Ablauf des Vertrages *in unbeschädigtem Zustande zurückzuliefern.*

8. Durch Rückgabe der Schlüssel *erlischt* für den Kunden oder dessen Rechtsnachfolger *jeder weitere aus dem Vertragsverhältnisse herrührende Anspruch an das Bankhaus. Die gesetzlichen Verjährungsfristen* finden zu Ungunsten des Bankhauses *keine Anwendung.*

Fragen:

a) Wie sind die *kursiv* vorgemerkten Ausdrücke juristisch zu charakterisieren? Und welche Einzelbestimmungen des BGB. finden auf sie jeweils Anwendung?

b) Was ist über Besitz und Eigentum an den in der Stahlkammer verwahrten Wertpapieren zu bemerken? Auf welche verschiedene Weise kann beides auf eine dritte Person übertragen werden? Ist zwischen dem Benutzungsberechtigten und dem Bankhause eine Besitzesklage möglich?

c) Was hat nach dem BGB. zu geschehen, wenn jene Wertpapiere verpfändet werden sollen, — sei es einem Dritten oder dem Bankhause selbst?

d) Wie sind die Fragen a)—c) für den Tatbestand des Reichsgesetzes vom 5. Juli 1896 § 1 zu beantworten?

e) Inspektor Greve hatte auf ein in der Stahlkammer niedergelegtes Depot des Baron von Schuß gerichtliche Pfändung vorgenommen. Die Bank verklagte deshalb den Greve auf Anerkennung, daß kein Anspruch auf Herausgabe des Depots gegen die Bank bestehe: Sie allein könne gar nicht über die fraglichen Wertpapiere verfügen; zu einer Mithaftung ihrerseits neben dem Hauptschuldner sei aber kein Grund ersichtlich.

Der Anwalt des Beklagten wandte dagegen ein, daß die Klägerin das Recht des Zuganges gemeinsam mit dem Hauptschuldner ausübe, und daß es Mittel geben müsse, diesen Zugang zu erzwingen. Ansprüche auf Herausgabe eines Depots seien weder nach dem BGB. noch nach anderen Gesetzen der Pfändung entzogen.

Wie ist begründet zu entscheiden?

2. Zu Hettersleben soll das Festspiel *Gustav Adolf* aufgeführt werden, und es bildet sich zur Ermöglichung dessen unter Leitung des A. ein Ausschuß. Dieser ermächtigt den A. zur Verhandlung mit dem Schauspieler S. Nunmehr vereinbart A. mit S., daß dem letzteren die nötigen schauspielerischen Kräfte aus den Stadtbewohnern gestellt, auch die Bühne mit den nötigen Requisiten gewährt werden soll, S. dagegen die Hauptrolle selbst zu übernehmen, ebenso zur Darstellung der Königin Eleonore eine Schauspielerin zu stellen, alle Proben zu leiten und die Aufführung in Szene zu setzen hat. Als Entschädigung wird ihm für jede der in Aussicht genommenen 10 Aufführungen der Betrag von 100 *M* zugesichert.

S. engagiert hierauf die Schauspielerin D. und schlägt für sich verabredetermaßen andere sich ihm darbietende Engagements aus. Der Ausschuß mietet inzwischen einen passenden Saal vom

Gasthofbesitzer G. für die Zeit der Proben und der Aufführung, den Monat Oktober.

Um sich gegen persönliche Einbußen sicher zu stellen, andererseits aber die Durchführung des Unternehmens ebenfalls zu sichern, werden dem Ausschusse

1. von 5 Herren je 100 *M* zu jenen Zwecken in bar gewährt,
2. von anderen 5 Herren zusammen ein Schein des Inhalts ausgestellt, *daß sie für jede Vermögenseinbuße, die die Ausschußmitglieder erleiden würden, ihnen aufkommen würden.*

Beabsichtigt ist endlich für jede Eintrittskarte ein Preis von 3 *M*, um so die Kosten zu decken. Der etwaige Überschuß soll der städtischen Diakonissenanstalt überwiesen werden.

Fragen:

a) Ist zwischen A. und S. ein Vertrag zu stande gekommen? Mangelt es an der nötigen Form? Worauf gehen die gegenseitigen Klagen? Welche prozessualen Zwangsmittel hat A. gegen S.? Welche Bedeutung hat die Einrede des A., daß der Ausschuß trotz allen Bemühens die nötigen schauspielerischen Kräfte nicht habe beschaffen können? Daß der einzige geeignete Theatersaal abgebrannt sei? Daß das Publikum ein so geringes Interesse zeige, daß sich die Aufführung nicht verlohnen werde? Wie gestaltet sich die Sache, wenn die Bühne nach der ersten Aufführung abbrennt? Welche Bedeutung hat andererseits die Einrede des S., daß er erkrankt sei, oder daß er eine geeignete Schauspielerin nicht habe gewinnen können?

b) Besteht ein Rechtsverhältnis auch zwischen dem Ausschusse und S.? oder A. und der Schauspielerin D.?

c) Liegt ein Rechtsverhältnis zwischen einzelnen Ausschußmitgliedern vor, so daß klagbare Ansprüche zwischen ihnen bestehen?

d) Welche Rechtsstellung ist der Schauspielerin D. innerhalb des ganzen Unternehmens zuzuweisen? Welche Rechtsfolgen hat es, wenn die D. sich bei der Generalprobe, der einzigen Probe mit ihr, als völlig ungeeignet herausstellt? Ferner wenn sie danach erkrankt?

e) Wer gilt als der Mieter des Saales? Wer kann auf Hergabe des Saales klagen? Wem hat G. den Saal zu übergeben? Kann der Ausschuß als solcher auf Zahlung der Miete von G. verklagt werden? Kann G. die Zwangsvollstreckung in den vom Ausschusse gesammelten Fonds bewirken?

f) Welche Folgen hat es, wenn G. vor dem 1. Oktober den Saal einer Schauspielertruppe einräumt? Kann der Ausschuß gegen diese auf Freigabe des Saales klagen unter der Behauptung, daß dem Direktor der ältere Mietvertrag des Ausschusses bekannt gewesen sei? Ändert sich die Sache, wenn dem Ausschusse der Saal bereits zuvor übergeben gewesen war?

g) Welches Rechtsverhältnis besteht zwischen dem Ausschusse und denjenigen 5 Personen, die vorweg je 100 ℳ eingezahlt hatten? Unter welchen Voraussetzungen können diese ihr Geld zurückfordern? Haben jene 5 Personen eine Klage auf Bewerkstelligung der Aufführung?

h) Welches Rechtsverhältnis besteht zwischen dem Ausschusse und den Unterzeichnern des Scheines? Wer ist auf der aktiven Seite klageberechtigt? Haften die Zeichner als Gesamtschuldner oder nach Anteilen? Ist es von Einfluß, ob sie sich gesondert verpflichtet haben?

i) Es werden zum voraus Eintrittskarten verkauft: Welches Recht haben die Käufer? Was bedeuten rechtlich die einzelnen Karten? Können sie Gegenstand eines Pfändungspfandrechtes werden?

k) Es ergibt sich aus dem ganzen Unternehmen ein Reinerlös von 1000 ℳ: Haben die 5 Herren, die die Anzahlung von je 100 ℳ leisteten, einen Anspruch auf Rückgewährung jener Summen? Kann die Stadt auf Auszahlung des Reinerlöses klagen?

l) Angenommen, die Ausschußmitglieder fallen vor Abwicklung der einzelnen Geschäfte durch Tod und Auswanderung weg: Was kann zum Schutze des gesammelten Fonds geschehen?

3. Der evangelische Kirchenvorstand zu Griesheim hatte zu Ende vorigen Jahres beschlossen, an eine Anzahl armer Leute in Griesheim eine Geldunterstützung zu verteilen; und war für einen gewissen Reller dabei ein Almosen von 10 ℳ bestimmt worden. Der Kirchendiener Valentin erhielt am 2. Januar d. J., unter Behändigung einer Geldsumme von 220 ℳ und einer Liste derjenigen Personen, welchen eine Unterstützung zugedacht war, von dem Pfarrer Künzer den Auftrag, das empfangene Geld zu verteilen, insbesondere auch dem Reller die oben angeführten

10 *M* zu behändigen; den Vollzug der Verteilung sollte Valentin alsbald auf der Liste bescheinigen und diese dann zurückbringen.

Das letztere geschah denn auch. Nach kurzer Zeit meldet sich aber Reller und behauptet, daß er keine 10 *M* erhalten, der Valentin diese vielmehr für sich behalten habe. Er klagt bei dem Amtsgerichte und beantragt, den Kirchendiener Valentin zur Zahlung dieser 10 *M* an ihn, den Kläger, kostenfällig für schuldig zu erkennen.

Im Termine behauptet der Beklagte, daß er die fraglichen 10 *M* am 23. Januar dem Kläger behändigt habe und schiebt diesem hierüber vorsorglich den Eid zu, falls die Klage gegen ihn überhaupt rechtlich zulässig sei.

Kläger nimmt den Eid an.

Welche Ansprüche unseres bürgerlichen Rechtes sind hier in Erwägung zu ziehen? Wie ist über die einzelnen im vorliegenden Falle begründet zu befinden; und welches Urteil wird das Gericht danach zu fällen haben?

4. Vor etwa 40 Jahren überließ die Witwe X. in privatschriftlichem Vertrage dem Y. das alleinige Recht der Ausbeute ihrer Tongrube für den Preis von je 2 *Pf* für jeden von Y. geförderten Zentner. Nachdem die Erben des Y. schon seit vielen Jahren überhaupt nicht mehr fördern, wollen die Erben der X., zumal da ihnen von Z. jetzt 9 *Pf* für den Zentner geboten werden, von diesem Vertrage frei werden.

Können sie dies?

5. Zwei Berliner Studenten traten in einem lebhaften Wortwechsel, eine Wette betreffend, in eine Weinstube. Es gilt zehn Flaschen, rief der eine beim Eintreten in das Zimmer; was der andere bestätigte. Der gefällige und den Studenten genau bekannte Wirt kam sogleich herbei und erbot sich, die zehn Flaschen anfahren zu lassen. Allein die Studenten bemerkten, daß die Flaschen erst nach ausgemachter Wette bezahlt werden würden; wenn er das zufrieden sei, so möge er sie auftischen. Der Wirt, der seine Leute wohl kannte, meinte, daß die gestellte Bedingung nichts ausmache, wenn er nur die Gewißheit hätte, daß einer von ihnen nach ausgetragener Wette bezahlen würde; was ihm mit Ehrenwort versichert wurde.

Die zehn Flaschen wurden nun gebracht, mit Hilfe einiger froher Gesellschafter auch bald ausgestochen; und als man sich zum Aufbruche fertig machte, meinte der Wirt ganz gemütlich, ob er denn nicht den Gegenstand der Wette erfahren könne.

Sehr gern, war die Antwort. Als wir an dem Petrikirchturm vorübergingen, entstand die Frage, auf welche Seite er wohl fallen würde, wenn er einmal einstürze. Mein Freund meinte nach Osten, ich nach Westen . . .

Wie ist hierüber rechtlich zu urteilen?

6. Der zwanzigjährige Expedient Kretzschmar war von der Gemeinde Mockau zur Überwachung von Versammlungen, Aufführungen u. s. w. abgeordnet worden. Am 3. Februar löst er eine Volksversammlung gleich bei deren Beginn ohne Grund auf; und verbietet am 7. Februar grundloserweise ein Tanzvergnügen, das der ihm persönlich verfeindete Gastwirt Höhle abhalten wollte.

Höhle, in dessen Lokal auch jene Versammlung stattfinden sollte, ist durch das Vorgehen des Kretzschmar um 600 *M* geschädigt.

Kann er auf deren Ersatz eine gerichtliche Klage mit Erfolg richten, — gegen wen und worauf gestützt?

(Geschäftsfähigkeit; juristische Personen; Vormundschaft; Gehilfschaft und Stellvertretung; Schuldverhältnisse aus unerlaubten Handlungen; u. s. w.)

7. Ein reicher Gutsbesitzer aus Schlesien hatte mit einer Berliner Dame vom Ballett ein Verhältnis angeknüpft. Als er eines Tages mit ihr durch die Friedrichstraße ging, blieb seine Begleiterin plötzlich mit einem Ausruf des Entzückens stehen; ihr Auge haftete auf einem Brillantarmband, welches in dem Schaufenster eines bekannten Juweliers ausgestellt war. Sie äußerte ein brennendes Verlangen, das Kleinod ihr eigen zu nennen, und ihr Freund erklärte, daß er ihrem Wunsche willfahren wolle, wenn das Armband für 4000 *M* zu haben sei. Man betrat den Laden; als der Juwelier den äußersten Preis des Schmuckes aber auf 6000 *M* angab, verfehlten die schmachtenden Blicke auf den Gutsbesitzer ihre Wirkung; über 4000 *M* gehe er nicht, lautete sein Ultimatum.

Am folgenden Tage erschien die Dame wieder allein beim Juwelier. Sie hatte folgenden niedlichen Plan ausgeheckt: Sie übergab dem Juwelier 2000 *M* und bat ihn, sich nach dem Hotel ihres Freundes mit dem Schmuck zu verfügen und diesen ihm für 4000 *M* zur Verfügung zu stellen. Der Juwelier ließ sich überreden, begab sich zum Gutsbesitzer und überließ ihm das Armband für 4000 *M*.

In freudiger Erwartung harrte die Dame auf das Erscheinen ihres Freundes, der sich zweifellos beeilen würde, den Schmuck zu ihren Füßen zu legen. Sie wartete vergebens und wurde grausam enttäuscht, als ihr die schriftliche Mitteilung wurde, daß unaufschiebbare Geschäfte den Gutsbesitzer plötzlich nach der Heimat zurückgerufen hätten. Dieser war inzwischen von seiner Leidenschaft geheilt und nach dem Ankaufe des Armbandes auf die vernünftige Idee verfallen, der Versucherin schleunigst den Rücken zu wenden.

Wie gelangt nun die Ballettdame, das Opfer einer verfehlten Spekulation, zu ihren 2000 ℳ?

8. Herr X., ein leidenschaftlicher Raucher, bestellt bei einem Hamburger Zigarren-Importhause mehrere hundert Stück feine Havanna-Zigarren, die auch pünktlich geliefert werden. Der Käufer raucht die Zigarren, lobt allenthalben ihre Güte, vergißt aber darüber, die Rechnung, die der Zigarrensendung beigelegt gewesen war, zu bezahlen. Nach einiger Zeit ist der gekaufte Vorrat erschöpft; Herr X. wendet sich wieder an jene Firma und bestellt das gleiche Quantum derselben Sorte, die er früher erhalten, diesmal jedoch *mit Nachnahme.*

Die Sendung langt an. Herr X. bezahlt den Nachnahmebetrag und öffnet die Kistchen, die der Postbote ihm gebracht. Aber alle Kistchen sind leer; nur im letzten Kistchen findet er die quittierte Rechnung über die erste Sendung, aber weiter nichts.

War dieses juristisch in Ordnung? Welche Abschnitte des BGB. sind heranzuziehen; und wie ist danach obiges zu entscheiden?

Ist nachstehender Tatbestand dem gleich zu behandeln?

Ein Zahnarzt in Münster erhielt eines Tages in einem Paket, das sein Dienstmädchen dem Postboten abgenommen hatte, von einem Kaufhause in Bremen zu seinem Erstaunen zwei Kistchen mit Zigarren darin. Die beiliegende Rechnung hatte den gedruckten Vermerk: *Sie empfangen anbei zufolge meines Avises per Post franko ein Zwanzigstel hell, ein Zwanzigstel dunkel Donna Elvira-Reinjtae Mark 8.* Da er von einem *Avis* nichts wußte, so entschloß er sich zu einer Gegenmaßregel. Er nahm die Zigarren aus ihren Kistchen und tat in jede der letzteren zwei Flaschen Mundwasser, dazu legte er eine Quittung: *4 Flaschen Mundwasser à 2, ℳ 8, Betrag in Zigarren erhalten. Zahnarzt H.* und sandte es an die Zigarrenfirma zurück.

9. Zwischen den beiden Dresdner Straßenbahn-Gesellschaften, der neuen *roten* und der alten *gelben,* schwebte einmal ein interessanter Prozeß. Das Streitobjekt bildet der Warnungsposten an der dortigen Kreuzung der elektrischen Bahn mit den anderen Straßenbahnlinien. Die Polizeidirektion hatte an beide Gesellschaften die Verfügung erlassen, daß dort ein Warnungsposten aufzustellen sei. Die *Rote* war dem sofort nachgekommen, und als die *Gelbe* den *Roten* dort stehen sah, stellte sie natürlich ihren *Gelben* nicht erst auf. Die Polizei begnügte sich aber mit dem einen; ihr war es gleich, ob er *rot* oder *gelb* war. Nun verlangte die *rote* Gesellschaft, daß die *Gelbe* ihren Mann zur Hälfte mit bezahle, da ihr Mann zur Hälfte die Geschäfte der anderen Gesellschaft mit besorge. Die *Gelbe* wandte wieder ein, die *Rote* habe mit der Aufstellung des Mannes lediglich ihre eigene Verpflichtung erfüllt, denn die *Rote* habe nicht nur einen halben Mann, sondern einen ganzen aufzustellen gehabt. Daß durch die Aufstellung des *Roten* sich die Verpflichtung der *gelben* Gesellschaft, ihrerseits einen Mann aufzustellen, erledige, sei ihr zufälliger Vorteil; sie bezahle nichts.

Welche juristische Begriffe finden hier Anwendung; und wie ist begründet zu entscheiden?

10. Von der Witwe eines wohlhabenden Bauern wurde dem erwachsenen ältesten Sohne eine Anzahl von Grundstücken verkauft und übergeben; dabei aber im Grundbuche einstweilen nur eine Vormerkung gemacht, da in dem Kaufvertrage die Witwe sich das Eigentum bis zur vollen Zahlung des Kaufpreises vorbehalten hatte.

Bald darauf starb die Verkäuferin und wurde von ihren vier Kindern beerbt. Es erfolgte eine gerichtliche Auseinandersetzung der Miterben. In der Erbteilungsurkunde wurde so verfahren, daß nach Zusammenstellung der Aktiva und Passiva der Erbteil jedes Kindes auf 18 500 ℳ berechnet und danach die Ausgleichung vollzogen wurde.

Der auf den ältesten Sohn bezügliche Passus ging dahin:

	Derselbe hat zu erhalten		ℳ 18 500 —
	und bekommt überwiesen:		
1)	seine Schulden zur Masse an Kaufschilling, Zinsen, Stempelvorlagen u. s. w.	ℳ 28 500 —	
2)	Mobiliarkaufgeld	„ 200 —	
3)	Anteil an den Gebühren des Erbtaxators	„ 7 50	
4)	$^1/_4$ der Ausstände bei M. N.	„ 85 —	
			ℳ 28 792 50
	hat also zuviel erhalten:		ℳ 10 292 50,

die er (in näher bestimmter Weise) an seine drei Geschwister bar zu zahlen hat.

Die Erben erkannten diese Teilung als richtig an; worauf das Amtsgericht dem ältesten Sohne die von ihm seinerzeit von der Mutter erworbenen Grundstücke unbeschränkt zu Eigentum im Grundbuche überschrieb.

Noch bevor aber die drei jüngeren Geschwister etwas in bar ausbezahlt erhalten hatten, fiel ihr ältester Bruder in Konkurs.

Nun erhoben jene drei zusammen gegen den Konkursverwalter Klage auf Zustimmung zur Berichtigung des Grundbuches (BGB. 894). Sie hoben hervor, daß durch die Erbteilung kein Erlöschen des vorbehaltenen Eigentumes erfolgt sei, da eine Zahlung des Kaufpreises nicht vorlag; auch BGB. 925, 1 nicht gewahrt sei.

Dagegen berief sich der Konkursverwalter darauf, daß sowohl nach der Lehre von der Aufrechnung, als auch der Schulderneuerung und der Vereinigung von Forderung und Schuld die alte Kaufschuld gänzlich getilgt sei. Es hieße, meinte er, das Wesen einer Erbteilung verkennen, wenn man leugne, daß eine endgültige Ausgleichung aller bei dem Erbverhältnis in Sprache kommender Ansprüche und Gegenansprüche stattfinden solle; eine Berechnung ohne diese letztere Absicht hätte unter Miterben keinen Sinn. Da somit die Voraussetzungen der Eintragung des Hauptrechtes gegeben seien, so wäre die Umschreibung der Vormerkung ganz gerechtfertigt gewesen. Übrigens seien Grundbuchamt und Erbschaftsgericht von demselben Amtsrichter verwaltet, und von diesem die Erklärungen aller gleichzeitig anwesenden Beteiligten entgegengenommen worden.

Wie ist hierüber zu urteilen?

11. Die Tochter eines armen Schuhmachers hatte von ihrer Freundin, einer Choristin beim Stadttheater, ein Armband geliehen erhalten, um mit ihrem Bräutigam einen Gesellenball zu besuchen. In dem Armbande befand sich eine schöne glänzende Perle eingefügt, welche auf dem Heimwege von dem Mädchen verloren wurde. Dieses läßt nun von einem Juwelier eine fast ganz gleich aussehende teuere Perle einsetzen und bringt so das Armband zu ihrer Freundin, welche mürrisch über die verspätete Rückgabe es unbesehen in ihren Schmuckkasten legt. Die Verliererin aber und ihr Bräutigam, und baldiger Ehemann, arbeiten und darben mehrere Jahre angestrengt, um die Schuld bei dem Juwelier zu begleichen.

Einige Zeit, nachdem ihnen dies gelungen, trifft die Frau ihre vormalige Freundin in ganz heruntergekommenen Verhältnissen. Im Gespräch klärt sich nun auf: Jene Perle war falsch gewesen; die Choristin hatte daher, von dem Einfügen der echten wertvollen Perle nichts ahnend, das Armband für eine Bagatelle an eine Kollegin verschleudert; diese war ausgepfändet worden, und das Armband hatte bei der Zwangsversteigerung ein unbekannter Käufer für eine Kleinigkeit erstanden.

Wie stehen Besitz- und Eigentumsverhältnisse an der Perle zu den verschiedenen interessierenden Zeitpunkten? Wie wäre es, wenn der Käufer sich fände: hätte jemand der Beteiligten einen Anspruch gegen ihn? Bestehen sonst irgend welche Ansprüche unter den angeführten Personen?

12. A. fordert von B. 30 Flaschen Sekt mit der Behauptung, daß er diese an C. am 1. April unter dem Vorbehalte des Eigentums bis zur Bezahlung des Kaufpreises verkauft, C. aber die Zahlungsfristen nicht eingehalten habe. Er macht weiter geltend, daß B. den Wein nur für C. innehabe. C. habe nämlich die Konzession zur Gastwirtschaft nicht erhalten, und B. betreibe diese nunmehr zwar auf seinen Namen, aber abredegemäß für C. Es handle sich hierbei also um ein Scheingeschäft. Jedenfalls habe B. den Wein von C. unentgeltlich erlangt und würde sich also, wenn er den Wein behielte, auf seine, des A., Kosten bereichern.

B. entgegnet, der Verkauf und die Übergabe von A. an C. sei bedingungslos geschehen.

Es wird der Reisende X. (Wer hatte die Beweislast?) über die Bedingungen des Kaufes vernommen. Er bekundet: Der Verkauf selbst sei bedingungslos geschehen, nachträglich, als C. nicht zahlte, sei am 1. Mai zwischen diesem und A. vereinbart worden, daß C. den Wein fortan nur noch kommissionsweise behalten und ihn für Rechnung des A. verkaufen solle.

A. hält nun sein Klagebegehren auch auf Grund dieses Tatbestandes aufrecht.

B. erklärt das für rechtlich verfehlt, wendet aber noch weiter ein, daß er am 1. Juli den Wein von C. für eine Mietforderung an diesen aus dem vorigen Jahre verpfändet erhalten habe und daß er zum mindesten den Wein bis zur Bezahlung dieser Forderung von 200 ℳ zurückbehalten könne.

Dringt A. durch? War die Beweisaufnahme notwendig?

13. Bei dem Amtsgerichte P. läuft folgende Klage des Landwirtes J. Hensen gegen den Fuhrmann Beck ein: Von meinem Vater, dem Schlachtermeister F. A. Hensen habe ich einen diesem gehörigen sogenannten Fleischerwagen zur Aufbewahrung erhalten. Vor 14 Tagen bat mich der Beklagte, ihm diesen Wagen mit Zubehör — Sitz und Haltern — auf drei Tage zur Benutzung zu überlassen. Ich bin diesem Wunsche nachgekommen; Beklagter hat mir aber den Wagen bis heute nicht zurückgegeben, weigert sich auch trotz wiederholter Aufforderung, dies zu tun; und sehe ich mich zu dieser Klage genötigt, mit der ich auch 17 ℳ 40 ₰ fordere, die Beck an Steuern rückständig schuldete, und wegen deren der Wagen gepfändet werden sollte. Ich habe sie bezahlt und verlange sie ersetzt.

Von dem Beklagten wird der Sachverhalt anders dargestellt. Den Wagen habe er vom Kläger zu Eigentum bekommen, als Belohnung dafür, daß er, Beck, den Kläger den Verkauf eines Grundstückes vermittelt habe. Die Steuern würde er, Beklagter, schon selbst bezahlt haben; dazu habe Kläger keine Vollmacht gehabt.

Das Gericht ordnet Beweisaufnahme an. Zwei Zeugen, die bei der damaligen Besprechung der Parteien anwesend waren, sagen übereinstimmend aus:

Kläger erklärte dem Beklagten, daß letzterer dafür, daß er ihm, dem J. Hensen, einen Käufer für die Wiese am Kirchberg verschafft hätte, den Wagen, der dem alten F. A. Hensen gehöre, erhalten solle; einstweilen wolle er den Wagen dem Beck leihen, bis es sich entscheide, ob der Käufer der Wiese nicht von seinem vorbehaltenen Rücktrittsrechte Gebrauch mache.

In der Schlußverhandlung hält der klägerische Anwalt die Klage voll aufrecht. Eigentum sei nicht übergegangen, wegen BGB. 929 und 934; die Schenkung sei nichtig nach BGB. 518; die Bedingung schwebe noch (BGB. 158; 160 fg.); der Ersatzanspruch auf 17 ℳ 40 ₰ sei selbstverständlich.

Von der beklagtischen Seite wird bestritten, daß bei Beck der gute Glaube nach BGB. 934 gefehlt habe; das unterliegende Rechtsverhältnis könnte nur als Dienst- oder als Mäklervertrag behandelt werden. Eine Bedingung liege nicht vor, sondern der Fall von BGB. 163; auch erledige sich der Anspruch des Klägers unter allen Umständen nach dem im BGB. gebliebenen Satze *dolo facit, qui petit, quod redditurus est.* Der zweite klägerische Anspruch könne weder auf BGB. 683, noch 687, noch 812 gestützt werden.

Wie wird die Entscheidung zu lauten haben?

14. Am Hoftheater zu Koburg war eine Reihe von Jahren Fräulein Alice Farkas als dramatische Sängerin angestellt. Die Dame trieb großen Luxus in Toiletten und Kostümen und war bald gänzlich überschuldet. Mit Rücksicht auf ihre Stellung wurde ihr von vielen Geschäftsleuten großer Kredit gewährt; da aber niemals Zahlung erfolgte, so kamen immer stärkere Mahnungen, und es war endlich so weit, daß eine gerichtliche Katastrophe täglich erwartet werden durfte.

Da erging an sämtliche bekannte Gläubiger folgendes gleichlautende Rundschreiben:

In Angelegenheit Ihrer Forderung an die Hofopernsängerin Fräulein Farkas teilen wir Ihnen mit, daß die Regulierung der Rechnungen durch uns erfolgen wird, und ersuchen wir Sie, bis dahin weitere Schritte zur Erlangung Ihres Guthabens gegen Fräulein Farkas nicht unternehmen zu wollen.

Koburg, 20. Mai. *Hochachtungsvoll*

Herzogl. S. Hofkapell- und Theaterintendanz.

v. Rekowski.

Gleichzeitig erhielten sie auch eine Mitteilung von Fräulein Farkas, daß die Herzogliche Hofkapell- und Theaterintendanz die Regulierung ihrer Rechnungen in die Hand genommen habe.

Allein es erfolgte keine Zahlung. Dagegen nutzte Fräulein Farkas die eingetretene Beruhigung durch verstärkte Inanspruchnahme kreditierender Lieferanten aus. Diese waren daher sehr betroffen, als sie am 26. Januar f. J. von der gleichen Stelle, wie im vergangenen Mai, die Mitteilung erhielten: daß die Regulierung der Rechnungen der Intendanz zu ihrem Bedauern bei der jetzigen Sachlage nicht möglich sei, und die Gläubiger deshalb ersucht werden, sich wieder an die Schuldnerin selbst zu wenden.

Wenige Tage darauf war Fräulein Farkas verschwunden.

Die Gläubiger wandten sich nun an die Intendanz, mit dem Ersuchen, die ausstehenden Rechnungen der flüchtigen Sängerin zu *regulieren*. Sie erhielten aber den Bescheid, daß dieses durchaus nicht zu dem Geschäftskreise der Herzoglichen Hofkapell- und Theaterintendanz gehöre und deshalb abgelehnt werden müsse.

Eine darauf folgende Vorstellung bei dem Inhaber der Intendanz, Herrn von Rekowski, und das Ansinnen, daß er persönlich nun eintreten möge, hatte auch keinen Erfolg.

Darauf erhoben drei Gläubiger gegen ihn Klage auf Zahlung

von einstweilen eingeklagten 2000 *M*, gestützt auf das von ihm abgegebene Versprechen.

Wie ist hierüber begründetermaßen zu befinden?

15. Ein Hauseigentümer hatte seinem Vizewirt für dessen Tätigkeit 100 *M* jährlich versprochen. Danach kam das Haus unter Zwangsverwaltung, und der Verwalter setzte sich in Besitz. Die Frau des Vizewirtes teilte ihm auf seine Frage nach der von ihrem Manne gezahlten Miete mit: Wir zahlen 600 *M* und besorgen die Hausmannsarbeiten. — Der Verwalter erwiderte: Das könne ja auch weiter so bleiben.

Daraufhin forderte der Vizewirt vom Verwalter, — der den Vertrag zwischen Hauseigentümer und Vizewirt nicht gekannt hatte — als Vergütung für die Hausmannsarbeiten 100 *M* jährlich.

Der Verwalter wandte ein, er habe mit dem Vizewirt keinen Vertrag geschlossen, dieser könne also höchstens eine angemessene Entschädigung fordern.

Entscheidung?

16. Als der Kaufmann Böhmig in Konkurs gefallen war, meldete ein junger Schreiber, namens Herz, eine Forderung von 28 *M* an; womit es folgende Bewandtnis hatte.

Böhmig, der ein Eisenwarengeschäft betrieben, hatte eine Kontrollkasse in Gebrauch, die dem Kunden den von ihm gezahlten Betrag anzeigte und zugleich einen Zettel lieferte, der das Datum, die Firma, den Betrag und folgenden Zusatz enthielt: *Für 50 M dieser Zettel zahle ich 1 M bar.*

Herz hatte nun eine Menge solcher Zettel gesammelt. Einige wenige aus eigenen Einkäufen; andere, die ihm von den Inhabern geschenkt, zum Teil auch gegen eine Kleinigkeit verkauft wurden; wieder andere, die von den Käufern weggeworfen und von ihm gefunden waren; die größte Zahl aber dadurch, daß er die Kommis des Böhmig beredete, die fraglichen Zettel den Kunden gar nicht auszuhändigen, sondern sie ihm gegen Vergütung zu überlassen. So hatte er in drei Jahren etwas über 1400 *M* zusammengebracht.

Der Konkursverwalter wollte die Forderung nicht anerkennen. Es liege eine unverbindliche Zusage vor, juristisch gar nicht konstruierbar und jedenfalls rein persönlich für den jedesmaligen Empfänger. So und so viel sei auch wegen Ablaufes zweier Jahre verjährt.

Wie ist zu erkennen?

17. Seitens der Stadt Berlin wurden aus Anlaß eines Straßendurchbruches verschiedene Häuser im Wege der Enteignung erworben. In dem einen Hause betrieb ein Gastwirt, der das Erdgeschoß gemietet hatte, sein Gewerbe; er mußte am 20. April ausziehen, während sein Mietvertrag noch bis zum 31. Dezember lief. Nun klagte er gegen die Stadt Berlin auf Entschädigung, gestützt auf die §§ 8 und 11 des preußischen Enteignungsgesetzes vom 11. Juni 1874. Verlangt wurden für den Tag 25 *M*, die der Kläger in Ermangelung eines gleich gut gelegenen Restaurationslokales in seinem Geschäftsbetriebe verloren habe, für die 256 Tage also 6400 *M*.

Die Beklagte leugnete ihre Entschädigungspflicht. Sie habe dem Eigentümer des Hauses auch den Schaden voll ersetzt, den dieser durch entgangenen Mietsertrag gehabt habe; mithin sei sie nach § 11 des Enteignungsgesetzes frei, und habe sich Kläger an seinen Vermieter zu halten. Aber auch die Höhe der Entschädigungssumme sei unbegründet; Kläger könne doch höchstens etwaige Umzugskosten und sonstige besondere Auslagen ersetzt verlangen, nicht aber Minderungen in Einnahmen, die durch persönlichen Geschäftsbetrieb erworben würden und nicht an dem enteigneten Hause als solchem als Vorteile anhingen.

Der Vertreter des Klägers führte dem gegenüber aus: Es sei gleichgültig, was der Eigentümer des Hauses an Entschädigung erhalten habe; denn dieser hafte bei einer Enteignung den Mietern überhaupt nicht mehr. Die letzteren aber könnten als besondere Entschädigung dasjenige verlangen, worum der Mietswert der Mietsache den von ihnen geschuldeten Mietzins übersteige, das sei eben nach sachverständiger Abschätzung der eingeklagte Betrag. Der Kläger habe sich aber nach der Enteignung bis zum 31. Dezember kein gleichwertiges Geschäftslokal verschaffen können, in dem er ein ebenso schwunghaftes Geschäft wie früher hätte betreiben können.

Von der Beklagten wurde dabei verharrt, daß es sich bei der eingeklagten Entschädigung nicht um einen sachlichen Nutzungswert des enteigneten Hauses handle. Auch wurde noch beigebracht, daß Kläger in der fraglichen Zeit 460 *M* durch Schmiedearbeit verdient habe; was er sich doch auch anrechnen müsse.

Bemerkt wird, daß das Beweisverfahren die tatsächliche Richtigkeit der beiderseits gemachten Angaben herausstellte; und ist hiernach der Fall zu begutachten.

18. Am Abend des 26. November übergab der Arbeiter B. einen Sack mit 4 Hämmern und einem Paar Pantoffeln in M. der Eisenbahn zur Beförderung an den Gesellen C. in N. Der Empfänger der Sendung verweigerte deren Annahme. Die Königliche Güterabfertigungsstelle zu N. übergab deshalb die Sendung dem Spediteur A. zur Aufbewahrung und weiteren Behandlung; wobei A. an die Eisenbahn 1 ℳ 50 ₰ als den bis dahin entstandenen Betrag der Fracht, Nachnahmeprovision, des Roll- und Lagergeldes bezahlte. (Vgl. Verkehrsordnung v. 26. Oktober 1899, bes. § 70.)

Hierauf benachrichtigte A. den B. von dem Geschehenen und ersuchte ihn zugleich um Verfügung über die fragliche Sendung. B. antwortete nicht; und die Sache blieb zunächst liegen. Nach 14 Monaten mahnte A. nochmals den B., ohne Antwort zu erhalten; und bot den Sack dem C. an, ohne daß dieser abnahm. Daraufhin drohte A. dem B. den öffentlichen Verkauf der Sendung an; und ließ diesen, nach fruchtlosem Verstreichen der von ihm angesetzten Frist durch einen Gerichtsvollzieher bewirken. Dabei wurden 2 ℳ 10 ₰ erlöst, während die Auktionskosten 1 ℳ 20 ₰ betrugen. Hiernach forderte A. von B. seine sämtlichen Unkosten und Gebühren im Betrage von 8 ℳ 50 ₰ in näherer Einzelberechnung klagend ein.

B. erwiderte: Den Frachtvertrag habe er nur im Auftrage des C. geschlossen. Sie beide hätten nämlich in M. zusammen in Arbeit gestanden; als C. dann nach N. gegangen wäre, habe er den B. gebeten, ihm, dem C., die fraglichen Sachen nachzuschicken. Das habe er auch getan; und da C. ihm noch 1 ℳ 10 ₰ schuldig gewesen wäre, habe er sie gleich als Nachnahme erhoben. Später habe er diese Summe der Eisenbahn zurück erstattet; so daß A. sich an diese halten möge, wegen des übrigen Betrages aber an C., den er, B., nur vertreten habe. Der Anspruch des A. sei aber um so weniger gegründet, als A. das Gut eigenmächtig verkauft und sich so rechtswidrig außer stand gesetzt habe, das Frachtgut auszuhändigen; während er seine Spesen doch nur bei Leistung Zug um Zug verlangen könne.

In seiner Replik führt A. aus, daß er nach HGB. 410 ein Pfandrecht am Gute erlangt und daher es bei dem Annahmeverzuge des C. und dem Zahlungsverzuge des B. mit Recht verkauft habe. Zudem sei der Anspruch des B. gegen A. nach HGB. 414 verjährt.

Wie ist begründet zu erkennen?

19. Der Rechtsanwalt Wüthig erhebt gegen den Rechtsanwalt Schäler folgende Klage:

Vor vier Jahren pachtete ich im Herbste mit dem Beklagten gemeinschaftlich eine Jagd auf mehrere Jahre. Ich habe sie früher wenig benutzt, erst im letzten Pachtjahre etwas mehr. Gegen Ende dieses, im Juni, veranstaltete ich mit mehreren Freunden ein Treibjagen, auf welchem von meinen Jagdgästen sechs Rehe geschossen wurden. Ich ließ diese durch die Frau des Bahnwärters Krailing nach der Stadt schaffen; als sie an dem Gartentor des Beklagten vorüberkam, trat letzterer, der augenscheinlich auf das Wild gewartet hatte, hervor und nahm der Frau drei Rehe ab. Ich schickte, als ich nach Hause kam, sofort die Frau Krailing zu dem Beklagten, um die Rehe wieder zu holen; sie erhielt aber nur den Bescheid, daß er die Rehe an anderem Orte, als ich, vorteilhafter verkaufen könnte. Am nächsten Morgen forderte ich brieflich wiederholt die Rückgabe; die Antwort lautete, daß die Rehe schon verkauft seien. Ich klage nun auf Herausgabe der Rehe oder auf den Ersatz des mir durch die Wegnahme entstandenen Schadens im Betrage von 60 *M*. Eine Abrechnung meinerseits wird am Schlusse des Pachtjahres erfolgen, so wie es Gebrauch in solchen Verhältnissen ist.

Von dem Beklagten wird entgegnet:

Der Kläger hat nach vorgefallenem Streite unter uns im letzten Jahre die Jagd stark abgeschossen, weil er wußte, daß ich Lust hatte, die Jagd später allein wieder zu pachten. Am fraglichen Tage gewahrte ich auf einer Spazierfahrt, daß auf der gemeinsamen Jagd völlig unwaidmännisch der Bestand im Treibjagen abgeschossen wurde; unter den sechs Rehen befanden sich fünf Rehgeisen. Als Sozius war ich nun Eigentümer von drei Rehen geworden, um so zweifelloser, als alle Jagdgäste sehr wohl wußten, daß ich der Mitpächter der Jagd sei. Sonach nahm ich die drei Rehe mit Recht einstweilen an mich und gab sie deshalb nicht gleich heraus, weil Kläger stets schlechte Verkaufspreise erzielte und auch hierin durch das unzeitgemäße Abschießen die Sozietät geschädigt hat. Daß die Abrechnung am Ende jedes Pachtjahres stattzufinden hat, ist richtig; gerade deshalb aber kann Kläger nicht jetzt schon den ganzen Erlös für die drei Rehe herausverlangen. Diese selbst habe ich ja auch gar nicht mehr, und habe sie aus dem ganz zwingenden Grunde schnell veräußern müssen, weil sie sonst bei der damaligen sehr heißen Witterung verdorben wären.

Es sind die einschlägigen Rechtssätze in Erwägung zu ziehen und ist hiernach Gutachten abzufassen.

20. Beim Ableben der Freiin von Broe, am 13. August 19.., fand sich eine von ihr eigenhändig geschriebene und unterschriebene Urkunde folgenden Inhaltes vor:

Ich verspreche der J. Baurs 500 M, wenn sie sich im Augenblick meines Todes in meinem Dienste befindet. Cöln, den 18. Mai 1886. A. Freiin v. Broe. — Außerdem schenke ich ihr weiter meine Schatulle mit allem, was diese in sich schließt. Cöln, den 14. März 1891. A. v. Broe.

Bei der Inventarisation des Nachlasses fand sich die eben angeführte Schatulle, und in ihr, nebst etwas Geld und einigen Schmuckgegenständen, ein Schuldschein von 6000 M, ausgestellt von einem Dritten zu Gunsten der Erblasserin im Jahre 1884.

Die J. Baurs, die beim Ableben der A. v. Broe noch in deren Diensten gestanden hatte, klagte gegen den Bruder und nächsten Verwandten der Verstorbenen, zufolge jener Urkunde, auf Auslieferung der ihr hiernach zugewendeten Gegenstände, namentlich auch des erwähnten Schuldscheines, mit Zinsen vom Tode der Erblasserin an.

Der Beklagte bestreitet die Gültigkeit der Verfügung, da es weder ein abstraktes Schuldversprechen, noch Testament oder Vermächtnis oder Schenkung oder sonst ein den Gesetzen genügendes Rechtsgeschäft sei; auch die Verfügung wegen mangelnder Bestimmtheit ihres Inhaltes nicht gelten könne.

Wie ist zu befinden?

21. Die Witwe N. läßt durch einen Rechtsanwalt gegen den Schmiedemeister L. Klage auf Räumung einer neben der von L. benutzten Schmiedewerkstatt belegenen einfenstrigen Stube und daran stoßenden Kammer erheben.

Zur Begründung wird vorgebracht: N. war bis zum 22. August des verflossenen Jahres Eigentümerin des Hauses Hainweg 7 zu Eudorf, Band IV Blatt 135 des Grundbuches von Eudorf. An jenem Tage hat sie das Haus an K., den Vater des L., verkauft, sich jedoch den lebenslänglichen Nießbrauch und die Verwaltung des Grundstückes vorbehalten. Im folgenden Frühjahr hat K. auf dem Hofe des Grundstückes eine Schmiedewerkstatt neu erbaut und dem L. überlassen; der zugleich die daneben gelegene Stube und Kammer, die jetzt streitig sind, in Benutzung genommen hat.

N. hatte behauptet, daß die letztgenannten Räume von ihr

selbst dem L. für 84 ℳ jährlich vermietet worden seien; L. hat aber in einem darauf gehenden Prozesse jenes abgeschworen und eine rechtskräftige Abweisung der N. erzielt. Nun nimmt letztere an, daß damit bewiesen sei, daß L. Stube und Kammer nur *precario* besitze und deshalb auf ihr, der N., Verlangen jederzeit räumen müsse.

Der Beklagte stellt in Abrede, daß das BGB. die Einrichtung des *precarium* überhaupt kenne. In seinem Falle stehe es aber so, daß er von seinem Vater K. die streitigen Räume gemietet habe. Da die N. gegen die Benutzung durch K. nichts eingewendet habe, so habe sie insoweit auf ihr Nießbrauchsrecht verzichtet oder doch sich obligatorisch gebunden; und in die Untermiete eingewilligt (BGB. 549). Hiernach sei der Antrag auf Klageabweisung gerechtfertigt; wobei sich noch zur Unterstützung auf BGB. 986 berufen wird.

Von dem klägerischen Anwalt wird erwidert, daß von einer Aufhebung des Nießbrauches nach BGB. 1062 wegen des 2. Abschnittes des 3. Buches des BGB. keine Rede sein könne. Übrigens sei die Tatsache zu beachten, daß K. bald nach Erbauung der Schmiedewerkstatt ausgezogen sei, und nur noch L. diese und die Prozeßräume innehabe.

Welche Entscheidung ist zu treffen?

22. A. stiehlt dem E. ein Lotterielos. Er verkauft es an Z., der ihn mit Geld bezahlt, das er dem X. gestohlen hat. Das Los kommt mit einem Gewinn von 20 000 ℳ heraus.

Wer hat diese Summe zu beanspruchen? Welche Ansprüche sind nach dem BGB. unter den genannten Personen begründet? Kommt etwas darauf an, ob das Los schon zur Zeit des Diebstahls — oder zu der des Verkaufes an Z. — gezogen war?

23. Auf dem Grundstücke des Martinius zu Großdorf Nr. 3 stand Abteilung III Nr. 5 eine Forderung von 480 ℳ nebst 5 % Zinsen für den Handelsmann Ismar eingetragen. Martinius zahlte diese eingetragene Forderung an den Gläubiger und veräußerte dann das Grundstück, ohne daß eine Löschung der bezahlten Post von ihm beantragt war, an die Eheleute Wölber, an welche am 24. Juli die Auflassung erfolgte.

Am 17. August übertrug Ismar, und zwar, wie in der Abtretungsurkunde angegeben, auf Anweisung des Martinius die eingetragene Forderung an Zaching; auf dessen Namen auch die Umschreibung im Grundbuche erfolgte.

Die Eheleute Wölber weigern sich, den Zaching zu bezahlen oder ihm das Grundstück herauszugeben. Ihr Rechtsbeistand behauptet, daß die Zession überhaupt nicht möglich und die vorgenommene Anweisung ungültig sei, da ja die Schuld in Wirklichkeit bezahlt gewesen sei. Auch könne der eingetragene Eigentümer über die von ihm bezahlte Hypothek nur so lange verfügen, als er im Grundbuche als Eigentümer eingetragen stehe, wogegen sein Verfügungsrecht mit der Auflassung des Grundstückes an einen Dritten erlösche.

Zaching befragt einen Anwalt. Dieser findet, daß die alte Streitfrage über die juristische Konstruktion der Hypothek des Eigentümers durch das BGB. und seine Nebengesetze nicht zum Abschlusse gebracht sei. Zwar lehnen die Motive 3 S. 729 die Ansicht ab, daß die Forderung, für welche die Hypothek bestellt war, weiter bestehen bleibe; aber es ist nicht zweifellos, daß dieses notwendig den Gesetz gewordenen Bestimmungen des neuen Rechtes unterzulegen sei. Nach wie vor ließe sich aufstellen, daß die Forderung selbst mit der Hypothek auf den Eigentümer übergehe (vgl. BGB. 1143; 1225; 268; 426; 774; — 1607; 1709); oder auch behaupten, daß dem zahlenden Eigentümer nur ein formales Verfügungsrecht über die Hypothek auf Grund der Quittung zustehe; oder daß durch die Zahlung ein Wertteil des Grundstückes frei geworden sei, über das der Eigentümer weiter verfügen kann; oder daß die Hypothek sich in eine Grundschuld verwandele; u. s. f.

Was für einen Einfluß muß dieses auf die praktische Behandlung unseres Rechtsfalles ausüben? Zu welchem rechtlichen Rate muß man für die oben erwähnte Anfrage bei gründlicher Durcharbeitung des Gegenstandes gelangen?

24. Die X. hatte dem Y. 300 ℳ versprochen, wenn Y. die Z. dazu bestimme, die X. zur Erbin einzusetzen. Nachdem letzteres geschehen war, weigerte sich die X., die 300 ℳ zu bezahlen.

Mit Recht?

Vgl. BGB. 123; 138; 312; 2078; 2302; auch 656.

25. An einem Sommerabend bestiegen mehrere junge Leute in etwas angeheitertem Zustande einen Straßenbahnwagen. Nachdem sie vom Schaffner unter mancherlei Redensarten Fahrscheine gekauft, erschien ein Kontrolleur und forderte die Fahrgäste zum Vorzeigen der Fahrscheine auf, wozu die Satzungen der Straßenbahn, laut Abdruck auf jedem Scheine, die Mitfahrenden verpflichteten. Der eine jener jungen Leute weigerte aber unter mutwilligen und unangebrachten persönlichen Ausfällen gegen den Kontrolleur die Vorzeigung; worauf zunächst Name und Wohnung des Widerspenstigen durch einen herbeigeholten Schutzmann festgestellt wurden.

Nun erhob die Straßenbahn gegen den Renitenten Klage auf nochmalige Bezahlung der ganzen, von dem Beklagten damals durchfahrenen Strecke, — gleichfalls im Anschlusse an die erwähnten Satzungen. Der Beklagte aber gab den an jenem Abend gelösten Fahrschein zu den Akten und beantragte Abweisung der Klage.

Wie ist zu erkennen?

26. Es verlangt jemand die Lebensversicherungssumme aus einer zu seinen Gunsten lautenden Police seiner verstorbenen Ehefrau. Die verklagte Versicherungsgesellschaft wendet ein, die Ehefrau sei zur Zeit des Vertragsabschlusses erst 18 Jahre alt gewesen; ihr Vormund aber habe den Vertrag nicht genehmigt.

Der Kläger entgegnet, er selbst sei der Vormund seiner Ehefrau gewesen; nötigenfalls genehmige er jetzt. Es bedürfe aber keiner Genehmigung, da die Ehefrau die Prämie stets aus ihrem Vorbehaltsgute bezahlt habe, auch der verklagten Versicherungsgesellschaft die Minderjährigkeit der Ehefrau aus der Police bekannt gewesen sei.

Die vorgelegte Police enthält das richtige Geburtsdatum der Frau.

Was ist hierzu begutachtend zu bemerken?

27. Der Student der Medizin Konrad Sussit erhält eines Tages folgenden Brief.

H. 12. August 19 . . Wohlgeboren Herrn Sussit hier. Sie haben an dem Hochzeitsmahle des Herrn Deipner, welches in einem Weinrestaurant am 28. Februar v. J. stattgefunden hat, teilgenommen. Bei diesem Mahle ist an Speisen, Getränken u. s. w. bei mir eine Rechnung von 741 *M* 83 *Pf* erwachsen. Ich habe diesen Betrag zunächst vom Brautpaar eingefordert, mußte aber dabei die betrübende Erfahrung machen, daß dasselbe vollständig insolvent ist. Zu meinem großen Bedauern bin ich daher genötigt, von der mir zustehenden Befugnis Gebrauch zu machen, mich an die einzelnen Teilnehmer des Mahles zu halten. Die Verpflichtung, an den Kosten des Mahles mitzutragen, ergibt sich schon daraus, daß sie eben einen verhältnismäßigen Teil an Speisen und Getränken verzehrt haben. Der Umstand, daß sie vom Brautpaar eingeladen wurden, berechtigt Sie etwa, sich an dasselbe um Ersatz zu wenden, berührt aber als eine zwischen Dritten getroffene Vereinbarung mich nicht. Ich bemerke Ihnen überdies, daß Herr Deipner mir selbst gesagt hat, Sie würden meinem Anspruch um so eher entsprechen, als Sie für das eingenommene Hochzeitsmahl ihm selbst eine Gegenleistung in Form eines Hochzeitsgeschenkes nicht gemacht haben. Ich ersuche um baldgefällige Zahlung des auf Sie entfallenden Anteils im Betrage von 26 *M* 50 *Pf* und bemerke Ihnen, daß ich dabei die mir seit $1^1/_2$ Jahren entfallenden Zinsen im Betrage von 40 *M* 50 *Pf* gar nicht in Anrechnung gebracht habe. Hochachtungsvollst Pandock, Restaurateur.

Der Empfänger des Schreibens begibt sich zu seinem Freunde, einem Rechtskandidaten, mit der Anfrage, wie es im vorliegenden Falle rechtlich stehe, und was zu tun sei. Dieser erwidert, daß er erst einmal im BGB. nachschlagen müsse.

Was wird er dort darüber finden?

28. Es hatte A. sein Leben bei der Lebensversicherung zu Z. für die Summe von 3000 *M* versichert. Die hierüber ausgestellte, auf den Inhaber lautende Police hatte A. seinem Bruder B. für ein Darlehen von 900 *M* verpfändet. Nach dem Tode des A. hat B. die Versicherungssumme erhoben, sich daraus befriedigt und den Restbetrag mit 2062 *M* dem Vormunde der Kinder und Erben des A. ausgehändigt. Da über den Nachlaß des A. Konkurs eröffnet werden mußte, so verlangte der Konkursverwalter den vorhin genannten Restbetrag von dem Vormunde zur Masse zurück.

Von beklagter Seite wurde eingewendet, daß der Versicherungsvertrag zu Gunsten der Kinder des A. wirken müsse. Zwar finde sich in der Police, sowie in dem schriftlichen Antrage, den A. gestellt, nichts hierüber; aber mündlich habe er dem Agenten damals gleich erklärt, daß er nur mit Rücksicht auf seine Frau und Kinder sich versichere, und es habe danach der Agent in seiner *vertraulichen Mitteilung* an die Bank die Bemerkung eingesetzt, daß A. *nur zu Gunsten seiner Familie* abzuschließen beabsichtige.

Der Konkursverwalter erwiderte: Der Agent habe damals gleich den A. auf die Versicherungsbedingungen seiner Bank aufmerksam gemacht, wonach die Namen bestimmter Personen nicht in die Police aufgenommen werden dürfen; und A. habe die auf den Inhaber gestellte Police bedingungslos angenommen. Auch habe sich A. immer als wahrer Forderungsberechtigter betrachtet, wie schon aus der Verpfändung der Police an B. hervorgehe.

Dagegen meinte der Vertreter des Beklagten, daß aus dem Stillschweigen des A. bei dem Widerspruche des Agenten nichts zu folgern sei; denn es liege auf der Hand, daß ein jeder Hausvater sein Leben nicht für seine Gläubiger versichere, sondern die Opfer nur bringe und die entsprechenden Kosten aufwende, um seinen Hinterbliebenen eine bestimmte Summe sicherzustellen. Das liege schon in der Natur der Sache; und sei nun im vorliegenden Falle durch die vom Kläger zugegebenen mündlichen Verhandlungen außer Streit gesetzt, die hier, wie überall, als wertvolles Auslegungsmittel für schriftliche Vertragsschlüsse in Betracht kommen müssen. Zudem erkläre sich die Handlungsweise des A. genügend aus seiner Berücksichtigung der Eigenschaft der Police als Inhaberpapier. A. habe sich damals bei der Auskunft des Agenten beruhigt, weil er sich sagte, daß ja schon jeder Inhaber in sich ein festes und eigenes Recht für sich habe; wenn also A. dem B. die Police überantwortet habe, so sei B. zur Einforderung kraft eigenen Rechtes befugt gewesen, wie ja auch die anstandslose Zahlung der Versicherungsbank Z. beweise. Und wenn dann B. das von ihm mit Recht Erhobene an andere Personen, hier an die Kinder des A. abliefere, so gehe das Dritte durchaus nichts an.

Dem widersprach der Kläger. Es sei durchaus nichts Unmögliches, daß jemand sein Leben versichere, um seinen Gläubigern ein Befriedigungsobjekt zu verschaffen; es seien Fälle vorgekommen, in denen jemand, der ein Duell vor sich hatte, bei einer Versicherungsgesellschaft, welche unanfechtbare Policen ausstellt, sich versichert hatte, um keine Schulden nachzulassen. Wenn also A. jenes nicht wollte, so war es seine Sache, das in den Versicherungsvertrag selbst aufzunehmen. Jetzt sei es zu spät, und es müsse die Versicherungssumme zum Nachlasse kommen. Denn das Vermögen einer Person falle mit ihrem Tode nicht in seine einzelnen Ansprüche auseinander, sondern gehe als Ganzes auf die Erben über. Zu diesem Ganzen hätte daher auch der Anspruch auf die Versicherungssumme gehört.

Auch dies wollten die Beklagten aber nicht zugeben. Wie ihr Anwalt ausführte, so wollten sie in dem jetzigen Rechtsstreite gar nicht den Nachlaß als solchen vertreten; sie behaupteten vielmehr, daß die streitige Summe ihnen zukäme, weil sie von Anfang an ein durch den Tod ihres Vaters bedingtes Forderungsrecht gehabt hätten. Sie könnten bezüglich dieser Geldforderung nicht als Erben des A. haftbar gemacht werden; denn A. habe dieses Forderungsrecht selbst nie besessen, da es ja gerade erst mit seinem Tode entstanden. Die Möglichkeit, eine Police zu verpfänden, widerspreche dem nicht; dies stehe einem Versetzen von Legitimationspapieren u. s. w. gleich. Die Rechtsstellung der Beklagten sei hinsichtlich der Versicherungssumme nur derjenigen der altdeutschen *Salmannen* zu vergleichen und für sich selbständig aufzufassen und zu behandeln.

Es ist ein Rechtsgutachten auszuarbeiten.

29. Bei der psychiatrischen Klinik der Karl-Heinrichs-Universität zu X. war der Wärter Fendt mit einem monatlichen Gehalte von 38 ℳ bei freier Station angestellt. Nachdem das Dienstverhältnis gelöst war, klagt Fendt gegen die Universitätsverwaltung auf Zahlung von 19 ℳ für die letzten 14 Tage seines Dienstes. Die Beklagte will mit einer Gegenforderung in gleicher Höhe aufrechnen, da Fendt Wäschestücke, die seiner Verwaltung anvertraut worden waren, im angegebenen Werte bei seinem Abgange nicht abgeliefert habe, wofür er aufkommen müsse.

Der Kläger macht demgegenüber geltend, daß die Wäschestücke, für deren Verlust die Beklagte Schadensersatz fordere, von geistesschwachen Kranken der Klinik, die zugleich Nervenklinik sei, bei Gelegenheit ihrer Freistunden zum Teil an außerhalb der Klinik stehende Personen, insbesondere an Kinder verschenkt worden, zum Teil durch Verstecken in den Aborten und in dem Strauchwerk des Anstaltsgartens, zum Teil auch durch Fortwerfen über die Gartenmauer abhanden gebracht worden. Eine unaufhörliche Kontrolle seinerseits sei da ganz unmöglich; und während er nach BGB. 690 nur für Sorgfalt in eigenen Dingen einzustehen gehabt habe, so würde ihm sonst Haftung für Zufall aufgebürdet sein, was er nie versprochen habe.

Von beklagtischer Seite wird entgegen gehalten, daß es sich vielmehr um einen Verwaltungsvertrag handele und nicht um einen Verwahrungsvertrag. Der Kläger hätte ja jedesmal, wenn er das Fehlen von Wäschestücken bemerkt habe, das der Verwaltung anzeigen können, dann wäre die Sache immer klar herausgekommen. In keinem Falle liegt es ihr, der Beklagten, ob, die Schuld des Klägers besonders zu beweisen.

In einem Schlußworte bringt der Kläger noch vor, daß er von dem Fehlen gerade dieser Wäschestücke erst nach Erhebung der Klage Kenntnis erhalten habe; bei seinem Abgange habe man ihm nichts davon mitgeteilt. Es wäre also doch Sache der Beklagten, den Nachweis zu führen, daß die fehlenden Stücke gerade unter seiner Verwaltung abhanden gekommen seien. Eine so große Anstalt müßte aber überhaupt von selbst durch Oberbeamte eine schärfere Kontrolle führen, durch deren Unterlassung also gerade die Beklagte und nicht ihn, den Kläger, eine Schuld treffe.

Dagegen führt der beklagtische Vertreter an, daß der Kläger sich ohne persönliche Abmeldung entfernt und erst nach drei Tagen schriftlich um seinen Lohn und ein Zeugnis gebeten habe. Es habe allerdings damals schon die Absicht bestanden, den Kläger auf das Fehlen der Wäschestücke und seine Verantwortlichkeit dafür aufmerksam zu machen; nur durch ein Versehen des Bureaus sei das unterblieben. Für die jetzige Rechtslage sei dies aber gleichgültig; und auch sonst käme BGB. 254 nach dem vorliegenden Tatbestande nicht in Betracht.

Entscheidung?

30. Vor Antritt einer Reise hat A. dem B. eine Standuhr und 80 *M* bares Geld in Verwahrung gegeben. C., ein Gläubiger des B., beauftragt den Gerichtsvollzieher D., wegen einer rechtskräftig zuerkannten Forderung des C. an B. bei letzterem zu pfänden; D. pfändet in formell ordnungsmäßigem Verfahren bei B. ein Sofa und eine Uhr.

Nach einigen Tagen erscheint der Gerichtsvollzieher E. bei B. und pfändet wegen eines vollstreckbaren Anspruches des F. an B. dieselben Gegenstände, wie D., weil B. inzwischen die Pfandzeichen entfernt hatte, sowie das Kästchen mit den 80 *M*. E. bringt Sofa und Uhr zur Versteigerung, wobei G. und H. diese Sachen erstehen; und händigt den Erlös, sowie die gepfändeten 80 *M* dem F. ein.

A. und C. fragen an, da B. ganz zahlungsunfähig ist: ob einer von ihnen gegen eine der anderen genannten Personen einen rechtlichen Anspruch hat?

31. Der Schneidermeister Tagel hatte Schneiderforderungen gegen zwei faule Kunden: a) gegen den Kaufmann Lau in Höhe von 230 *M*, b) gegen den Amtmann Herzog in Höhe von 248 *M*. Im vorigen Herbst sprach Beklagter gelegentlich mit dem Kaufmann Wiegand über die faulen Kunden. Wiegand meinte, er könne ja einmal seinen Buchhalter Sewitz hinschicken, der ziehe alle faulen Posten ein. Sewitz wurde nun durch Wiegand mit der Einziehung beauftragt und Tagel erhielt dann durch Wiegands

Vermittelung auf Forderung a) 152 ℳ, auf b) 150 ℳ, als angeblich von den Schuldnern abgezahlt. In Wirklichkeit hatte Sewitz nichts eingezogen, sondern dies nur erdichtet, um sich in dem Ruf eines besonders schlauen Menschen zu erhalten, was er später zu Unterschlagungen benutzte. Er war noch minderjährig.

Jetzt ist über sein Vermögen Konkurs eröffnet. Die Zahlungen hatte Sewitz aus seinem eigenen Vermögen entnommen. Der Konkursverwalter fordert sie von Tagel zurück. Letzterer weigert sich; weist auch darauf hin, daß er infolge der Zahlung des Sewitz nicht gegen die Schuldner geklagt habe und deshalb inzwischen Verjährung eingetreten sei.

Wie liegen die Rechtsverhältnisse zwischen Sewitz, Wiegand, Tagel, Lau und Herzog?

32. Nachstehender Prozeß hat zwar in alten Zeiten gespielt. Er ist in letzter Instanz vom vormaligen Reichs-Kammergericht entschieden und in Cramers Wetzlarischen Nebenstunden (1755 ff.) bearbeitet worden. Sein Tatbestand ist aber vollauf geeignet, nach gemeinem, preußischem und neuem bürgerlichen Rechte erwogen und abgeurteilt zu werden. Es handelt sich dabei um folgende Tatsachen:

Die Freiherren von Löw verpachteten (im Jahre 1767) ihr Gut zu Steinfurt an den Salinendirektor Martin zu Orb für 4500 fl. jährlichen Pachtzins; über das Geschäft wurde eine Urkunde errichtet. Noch ehe dieser aber von den Kontrahenten unterschrieben war, wurde das Geschäft rückgängig und ein neuer Vertrag mit drei Bauern, Frank, Wagner und Koch, geschlossen. In einer darüber errichteten, die Überschrift *Punktation* führenden Urkunde wurde ausdrücklich der Entwurf des Martinschen Pachtvertrages zu Grunde gelegt und die Ausfertigung eines förmlichen Pachtbriefes verabredet.

Auch diese Punktation wurde von den Parteien nicht unterschrieben; auch war das Datum nicht beigefügt. Die Pächter zogen gleichwohl in ihre Güter ein.

Als aber Frank nach einem Vierteljahre mit der Zahlung des Pachtgeldes im Rückstande blieb, Koch dagegen einiges Feld ganz unbesäet liegen ließ, und sich eine Gelegenheit zur Verpachtung unter vorteilhafteren Bedingungen darbot, so glaubten sich die Verpächter zum Abschlusse dieser letzteren berechtigt und verlangten, daß Koch, Frank und Wagner die Güter räumten.

Diese verweigerten die Räumung. Sie bestritten, daß sie nach Art von Gesamtschuldnern haftbar gemacht werden könnten;

und verwiesen im übrigen darauf, daß der Mietvertrag durch die Einräumung der Pachtäcker gültig zu stande gekommen sei. Danach hätten die Verpächter nur eine Klage auf Erfüllung, nicht aber auf Räumung.

Die Verpächter ihrerseits leugneten nicht, daß die Punktation von ihnen aufgesetzt worden, meinten aber, dieselbe sei unverbindlich, weil sie von den Parteien nicht unterschrieben sei und auch kein Datum enthalte; der Vertrag, auf den sie verweise, sei nicht zu stande gekommen, und die Äcker wären nur *precario* überlassen. Wollte man aber auch einen Pachtvertrag annehmen, so werde er mit Recht aufgelöst, weil die Pächter ihre übernommenen Verbindlichkeiten nicht erfüllt hätten; dies nach den besonderen Sätzen des Miet- und Pachtrechtes ebensowohl, wie nach der Lehre von der *condictio ob causam datorum* und dem Rücktrittsrecht bei gegenseitigen Verträgen.

33. Am 6. Juni schlachtete der Fleischermeister Urstadt im städtischen Schlachthofe zu O. zwei Schweine. Sie wurden dort für völlig gesund befunden, mit dem Schlachthofstempel versehen und dem Urstadt zur weiteren Verfügung ausgehändigt.

Als der letztere aber die Schweine weiter ausschlachtete, das Fleisch verarbeitete und miteinander vermischte, so fand er plötzlich, daß das Fleisch voller Finnen war. Bei näherer Untersuchung stellte es sich heraus, daß zwar nur das eine Schwein finnig gewesen, durch die inzwischen vorgenommene Vermengung aber das von beiden Tieren herrührende Fleisch entwertet worden war. Ein Teil wurde vernichtet, ein anderer Teil wurde in abgekochtem Zustande der Freibank überwiesen, von der es zu geringeren Preisen verkauft wurde. Dadurch entstand dem Urstadt ein Schaden von 134 ℳ 50 ₰, den er von dem Tierarzte Spacht und dem Fleischbeschauer Ammon als Gesamtschuldnern klagend einforderte, da diese die Untersuchung vorzunehmen gehabt, und der Schaden durch ihre Schuld entstanden sei.

Die Beklagten gaben ihr Verhältnis als Angestellte der städtischen Viehhofes zu; wollten aber gerade deshalb ihre Haftung ablehnen und den Kläger nach BGB. 89 an die Stadt O. verweisen. Ihr Dienst war so, daß Ammon die Untersuchung vorzunehmen und Spacht jenen hinsichtlich des Probenehmens zu überwachen hatte; sie hielten deshalb auch von vornherein die solidarische Haftung für verfehlt. Zudem liege die Schuldfrage nicht so einfach, wie Kläger annehme: Die Finnen seien durchaus nicht leicht und ohne genaues Zusehen zu entdecken; wollte aber Kläger das Gegenteil behaupten, so treffe ihn selbst eine Schuld, da er als gelernter Fleischermeister sie dann auch baldigst hätte sehen müssen, sich also die Schuld gegenseitig aufhöbe. Für das kranke Schwein hafte dem Kläger sein Verkäufer; das andere habe Kläger selbst angesteckt.

Von dem Kläger wird darauf hingewiesen, daß durch die Einrichtung der obligatorischen Fleischschau auf dem städtischen Schlachthofe die Fleischer von der Pflicht der Untersuchung befreit seien. Auch hätten sie keine Gelegenheit mehr, darin Erfahrung und Kenntnisse zu sammeln, weil sie bei ordentlicher Untersuchung in der Fleischschau keine finnigen Schweine mehr in Behandlung bekämen. Bei dem Schadensersatze müsse aller, auch der mittelbare Schaden vergütet werden; also nicht bloß die Hälfte des von ihm dargelegten Verlustes. Die Verweisung auf seinen Verkäufer bedeute eine unzulässige Einrede aus dem Rechte eines Dritten.

Wie ist zu erkennen?

34. Ein Bankier aus Marburg gab auf dem Postamte zu Rauschenberg in Oberhessen ein Telegramm an die *Bank für Handel und Industrie* zu Darmstadt auf, worin er um Ankauf von schlesischen Kohlenaktien in Höhe von 3200 ℳ an der Börse ersuchte. Beim Umtelegraphieren in Kassel machte der Telegraphist den Fehler, eine Null zu viel zu telegraphieren, und so lautete der Auftrag auf 32 000 ℳ Kohlenaktien, als er in Darmstadt eintraf. Dadurch war dem Bankier nachweislich ein Schaden von 650 ℳ entstanden, um deren Ersatz er die Kasseler Oberpostdirektion anging. Diese verwies ihn mit seinen Ansprüchen an den damaligen diensttuenden Beamten in Kassel und an den revidierenden Beamten, der bei Fortgabe der Depesche den Fehler ebenfalls übersehen hatte. Der Revisionsbeamte ging allen Weiterungen, die durch die Sache für seine Stellung möglicherweise entstehen konnten, dadurch aus dem Wege, daß er sich mit dem Bankier einigte und auf die seitens des Bankiers von ihm geforderten 325 ℳ einen Schadensersatz von 150 ℳ zahlte.

War er dazu rechtlich verpflichtet gewesen? Welche Ansprüche waren überhaupt unter den Beteiligten nach bürgerlichem Rechte entstanden? Was für einen Einfluß hatte die Abmachung zwischen Bankier und Revisionsbeamten auf jene Ansprüche?

35. Durch große Ausdehnung mancher Städte kommt es vor,

daß Landstraßen, die durch Bebauung völlig zu städtischen Straßen werden, nach wie vor nicht der Stadt, sondern dem Staate oder der Provinz gehören. Zu den Straßen dieser Art zählt in der Stadt N. die Luisenstraße. Ein Fabrikant, der einen der dort noch vorhandenen Bauplätze überbaute, rückte mit letzterem über die Vorgärten der Nachbarhäuser vor, und unterbrach so in sehr unschöner Weise die Reihe der letzteren. Die Landesbauinspektion zu Mühlhausen, der die Luisenstraße als Provinzialchaussee untersteht, erhob gegen diese willkürliche Änderung keinen Einspruch. Ebensowenig die Polizeiverwaltung, wohl weil sie der Ansicht war, dies sei Sache der Provinzialverwaltung. Als der mächtige Neubau glücklich unter Dach war, gingen die benachteiligten Nachbarn an den Regierungspräsidenten, den Oberpräsidenten und schließlich an den Minister der öffentlichen Arbeiten. Der Bescheid des letzteren ging dahin, die polizeiliche Genehmigung des Baues habe versagt werden müssen, da er sich nicht innerhalb der Fluchtlinien halte. Bedauerlicherweise habe aber sowohl die Polizeiverwaltung zu N., als auch die Landesbauinspektion zu Mühlhausen bei Prüfung des Bauvorhabens, anscheinend infolge Irrtums, die Fluchtlinienfestsetzung nicht berücksichtigt. Da jedoch seitens des Bauherrn *mala fides* nicht vorliege und die Bauerlaubnis bedingungslos erteilt sei, nehme das Ministerium Abstand, den Wiederabbruch des Hauses anzuordnen.

Können nun die Benachteiligten nicht vor den ordentlichen Gerichten mit Erfolg Klage erheben; etwa nach BGB. 823, 862, 906 ff., 1004, 1027, 1029 oder anderen?

Sie glauben um so mehr Anlaß zur Beschwerde zu haben, als der Fabrikant ein anderes, mitten unter Villen gelegenes Grundstück an einen Restaurateur verpachtet hat, der ein Bordell dort eingerichtet hat; — auch in dem dort befindlichen Garten die für den März ortspolizeilich vorgeschriebene Vernichtung von Raupennestern gänzlich unterlassen hat, wodurch die benachbarten Gartenbesitzer empfindlich geschädigt worden sind.

36. Der Gasthofsbesitzer Langsdorf in Bad M. stellte den Koch Antzer als Küchenchef für die Zeit vom 10. Mai bis 1. September mit einem Gehalte von 900 *M* an. Zugleich engagierte er ein von Antzer ihm dringend empfohlenes Fräulein Arnold als Buffetdame. Nach einiger Zeit kam es ihm vor, als ob zwischen jenen beiden ein Einverständnis bestehe, aus dem er gewisse Verluste in seiner Wirtschaft herleiten zu müssen glaubte. Als er den Antzer darüber zur Rede stellte, leugnete dieser aber jede Beziehung seinerseits zur Arnold. Der nur vorübergehend beruhigte Hotelier kam aber nach kurzem dahinter, daß er in den genannten Personen ein Brautpaar zu sehen habe. Sofort entließ er beide; und wurde nun von Antzer auf Auszahlung des bedungenen Gehaltes verklagt.

Von dem Anwalte des Langsdorf wird geltend gemacht, daß die Entlassung schon nach GO. v. 1. Juni 91 §§ 123; 124a; 133 b, c, gerechtfertigt sei; ebenso aber auch nach dem BGB. 626; 123, da er nur durch die Empfehlungen des Antzer zu dem Dienstvertrage mit der Arnold gekommen sei, einem Vertrage, bei dessen Fortbestande er die schwersten Schädigungen in seinem Gewerbe hätte erleiden müssen; denn wenn Buffetdame und Küchenchef unter einer Decke spielen, so sei eine Kontrolle über die verabfolgten Speisen gar nicht möglich.

Von klägerischer Seite wird die Anwendbarkeit der GO. bestritten. Kläger habe den Beklagten auch nicht durch arglistige Täuschung zu dem Vertrage mit der Arnold gebracht; und wenn Beklagter sich durch das Verlöbnis des Klägers mit jener Dame gefährdet erachte, so würde die Entlassung der letzteren allein zur Beseitigung aller Gefahr genügt haben.

Entscheidung mit Gründen?

37. In der Wuchererstraße zu H. ereignete sich im vorigen Sommer ein eigenartiger Unfall. Dort wurde ein in der Kesselfabrik von Wuth & Dietrich gebauter Petroleum-Reservoirwagen auf einem Untergestell nach dem Bahnhofe gefahren. Obwohl einzelne Teile des Transports $^1/_2$ m über die im freien Wagenverkehr auf den Straßen zugelassene Höhe ragten, war es übersehen, in Gemäßheit des § 53 der Straßenpolizeiordnung der Polizei vorher Mitteilung von dem Transporte zu machen. Die Leute, welche den Reservoirwagentransport begleiteten, fuhren anscheinend sorglos hin und überhörten auch die Zurufe eines Wagenführers der Straßenbahn, der wiederholt auf die Gefahren hinweisend *Halt!* rief. In der Wuchererstraße berührten Eisenteile des Reservoirwagens die Arbeitsleitung der elektrischen Straßenbahn. Hierdurch wurde der ganze elektrische Strom durch die Eisenteile des Wagens bis zur eisenbeschlagenen Stange und von dort durch die Geschirrketten auf beide Stangenpferde geleitet. Die beiden sehr kräftigen Tiere stürzten nach der Berührung mit dem elektrischen Strome sofort nieder, eins davon war getötet, das andere nur betäubt und erholte sich nach einiger Zeit. Bei dem Abbringen des Wagens von der Arbeitsleitung zerriß diese. Der Betrieb auf der Straßenbahn wurde infolgedessen gestört.

Es ergaben sich nun verschiedene Rechtsfragen:

1) Rechtsverhältnis zwischen Straßenbahn und Fabrik? Bemerkt wird, daß die Bahn Eigentum der Stadt ist, die den Betrieb an einen Unternehmer verpachtet hat; wie steht es mit der Aktivlegitimation? Wer haftet? Insbesondere, wenn die Fabrik einer Aktiengesellschaft gehört (Vorstand, — Generalversammlung, — angestellte Fuhrleute, — in diesem Falle angenommener Spediteur u. s. w.)? — Ist ein *Possessorium* möglich? — Kann mit dem Werte des getöteten Pferdes aufgerechnet werden?
2) Fahrgäste der Straßenbahn konnten ihren Zug am Bahnhofe nicht mehr erreichen. Haftung der Fabrik? Warum und worauf?
3) Verhältnis zwischen Straßenbahn und Passagier: Haftung aus Vertrag, — Delikt, — Gesetz? Lag nicht höhere Gewalt vor? Kommt vielleicht das Haftpflichtgesetz in Anwendung?

38. Die geisteskranke B., welche völlig vermögenslos war, wurde durch Vermittelung des zu ihrer Unterstützung gesetzlich verpflichteten Armenverbandes K. in eine Provinzial-Irrenanstalt aufgenommen. Nach drei Jahren fiel der B. eine Erbschaft von 3600 *M* zu. Sie wurde entmündigt; darauf aus der Irrenanstalt entlassen und bei ihrem Vormunde in Pflege gegeben. Für die Unterhaltung der B. in der Irrenanstalt hat der Armenverband K. nahezu 2000 *M* bezahlt.

Er wünscht ein Gutachten, ob er vielleicht irgend einen Ersatzanspruch auf Kapital und Zinsen habe; und sind die in Betracht kommenden Rechtsmittel zu erwägen und zu besprechen.

In einem anderen, ähnlichen Falle kam es auf folgenden Tatbestand an:

Das Bürgermeisteramt zu Germersheim sah sich in die Notwendigkeit versetzt, ein durchaus armes Mädchen, welches der Entbindung nahe war, und dessen Vater sich auf dringende Aufforderung, seiner Tochter sich anzunehmen, aller Leistung entschieden weigerte, während der Zeit des Wochenbettes zu unterhalten.

Als dann von dem Vater im Wege der Klage die entstandenen Kosten eingefordert wurden, beantragte dieser Klageabweisung, weil er ja ausdrücklich sich geweigert habe und aus einer gegen seinen Willen erfolgten Geschäftsführung nicht hafte; — wogegen von der Klagseite angeführt wurde, daß diese Haftung um so zweifelloser sei, als sie sich schon aus unerlaubter Unterlassung begründe.

Welches ist hierbei die richtige Ansicht?

39. Als der Roßhändler Michael Kohlhaas, der um die Mitte des 16. Jahrhunderts an der Havel lebte, dereinst mit einer Koppel junger Pferde nach Dresden zog, wurden ihm auf der auf sächsischem Gebiete gelegenen Burg des Junkers von Tronka unter dem falschen Vorgeben, daß er diesseits der Grenze eines Reisepasses bedürfe, zur Sicherheit, bis er solchen gelöst habe, zwei Rappen zurückbehalten. In Dresden überzeugte er sich davon, daß die Geschichte von dem Paßschein ein Märchen sei, und er verfügte sich zurück, um die Pferde zu holen.

Allein er traf diese in ganz verwahrlostem und entwertetem Zustande an; wie sein bei den Pferden zurückgelassener Knecht aussagte, weil die Tiere mit den übrigen Pferden des Hofes zu angestrengter Feldarbeit verwendet, auch bei einer Überfüllung der Burg mit fremden Rittern und deren Gefolge in einem elenden Schweinekoben untergebracht worden waren.

Dieser — hier nach der Novelle von Heinrich von Kleist dargestellte — Vorfall, der nachmals zu den geschichtlichen bekannten Verwickelungen tragischerweise geführt hat, kann zu folgenden Fragen aus dem bürgerlichen Rechte Anlaß geben:

a) Unter welchen juristischen Standpunkt war der Anspruch des Kohlhaas zu bringen?

b) War eine Haftung des Junkers von Tronka auf Geldersatz begründet?

Der Schloßvogt berief sich darauf, daß die Pferde das Futter, welches man ihnen gereicht, auf den Feldern hätten abverdienen müssen. Mit Recht?

c) Wäre es von rechtlichem Einflusse gewesen, wenn der Junker selbst von der Verwertung und Behandlung der Pferde gar nichts gewußt, sondern alles dem Schloßvogt überlassen hatte?

d) Was hätte man bemerken müssen, wenn die Pferde durch einen bloßen Zufall erkrankt wären?

40. In der Neujahrsnacht erschoß sich in Halle a. S. der aus Rußland gebürtige Student der Landwirtschaft K. Sein Hauswirt, der Friseur M., teilte den Verwandten und der Universitätsbehörde mit, daß er wegen rückständiger Mietforderungen die Effekten des K. zurückhalten werde. Am 12. Februar erschien aber ein Gerichtsvollzieher, um im Namen eines Gläubigers des K., wegen eines diesem gewährten Darlehens, auf das schon Zahlungsbefehl vollstreckbar ergangen war, hinterlassene Mobilien des K. zu pfänden. Trotz des Protestes von M. nahm der Beamte auch die Pfändung vor.

M. läßt nun durch einen Anwalt gegen den pfändenden Gläubiger Klage nach CPO. 804 und KO. (49 : 2) anstellen; und zwar wegen folgender Forderungen: a) Wegen seiner Mietzinsforderung an K. für das erste und zweite Vierteljahr des laufenden Jahres im Betrage von 180 *M*; b) wegen der Kosten eines gegen K. wegen Räumung der Mietswohnung und Zahlung von 90 *M* Wohnungsmiete im vergangenen Jahre erhobenen Prozesses im Betrage von 46 *M*.

Zur Begründung der Klage wird angeführt, daß K. die Wohnung bei M. auf 3 Monate, vom 1. Juli v. J. an, gemietet habe; mit dem Bedinge, daß der Vertrag immer stillschweigend um 3 Monate verlängert gelten solle, wenn er nicht 6 Wochen vor dem jeweils vierteljährigen Ablaufe gekündigt werde. Letzteres sei bis jetzt weder von K. zu dessen Lebzeiten, noch jetzt von seinen Erben geschehen.

Der Beklagte widerspricht dem und beantragt Klagabweisung. Von den besonderen Beredungen des Mietvertrages zwischen K. und M. habe er nichts gewußt und nichts wissen können; das gehe ihn nichts an. Für die Kosten eines Prozesses gebe es überhaupt kein gesetzliches Pfandrecht. Und wegen der noch nicht fälligen Mietforderungen könne in diesem Falle kein Pfandrecht bestehen; denn jene Abrede könne nicht als auflösende Bedingung des alten Kontraktes, sondern als aufschiebende Bedingung eines neuen Mietvertrages konstruiert werden, der eine rückwirkende Kraft richtiger Ansicht nach weder nach gemeinem noch preußischem oder nach dem neuen bürgerlichen Rechte zukomme.

Es ist Gutachten mit Gründen auszuarbeiten.

Würde folgender Fall in gleicher Weise zu behandeln sein?

Über das Vermögen eines Mieters war Konkurs eröffnet worden, und der Konkursverwalter entfernte, noch ehe der Mietzins fällig war, aus den gemieteten Räumlichkeiten die eingebrachten Sachen des Mieters, um sie feilbieten zu lassen. Der Vermieter berief sich nun auf sein gesetzliches Absonderungsrecht.

41. Ein Privatmann stand mit einem Bankier in Geschäftsverbindung; der letztere kaufte und verkaufte für jenen, sowie von ihm und an ihn bedeutende Beträge von Wertpapieren. Vor kurzem schrieb der Bankier an seine Kunden: Die Aktien der Provinzial-Tramway-Kompanie anlangend, so sind dieselben gegenwärtig zu außerordentlich niedrigem Kurse zu haben. Die Kompanie hat ihre Tätigkeit nun auch auf unsere beiden Nachbarstädte ausgedehnt und dortselbst bereits mit dem Bau der Pferdebahnen begonnen. Derselbe schreitet rüstig vor, und werden die dortigen Linien schon in kurzem dem Betriebe übergeben werden. Wenn auch die verbreiteten guten Dividendengerüchte vorerst noch tatsächlicher Begründung entbehren, so bricht sich doch die Überzeugung durch, daß das Unternehmen ein wohl situiertes, und der Kurs mit Unrecht zurückgeblieben ist; er dürfte baldige Steigerung erfahren.

Darauf kaufte der Kapitalist durch ein anderes Bankhaus für eine größere Summe von jenen Aktien. Der Kurs fiel aber andauernd, das Unternehmen rentierte in den fraglichen kleinen Städten gar nicht; und um wenigstens einen Teil des verwendeten Kapitales wieder zinstragend anlegen zu können, mußte der Käufer seine Aktien mit Verlust losschlagen.

Er fragt nun an, ob er nicht den erlittenen Schaden von seinem Bankier einklagen könne? Dieser sei Mitglied des Verwaltungsrates der angegebenen Kompanie und hätte sich also wohl über die in der Tat ungünstige Lage und Aussicht des Unternehmens ein richtiges Urteil bilden können; und in keinem Falle die fraglichen Aktien seinen Kunden, mit denen er doch in festem Rechtsverhältnisse stehe, anempfehlen und durch den oben angeführten Brief zum Ankaufe raten dürfen.

Es ist auf die gestellte Frage mit begründetem Gutachten zu antworten.

42. In dem zur Königsberger Oberpostdirektion gehörigen Städtchen Ruß wurde entdeckt, daß ein Postbeamter fortgesetzt Unterschlagungen begangen hatte. Er hatte u. a. längere Zeit hindurch von den unterschlagenen Geldern regelmäßig Abschlagszahlungen an seine ihn bedrängenden Gläubiger mittels Postanweisung abgeschickt; er hatte diese aber nicht gebucht, das Geld also nicht zur Kasse gezahlt. Die Postbehörde beansprucht nun die Rückzahlung dieser Gelder seitens der Gläubiger des Verhafteten.

Ihre Klage stützt sie auf Postgesetz vom 28. Oktober 1871 § 6, 4: *Für die auf Postanweisungen eingezahlten Beträge leistet die Postverwaltung Garantie;* hier sei aber gerade nichts eingezahlt worden. Ferner auf BGB. 812 und 683 ff.

Die Beklagten entgegnen, daß jener § 6 einschränkend ausgelegt werden müsse. Überdies seien sie nicht bereichert, denn sie hätten nur erhalten, was sie zu bekommen hätten. Auch hafte die Post als juristische Person nach BGB. 31 und 89; wenn sie, die Beklagten, zurückerstatten müßten, so seien sie geschädigt und würden mit diesem Ersatzanspruch aufrechnen.

Von der Klagseite wird erwidert: die Bereicherung liege darin, daß Geld aus dem Eigentume der Postverwaltung in dasjenige der Gläubiger übergegangen sei. Eine Aufrechnung, wie die Beklagten sie behaupteten, sei nach BGB. 393 unzulässig.

Dagegen meinen die Beklagten, daß für die Aufrechnung höchstens BGB. 395 in Frage käme. Betreffs der Bereicherung widerspräche die Klägerin sich selbst, wenn sie Eigentumsübergang von bezahltem Gelde und doch zugleich Ungültigkeit der Zahlung behaupte. Es handele sich aber auch gar nicht um Eigentumsklage, sondern darum, ob sie für ihre Forderungen an den Postbeamten richtig bezahlt und somit endgültig ausgeschieden wären; was nach BGB. 267 nicht zweifelhaft sei.

Entscheidung mit Gründen?

43. Auf dem Hause des Freise ist eine Hypothek von 5000 ℳ Darlehen für Zons eingetragen. Letzterer stellt jetzt Klage auf Befriedigung aus dem Grundstücke des Freise an.

Der Beklagte entgegnet, daß er dem Zons nichts verschulde. Die 5000 ℳ Darlehen seien an Hammerschmidt, den Schwager des Freise, von Zons gegeben worden. Die Hypothek habe also keinen materiellen Bestand, weil die Forderung, für die anscheinend eine Hypothek bestellt sei, nicht bestehe; und umgekehrt für die gegen Hammerschmidt wirklich bestehende Forderung auf dessen Vermögen gerade kein Pfand gelegt sei.

Dagegen wird von der klägerischen Seite ausgeführt, daß nach dem neueren bürgerlichen Rechte die Hypothek nicht mehr den akzessorischen Charakter des römischen Pfandrechtes habe; der Nachweis des materiellen Bestandes der Forderung, für welche eine Hypothek eingetragen sei, brauche jetzt nicht mehr erbracht zu werden und sei gleichgültig. Übrigens müsse bemerkt werden, daß Freise zu den Verhandlungen des Zons mit Hammerschmidt zugezogen worden sei und vor dem Notare sein Einverständnis mit der Eintragung der Hypothek erklärt, wenngleich er die Schuld seines Schwagers nicht übernommen habe.

Hierauf der Beklagte: Er nehme bestens die Nachgabe an, daß er einen Schuldübernahmevertrag nicht geschlossen. In der Tat habe er sich sogar damals ausdrücklich dagegen verwahrt, daß er die Schuld seines Schwagers bezahlen solle; die Hypothek schwebe also ganz in der Luft. Bei jenen Verhandlungen habe er sich zu der vom Kläger erwähnten Nichtwiderrede nur durch die ausdrückliche Zusicherung der beiden anderen bringen lassen, daß die Hypothek bloß als Vorsichtsmaßregel zu betrachten sei und keinesfalls in Betracht käme, solange Hammerschmidt zahlungsfähig wäre; — eine Angabe, die Kläger nicht als tatsächlich richtig bestreiten will, nach dem Hypothekenrechte des BGB. aber in unserem Falle für gleichgültig hält.

Wie ist zu entscheiden?

44. Bei dem Verkaufe eines Grundstückes des Nachmann an Gebrüder Burau am 23. Januar wurde beredet, daß Nachmann die Zinsen der auf dem Grundstück lastenden Hypothekenschuld bis zum 1. Oktober zu zahlen habe, bis zu welchem Tage Nachmann im Besitze des verkauften Grundstückes belassen wurde. Im notariellen Vertrage hieß es nur: *Lasten und Abgaben gehen am 1. Oktober an Käufer über.* Am 15. Februar trat Nachmann seine Forderung auf den Rest des Kaufgeldes an Magnus ab; zahlte aber die am 1. April und 1. Juli fälligen Hypothekenzinsen nicht, so daß sich die Brüder Burau genötigt sahen, diese am 1. August ihrerseits zu tilgen.

Als Magnus nun von ihnen Zahlung fordert, wollen sie mit den gezahlten Zinsen aufrechnen.

Magnus bestreitet die Zulässigkeit der Aufrechnnng. Es handle sich, meint er, um gegenseitige Verpflichtungen aus dem Kaufvertrage, die ihn nichts angingen; und als er die Forderungen gegen die Buraus erworben, hätten sie noch keine Zinsen bezahlt gehabt.

Dagegen meinen die genannten Käufer, daß sich mit der Zinszahlung ihr Anspruch gegen den Cedenten des Magnus in seiner rechtlichen Grundlage nicht geändert habe, er auch bezüglich ihrer nicht neu entstanden sei; es wäre nur eine Verwandlung in einen Ersatzanspruch gegeben, der an sich nach dem BGB. ja klar stehe.

Welches Erkenntnis ist zu fällen?

45. Ein Bauer in der Lüneburger Heide hatte während der Schonzeit am 24. Juni v. J. einen Hirsch geschossen; seiner Ansicht nach mit Recht, da § 27 der hannoverschen Jagdordnung vom 11. März 1859 bestimmt: *Jedoch darf Schwarzwild und in den Feldmarken zu Schaden gehendes Rotwild auch in der gesetzlichen Schonzeit geschossen werden.* Nichtsdestoweniger haben das Schöffengericht Ilsenhagen und die Strafkammer des Landgerichts Lüneburg den Bauer verurteilt, weil der Hirsch in der betreffenden Feldmark nicht zu Schaden gegangen sei. Gegen diese Auslegung des § 27 der hannoverschen Jagdordnung richtete sich die Revision an das Kammergericht. Dieses hat die Revision zurückgewiesen, nicht weil die Vorinstanz den § 27 richtig angewendet habe — was nicht der Fall ist —, sondern weil der § 27 der hannoverschen Jagdordnung vom 11. März 1859 nicht mehr besteht, d. h. durch das Wildschadengesetz vom 11. Juli 1891 aufgehoben sei. Dieses Gesetz aber findet auf die Provinz Hannover keine Anwendung. Der Senat des Kammergerichts hat das nicht gewußt und sich auf die Ausgabe der preußischen Strafgesetze von Groschuff verlassen, welche zu der angeführten Gesetzesvorschrift die irrtümliche Erläuterung enthält, daß der § 27 durch das preußische Wildschadengesetz aufgehoben sei.

Gegen wen kann der Bauer einen civilrechtlichen Schadensersatzanspruch erheben?

Kann er insbesondere gegen den preußischen Fiskus vorgehen? Welche anzugehenden Behörden und Rechtsmittel sind hier in Erwägung zu ziehen?

BGB. 89; EG. 77; Preuß. Ges. v. 24. 5. 61; CPO. 547: 2); GVG., 70: 3); Preuß. AG. v. 24. 4. 78, 39: 2).

46. Der folgende Rechtsfall wurde zu der im Tatbestande angegebenen Zeit nach gemeinem Recht erledigt. Er bietet aber gerade auf das Recht unseres neuen BGB. interessante Ausblicke und mag darum hier erhalten bleiben.

Der Tatbestand war dieser: Gabriel hatte an Broocks am 19. März 1880 ein Feldgut, bestehend aus 14 Morgen Ackerland, auf welchem auch Obstbäume standen, und 3 bis 4 Morgen Wiesen auf sieben Jahre verpachtet. Im März 1881 fordert er den Pachtpreis für das erste Jahr, stößt aber bei Broocks auf Weigerung. Broocks behauptet: Der Pachtpreis sei mit Rücksicht auf 70 bis 80 alte Apfelbäume, die auf dem Lande gestanden, festgesetzt worden; von diesen Bäumen seien aber im Winter 1879/80 46 vollständig erfroren und 10 weitere durch den Frost so beschädigt, daß sie in Zukunft keine Früchte mehr tragen würden. Broocks verlangt hiernach Ermäßigung des Pachtpreises und Schadensersatz von Gabriel, und erklärt diesem, daß er andernfalls von dem Rechte des Rücktrittes Gebrauch machen werde, welches ihm wegen des wesentlichen Irrtums über die Qualität jener Obstbäume, an welchen der Frostschaden zur Zeit des Vertragsschlusses noch nicht bemerklich und vorauszusehen war, zustehe.

Gabriel bittet um Gutachten betreffs seiner eigentümlichen rechtlichen Lage; das, wie bemerkt, nach dem Rechte des BGB. auszuarbeiten ist.

47. Die Frau des Fleischers Halbert war seit längerer Zeit schwer leidend. Ihr Arzt riet zu einer Operation; Halbert wollte sich jedoch nicht dazu verstehen. Als er aber eines Tages über Land war, beredete der Arzt die Frau Halbert, sich in die Privatklinik des Dr. med. Winner zu begeben; dort wurde sie nach einigen Tagen mit gutem Erfolge operiert.

Jetzt erhält Halbert von Arzt und Apotheker Rechnungen über geleistete Dienste und gelieferte Medikamente; er weigert sich zu zahlen und wird verklagt.

Die Kläger berufen sich auf die gesetzliche Unterhaltspflicht des Beklagten der Ehefrau gegenüber, sowie darauf, daß die Eheleute Halbert unter dem gesetzlichen Güterrechte des BGB. leben. Zudem seien die ärztlichen Dienste und die Arzneien u. s. w. mit Zustimmung der Frau Halbert ihr geleistet worden; wozu sie gesetzlich befugt sei. Der Ehemann hafte auch wegen nützlicher Geschäftsführung der Kläger, sowie aus ungerechtfertigter Bereicherung.

Seitens des Beklagten wird darauf hingewiesen, daß er gegen die Unterbringung seiner Frau in der Anstalt sofort protestiert und noch vor der Operation, etwa zwei Tage nach ihrer Aufnahme in das Krankenhaus dem Dr. Winner erklärt habe, daß er seine Frau wieder haben wolle; seine Frau sei aber im Krankenhaus zurückbehalten und dann operiert worden. Ob seine Ehefrau für die Klageposten hafte, lasse er dahingestellt, denn nach dem Rechte des BGB. gehe seine ehemännliche Nutznießung in jedem Falle vor.

Wie ist hiernach zu erkennen?

Würde es auf die Entscheidung von Einfluß sein, wenn die Halberts Eheleute in allgemeiner Gütergemeinschaft gelebt hätten? Oder ein anderes System des ehelichen Güterrechtes hier zur Anwendung zu bringen wäre?

48. Zwei Damen lasen in der Zeitung folgende Anzeige: *Für fünf Mark versende drei Stück hff. Enten.* Folgte genaue Adresse. Was meinst du, sagte die Mutter zur Tochter, so billig erhalten wir keinen Entenbraten. Und so ging eine Postanweisung, über fünf Mark lautend, mit der Bestellung auf die hff. Enten ab. Nach wenigen Tagen erschienen die Vögel, für Kiste, Porto und Verpackung waren noch 1,25 *M* nachzuzahlen; jetzt kosteten die hff. Enten schon 6,50 *M*. Und das Ende vom Liede? Es waren tranige, unschmackhafte Enten, hart wie Leder. Auf ein Klageschreiben an den Verkäufer kam die Antwort: *hff.* heiße bei ihm nicht *hochfein*, sondern *Haff*. Es seien Haffenten, denen der tranige Geschmack anhafte.

Welche Gesetzesbestimmungen kommen zur Anwendung? Was für Ansprüche haben die Bestellerinnen, und welche juristische Begründung kann einer gerichtlichen Klage zu ihren Gunsten gegeben werden?

49. An der Ruine Staufenberg besitzt der Fiskus einen Basaltsteinbruch eigentümlich. An die südliche Seite dieses Steinbruches grenzt ein der israelitischen Gemeinde Mainzlar zu Eigentum gehörendes Landstück, das ehedem als Friedhof gedient hat. Da aber der ganze Berg aus reinstem Basalt besteht und kaum soviel Deckerde besitzt, daß nur ein kümmerliches Gras erzeugt wird, da ferner die Gemeinde aus Sparsamkeit die Grüfte höchstens vier Fuß auswarf, so sah sich die Verwaltungsbehörde veranlaßt, die Benutzung des Friedhofes zu verbieten.

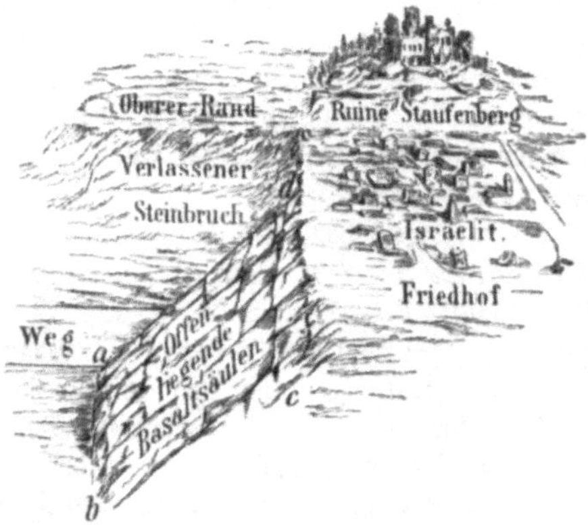

In neuerer Zeit sind aber Schwierigkeiten und rechtlicher Streit unter den Beteiligten entstanden, als der Fiskus den Steinbruch *a b c d* zu bearbeiten anfing. Die Basaltsäulen fallen daselbst (in der Richtung *c d* nach *a b*) in einem Winkel von etwa 45° vom Kirchhof herab in den Steinbruch. Wenn nun der Fiskus auf seinem Eigentume die Basaltsäulen anschlägt, zerkleinert und fortbringt (also an den Punkten *a*—*b*), so ist eine notwendige Folge, daß im Laufe der Zeit die oberen Teile der Säulen nachrutschen, folglich auch die in das Eigentum der Judengemeinde ragenden Teile der Basaltsäulen *d*—*c*.

Was ist hier Rechtens?

50. In einer Privatgesellschaft wurde in später Stunde ein kleiner *Tempel* (Hazardspiel) unternommen. Da einem der Mitspielenden bald das Geld, nicht aber die Spiellust ausgegangen war, so setzte er gegen den Bankhalter ein Zehntellos sächsischer Lotterie, welchen Einsatz der Bankhalter annahm, gewann und einstrich.

Nun ist bei der Ziehung das Los mit 50 000 ℳ herausgekommen. Der Verlierer des Loses war aber, wie sich jetzt herausstellt, nicht Alleineigentümer des Loses gewesen, sondern hatte den größten Teil desselben an andere Personen vergeben. Letztere erheben jetzt Anspruch auf Auszahlung des Gewinnes; der damalige Bankhalter weigert sich dessen.

Der Fall ist nach dem Rechte des BGB. zu begutachten.

51. Bei einer Erbteilung traten sechs Kinder zweiter und ein Sohn erster Ehe des Verstorbenen auf. Dabei gaben nach langwierigen Verhandlungen jene sechs Geschwister ihrem Stiefbruder das Versprechen: daß sie, falls unberücksichtigt gebliebene Ansprüche ihres Bruders wegen seines mütterlichen Vermögens an seinen Vater oder an die Errungenschaft zweiter Ehe im gerichtlichen Wege durchgesetzt werden sollten, als Gesamtschuldner dafür haften wollten.

Hierauf gestützt, erhob später der Stiefbruder auf eine ziemlich bedeutende, ihm noch zukommende Summe Klage gegen drei Geschwister B., D. und F., weil die anderen, A., C. und E., weniger zahlungsfähig wären; er beantragte solidarische Verurteilung; und diese hat das Gericht rechtskräftig ausgesprochen.

Nun fassen zwei der Beklagten, B. und D., einen feinen Plan, um möglichst viel auf F. abzuwälzen. Unter notarieller Beurkundung bezahlen sie auf das schleunigste den Kläger vollständig aus, so daß $^4/_6$ seiner Ansprüche an seine Stiefgeschwister auf die Zahlenden gesetzlich übergehen (BGB. 426).

Mit allen diesen Urkunden in der Hand stellt ihr Anwalt bei dem nach CPO. 730 dafür zuständigen Vorsitzenden der Civilkammer des Landgerichts Antrag: ihnen eine vollstreckbare Ausfertigung des vorhin erwähnten rechtskräftigen Urteiles zum Zwecke der Zwangsvollstreckung gegen den F. zu erteilen.

Der Vorsitzende weist den Antrag zurück. In der Tat wäre das Ergebnis sonst dieses, daß F., da von A., C. und E. schwerlich etwas zu erlangen ist, $^4/_6$ der ganzen Summe tragen müßte, bloß, weil B. und D. etwas flinker, als er, in der Ausführung des sie gemeinsam betreffenden Urteiles gewesen sind.

Die Antragsteller verfolgen Beschwerde an das Oberlandesgericht, welches nun durch Beschluß darüber zu befinden hat, ob die Beschwerde zu verwerfen, oder ob der Gerichtsschreiber des Landgerichtes anzuweisen ist, die gewünschte Ausfertigung zu erteilen.

Es wird ein im Vorbereitungsdienst befindlicher junger Jurist damit betraut, ein Gutachten hierüber auszuarbeiten.

52. Das Braunsteinbergwerk *Victoria* gehörte drei Teilhabern zu gleichen Teilen; die Eigentümer hatten sich gegenseitig ein dingliches Vorkaufsrecht bestellt (Rechtsform?). Nun verkaufte Metzler, der eine Teilhaber, sein Dritteil an Fernie um 95000 *M.* Unter den Vertragsbestimmungen kam vor, daß dieser Kaufvertrag dadurch bedingt sei, daß der Gewerke Briel das ihm zustehende Vorkaufsrecht nicht ausübe, für welchen Fall der dritte Mitgewerke, Stähler, auf das seinige zu Gunsten des Käufers Fernie ebenfalls verzichtet habe. Der Vertrag wurde in Vollzug gesetzt und der Verkäufer suchte bei der Behörde die landesrechtlich nötige (EG. 67) Erteilung des Gewährscheines für Fernie nach.

Nun klagt Briel gegen Metzler auf Überlassung seines Dritteiles unter dem Anbieten der nämlichen Vertragsbestimmungen, welche Fernie zugesagt hatte. Metzler entgegnet: Das Vorkaufsrecht könne nicht geltend gemacht werden, weil bei Abschluß des Vertrages mit Fernie dessen Gültigkeit an die Bedingung geknüpft worden sei, daß Briel sein Vorkaufsrecht nicht ausübe; wenn also Briel das Recht jetzt doch geltend mache, so würde die Bedingung wegfallen, der Vertrag mithin als nicht vorhanden zu betrachten sein. Ferner könne der Kläger das Vorkaufsrecht nur zur Hälfte ausüben, weil es zur anderen Hälfte dem Stähler zustehe.

Hiernach ist ein Gutachten anzufertigen, das einem Urteil zu Grunde gelegt werden kann.

BGB. 135; 139; 155; 506; 513.

53. Der praktische Arzt Dr. Blasius hatte seinem Freunde Hillebrand eine auf den Inhaber lautende Lebensversicherungspolice in Verwahrung gegeben. Bei seinem Tode wird diese sowohl von dem Bankhause Wöllstein beansprucht, weil Blasius vor einiger Zeit ihm dieses Papier an Zahlungsstatt für eine alte Schuld überwiesen, als auch von der Witwe des Verstorbenen gefordert, indem ihr Gatte ihr es schon während ihres Brautstandes geschenkt habe.

Um diesem Dilemma zu entgehen, hinterlegt Hillebrand die

streitige Police bei der nach der preußischen Hinterlegungsordnung vom 14. März 1879 zuständigen Behörde (BGB. 372; EG. 145; preuß. AG. 84), indem er erklärt: daß es ihm nicht im mindesten einfalle, seine Verpflichtung zur Herausgabe der Police an den Berechtigten zu bestreiten, und daß er bei den dargelegten Zweifeln bitte, sie dem Berechtigten auszuhändigen.

Dies veranlaßt Wöllstein, gegen die Frau Dr. Blasius Klage darauf zu erheben, daß sie des Klägers Berechtigung auf die hinterlegte Police anerkenne.

Der Anwalt der Beklagten bestreitet von vornherein die Zulässigkeit der erhobenen Klage. Ein dingliches Recht an jener Urkunde habe Kläger selbst für sich nicht behaupten können; in einem Schuldverhältnisse ständen aber die jetzigen Prozeßparteien ganz und gar nicht. Er beantragt deshalb Klagabweisung.

Quid iuris?

54. Von dem Zigarrenfabrikanten Gaßler sind dem Kaufmann Baltz seit längerer Zeit Zigarren und Rohtabake geliefert worden; Baltz ist dafür noch Beträge von 900, 400 und 1900 *M* aus nacheinander abgeschlossenen Lieferungsverträgen schuldig. Für die erste Forderung (auf 900 *M*) hat sich der Gastwirt Wenzel verbürgt; für die beiden anderen Forderungen hatte Baltz, bei nachmaliger Erlangung eines Zahlungsaufschubes eine Aktie der Aachener-Münchener Feuerversicherungsgesellschaft in Pfand geben müssen. Da Baltz mit seinen Zahlungen säumig wurde, erfolgte in ordnungsgemäßer Weise (BGB. . . .?) der Verkauf des verpfändeten Wertpapieres für 2210 *M*; und darauf Ausklagung des Wenzel, da weitere Zwangsvollstreckung gegen Baltz ohne Erfolg bleibt.

Der Beklagte behauptet Tilgung seiner Schuld.

Warum dieses? Mit Grund?

Wie würde zu entscheiden sein, wenn der Schuldner Baltz die verpfändete Aktie durch Zahlung von 2300 *M* von Gaßler freiwillig ausgelöst hätte?

Wie dann, wenn das Pfand für alle drei Forderungen haftbar bestellt worden wäre?

Quellen: BGB. 767; 768; 776; 366; 1247; 267; u. s. w.

Cf. l. 96 § 3 D. solut. (46, 3); l. 73; 101 eod.

55. Tatbestand.

Der Kläger hatte vor sieben Jahren von einem Dritten mehrere diesem gehörige Grundstücke gekauft und übereignet erhalten. Auf einem bis dahin dem Beklagten verpachteten

Teile dieser Grundstücke hat ein im Erbbaurechte des Beklagten befindliches, von ihm für 2550 *M* bei der Neulander Brandkassengilde versichertes Haus gestanden, das im April d. J. abgebrannt ist.

Die Versicherungsgelder bilden den Gegenstand des Prozesses, und des Klägers Antrag geht dahin: Den Beklagten schuldig zu erkennen, sich damit einverstanden zu erklären, daß gegen Auszahlung des ermittelten Durchschnittswertes des Gebäudes an ihn die Vergütung von der Neulander Brandkassengilde ausgezahlt werde. Zur Begründung seiner Klage hebt Kläger namentlich das Moment hervor: daß er als Eigentümer des Grundstückes auch Eigentümer des Gebäudes geworden sei.

Der Beklagte bestreitet die Beweisführung des Klägers und hält ihr namentlich entgegen: *daß jener aus dem Versicherungsvertrage keine Rechte herleiten könne.*

Es ist eine für das zu erlassende Urteil maßgebliche Begründung zu entwerfen.

56. Bei Gelegenheit eines Neubaues auf dem Grundstück des Kaufmanns Zell hat der Magistrat der Stadt H. von Zell 121 *M* 50 *Pf* Kanalanschlußgebühren gefordert und schließlich im Wege des Zwangsverfahrens eingezogen. Es war dabei übersehen worden, daß nach Ausweis der Polizeiakten die Kanalanschlußgebühren für das gedachte Grundstück bereits vor 10 Jahren von dem Vorbesitzer gezahlt worden waren; nachdem dieses Versehen festgestellt worden, erfolgte die Rückzahlung an Zell.

Inzwischen hatte der letztere aber seinen Vorbesitzer, den Generalagenten Reiche, wegen Erstattung jenes Betrages nebst 60 *M* 75 *Pf* anteilige Kosten für Herstellung der Gasleitung, die auch zwangsweise von ihm eingezogen waren, als ersatzpflichtig klagend in Anspruch genommen. Da er mit dieser Klage natürlich rechtskräftig kostenpflichtig abgewiesen wurde, so verlangt er jetzt von der Stadt wegen des vorgekommenen Versehens Erstattung der ihm entstandenen Prozeßkosten, insoweit diese nicht schon durch den Prozeß über 60 *M* 75 *Pf* entstanden sein würden. Die so von dem Kläger geforderte Summe berechnet sich auf 21 *M* 36 *Pf*.

Der Magistrat ist der Ansicht, daß Zell ein Rechtsanspruch auf Kostenerstattung nicht zusteht, weil er in der Lage gewesen wäre, gegen die zu Unrecht ergangenen Beschlüsse die Klage im Verwaltungsstreitverfahren zu erheben; auch brauche die Stadt als solche für das Versehen des längst aus dem Amte geschiedenen

Magistratsmitgliedes, das damals die Anforderung gemacht, nicht zu haften; um so weniger, als auch den Kläger eine Schuld treffe, da er sich vor Bezahlung der fraglichen Gebühren nicht rechtzeitig bei seinem Vorgänger erkundigt habe, und deshalb nach bekannten, vom BGB. gleichfalls aufgestellten, allgemeinen Rechtsgrundsätzen nun eine gegenseitige Aufrechnung der Schuld eintreten müsse.

Entscheidung?

57. Der Malermeister Kettler klagt gegen die Stadtgemeinde X. auf Schadensersatz, weil seine Frau eines Tages in den Gängen des dortigen Wochenmarktes über eine Gurkenschale ausgeglitten ist und dabei die Kniescheibe gebrochen hat. Frau Kettler hat wochenlang in der Klinik gelegen; das Bein ist heute noch steif und wird jedenfalls auch steif bleiben. Ansprüche, die ihr Ehemann an den Magistrat um Erstattung der Kur- und Verpflegungskosten richtete, sind abgewiesen, weil der Magistrat die Stadt nicht für haftpflichtig erklärt.

In der Verhandlung führte der klägerische Vertreter zur Begründung der Klage an, an jenem Unfalle sei die Stadtverwaltung insofern schuld, als sie die Verkaufsstände auf dem Wochenmarkt gebildet habe oder doch habe bilden lassen; sie habe auch für Instandhaltung der Stände zu sorgen, so daß die Gassen zwischen den Ständen, also hier zwischen den aufgestapelten Gurkenhaufen, frei passiert werden können und keine Gefahr für die Fußgänger entstehe.

Der Vertreter der Beklagten wandte ein, daß die Stadt nur dann haftbar gemacht werden könne, wenn ein nachweisbares Verschulden durch Verletzen eines Vertrages, eines Gesetzes oder einer Polizeivorschrift vorliege, was hier nicht der Fall sei. Den Unrat (Stroh, Blätter und Schalen von Garten- oder Feldfrüchten, Papierreste u. s. w.) vom Wochenmarkt brauche die Stadt erst nach Beendigung des Wochenmarktes wegschaffen zu lassen, also nach 1 Uhr, der Unfall sei aber zwischen 12 und 1 Uhr geschehen, d. h. zu einer Zeit, in der der Marktgefällepächter dort noch zu tun hatte. Die Marktstände würden übrigens nicht von der Stadtverwaltung angeordnet, sondern durch die Polizeiverwaltung, die bei Anordnung der Stände auch die Gassen zwischen den Warenplätzen bilde. Aber auch die Polizei sei in diesem Falle nicht haftbar, da keinem der betreffenden Beamten ein nachweisbares Verschulden zur Last gelegt werden könne. Man könnte sonst auch sagen, die Stadt oder die Polizeiverwaltung würden verantwortlich sein, wenn jemand auf städtischen Straßen, Plätzen oder Wegen auf einer weggeworfenen Apfelsinenschale ausgleite, sich durch Hinfallen einen Schaden zuziehe und dann Anspruch auf Entschädigung erheben wolle, weil die Stadt oder die Polizei nicht für genügende Reinhaltung des betreffenden Weges gesorgt habe.

Hiergegen führte der klägerische Vertreter an, das werde doch etwas anderes sein als der hier vorliegende Fall, da die Stadt ihre Marktstände verpachtet habe, die sie demnach auch in passierbarem Zustande erhalten müsse.

Diesen Einwand suchte der Vertreter der Beklagten durch die Bemerkung zu entkräften, die Marktstände seien an einen Unternehmer verpachtet, die Stadt sei also nicht dafür verantwortlich.

Der klägerische Vertreter entgegnete, letzteres erscheine nicht zutreffend; denn die Pachtgelder flössen doch in die Stadtsäckel, brächten demnach der Stadt Nutzen und schon hieraus müsse, wie angenommen werden könne, die Stadt sich von selbst zur Leistung einer Entschädigung verpflichtet halten.

Das Amtsgericht setzte zur Verkündigung des Urteils einen Termin in fünf Tagen an.

Wie wird die Entscheidung begründetermaßen zu lauten haben?

Bei der Bearbeitung kann noch auf folgende Nachricht acht gegeben werden:

Die sämtlichen Kaufleute von Algier, deren Läden während antisemitischer Ausschreitungen (anläßlich der *Affaire Dreifuß*) geplündert worden waren, 68 an der Zahl, haben die Stadtverwaltung auf Schadensersatz verklagt. Der Gerichtshof hat fünf Sachverständige mit der Prüfung der eingebrachten Forderungen betraut. Die von den israelitischen Kaufleuten erhobenen Schadensersatzansprüche belaufen sich auf 2400000 Franken.

Würde nach unserem bürgerlichen Rechte der Klage stattzugeben sein?

58. Das Grundstück g. gehört der Witwe W. und ihren beiden Kindern J. und M. gemeinschaftlich. Im vergangenen Sommer hat der Zimmermeister Z. das Wohngebäude durch Herstellung eines Daches in stand gesetzt und gegenwärtig verlangt er von den drei Miteigentümern als Gesamtschuldnern die Zahlung von 2000 *M*. Er behauptet, daß ihm die W. den Bauauftrag für sich und ihre beiden Kinder gegeben habe, und diese ihr Einverständnis mit jenem Auftrage und dessen Genehmigung dadurch zu erkennen gegeben, daß sie bei der Ausführung des Baues mit tätig gewesen seien, später auch das Wohngebäude teils durch eigenes Wohnen, teils durch Vermieten genutzt haben. Jedenfalls hafteten daher J. und M. schon aus dem Gesichtspunkte der Bereicherung. Die Forderung von 2000 *M* sei angemessen.

Im ersten Verhandlungstermine vor dem Landgerichte beantragte der Z. gegen J. und M., die nicht vertreten waren, Versäumnisurteil. Das Landgericht wies diesen Antrag jedoch durch Beschluß zurück, davon ausgehend, daß J. und M. durch die W. und deren Anwalt vertreten seien, und verurteilte die drei Beklagten als Gesamtschuldner zur Zahlung von 1500 *M*, da Z. seine Forderung nach durchgeführter Verhandlung auf jenen Betrag ermäßigt, und die W. andererseits die klägerische Forderung in dieser Höhe anerkannt hatte.

Fragen:

Welche Fehler liegen in diesem Urteile?

Ist der Anspruch des Z. gegen J. und M. begründet?

Können sich J. und M., falls es zu einer neuen Verhandlung zwischen ihnen und Z. kommt, auf den von Z. in der ersten Verhandlung erklärten Erlaß berufen?

59. Das Domkapitel in N. ist Eigentümer von Feldgrundstücken, die zu einem politisch *selbständigen Gutsbezirke,* nämlich dem des Kapitels, gehören, über welche sich aber auch der *Bebauungsplan der Stadt N.* erstreckt, in dem sie als *Flächen an der Karlstraße und der projektierten Marienstraße* erscheinen. Das Kapitel will diese Grundstücke verkaufen. Zunächst bietet der Bauunternehmer Olten 4 *M* 50 *Pf* für den Quadratmeter und erhält die Antwort, er solle sich notariell verpflichten, daß er dieses Gebot in dem statutarisch vorgeschriebenen, demnächst stattfindenden öffentlichen Versteigerungstermine abgeben wolle, auch könne der Zuschlag nur nach erfolgter königlicher Genehmigung erteilt werden. Olten tut es.

Ohne Kenntnis dieser Abmachungen meldet sich hierauf der Maurermeister Barel und bietet 5 *M* 25 *Pf* für den Quadratmeter. Er erhält die Antwort, daß auch auf sein Gebot Verkaufsverhandlungen eingeleitet würden, und er sich vor einem Notar entsprechend verpflichten solle.

Vor einem solchen erklärt er: *Um dem Domkapitel ein gutes*

Ergebnis der Versteigerung zu sichern, verpflichte ich mich, dem Kapitel den Ausfall zu ersetzen, den es dadurch etwa erleiden wird, daß in dem Versteigerungstermine nur niedrigere Gebote als 5 ℳ 25 ₰ für den Quadratmeter abgegeben werden. Diese Verpflichtung soll indessen dann wegfallen, wenn ich in dem Termine bis 5 ℳ 25 ₰ geboten haben, und doch ein anderer den Zuschlag erhalten haben sollte. Ich verzichte auf Annahmeerklärung.

Im Versteigerungstermine erscheint Barel nicht. Olten bleibt Meistbietender und erhält nach erfolgter königlicher Genehmigung den Zuschlag.

Auf den Ausfall in Höhe von etwa 7000 ℳ verklagt wendet Barel ein:

Er sei hintergangen, da ihm verschwiegen sei, daß Olten nur 4 ℳ 50 ₰ geboten habe; es sei hier zweimal dieselbe Sache verkauft, und das sei rechtlich unmöglich. Früher habe er Bauland erwerben wollen, dies habe das Kapitel aber gar nicht liefern können. Als nämlich Olten ein halbes Jahr später — während des Prozesses — die Bauerlaubnis bei der Polizeiverwaltung N. nachsuchte, wurde sie ihm verweigert, da *es an den nötigen Zugangsstraßen fehle*; auch lehnten Magistrat und Stadtverordnetenversammlung die Eingemeindung des verkauften Landes ab, weil sie den ganzen Grundbesitz des Kapitels eingemeindet haben wollen. Das Kapitel aber hat dazu keine Neigung.

Welches Erkenntnis ist abzugeben?

60. Der Schatz im Schutte. Der Bauunternehmer Korb zu Halle a. S. kauft von dem Rentner Salzer daselbst ein altes Haus, um an dessen Stelle einen Neubau aufzuführen. Die Auflassung und Eintragung im Grundbuche erfolgt am 15. November 1899. Dabei wird vertragsmäßig bestimmt: *Die auf dem verkauften Grund und Boden befindlichen Baulichkeiten sind nicht mitverkauft. Sie bleiben Eigentum des Salzer, welcher sie abzubrechen und das Material fortzuschaffen hat.*

Erst im Frühjahre 1902 wird mit dem Abbrechen begonnen. Dabei finden die Arbeiter Lattrich und Schaf in dem Gebälke des Hauses verschiedene wertvolle alte Sachen, insbesondere ein Diadem von Goldschmiedearbeit und mehrere silberne Ketten; ferner entdeckt Lattrich in der Grundmauer einige Gegenstände von Bronze.

Sie halten den Fund geheim und verkaufen die Ketten an den Trödler Spitze, der die Sachlage anscheinend durchschaute. Von ihm erwirbt der Privatmann Versen gutgläubig die Hälfte der Ketten. Dies alles wird aber ruchbar; und es entsteht nun Streit über das Eigentum an den genannten Sachen.

Inzwischen ist der Abbruch vollendet. Der Schutt wird auf einem Grundstücke des Kaufmannes Fischer vor der Stadt mit dessen Erlaubnis abgelagert; und der Neubau begonnen. Da findet nach etwa drei Monaten auf einem Spaziergange der Lehrer Amicke in jenem Schutte weitere silberne Kettenstücke, die zweifellos mit jenen früher entdeckten einheitlich verbunden gewesen waren. Sie mögen beim Abbrechen durch Zuschlagen mit der Hacke getrennt worden sein; und sind damals nicht bemerkt worden. Da sie gleichfalls einen gewissen Wert darstellen, so werden sie in den erwähnten Rechtsstreit einbezogen.

Wie ist über diesen rechtlich zu befinden?

Dritter Abschnitt.

Praktischer Kursus des bürgerlichen Gesetzbuches.

I

Allgemeiner Teil.

1. Die Eheleute Adam und Eva Pfeil hatten vor fünfzehn Jahren ein gemeinschaftliches Testament errichtet und sich gegenseitig zu Erben eingesetzt. Dabei war von ihnen bestimmt worden, daß der überlebende Teil an die Verwandten des zuerst Versterbenden gewisse Vermächtnisse auszahlen sollte.

Vor zwei Jahren starb die Eva Pfeil. Damals war ihr Ehemann schon seit elf Jahren verschollen. Erst jetzt ist er aber gerichtlich für tot erklärt worden.

Es fragt sich nunmehr, wie es mit Testament, Erbfolge und Vermächtnis stehe?

BGB. 13 flg.; 1922 flg.; 2160 flg.; 2265 flg.

2. Der Verleger des amtlichen Kreisblattes zu Barby hatte mit dem dortigen Landrate einen Vertrag geschlossen, in dem es u. a. hieß: Der Herausgeber ist verpflichtet, die amtlichen Bekanntmachungen zum Abdrucke zu bringen; er darf gegen die Politik der Regierung keine feindselige Haltung einnehmen; dafür sollen ihm die öffentlichrechtlichen Bekanntmachungen, besonders der Amts- und Gutsvorsteher, zufallen.

Nach einiger Zeit wurde in Barby eine neue Zeitung gegründet, die sich *Elb- und Saaltalbote* nannte und unter der Überschrift den Zusatz *amtlicher Anzeiger für die Amtsbezirke von Barby und Umgegend* trug.

Nun wurde vom Verleger des Kreisblattes mit dem Antrage geklagt, den Herausgeber der zweiten Zeitung zu verurteilen, den zuletzt angegebenen Zusatz zu dem Titel der Zeitung bei Vermeidung einer Strafe für jeden Fall der Zuwiderhandlung zu unterlassen. Der Beklagte widersprach dem und beantragte Klagabweisung, da weder nach dem BGB. noch einem sonstigen Reichs- oder Landesgesetze der Klageantrag begründet sei.

Wie ist hierüber zu befinden?

3. Der *Landwirtschaftliche Kreditverein, e. V.* zu Niefeld hatte den Zweck, den Mitgliedern durch bare Darlehen möglichst den Vorteil des Kapitalbesitzes zu verschaffen. Er geriet in Vermögensverfall, besonders durch vollständige Untätigkeit des Vorstandes. Endlich berief ein nicht zum Vorstande gehöriges Mitglied eine Mitgliederversammlung ein. In dieser erschienen fast alle Vereinsmitglieder. Es wurde — nach dem aufgenommenen Protokoll — eine Ergänzung des nicht mehr vollzähligen Vorstandes vorgenommen; und dieser mit besserer Abwickelung der rückständigen und laufenden Geschäfte betraut.

In der Tat ging dieser neue Ausschuß nun energisch vor. Er machte Gelder flüssig, trieb Ausstände ein und verklagte dabei auch ein Mitglied, das vor Jahren von dem Vereine Darlehen erhalten hatte. Der Beklagte schützte jedoch die dem Ausschusse mangelnde Aktivlegitimation vor, weil die damalige Mitgliederversammlung nicht von dem Vorstande einberufen, nicht 24 Stunden vorher dazu eingeladen worden, und weil die als Vertreter des Vereins nun auftretenden Personen nicht ordnungsmäßig gewählte Vorstandsmitglieder seien.

Aus den, den Akten beigelegten Satzungen sind folgende Bestimmungen hier von Interesse:

Der Verein ordnet seine Angelegenheiten durch Beschluß seiner Mitglieder mit einfacher Stimmenmehrheit der in den Vereinsversammlungen Anwesenden. Die Beschlüsse haben verbindende Kraft, sofern die Versammlung und die in ihr zur Verhandlung kommenden Gegenstände wenigstens 24 Stunden vorher auf genügende Weise zur allgemeinen Kenntnis gegeben worden sind, wozu die Bekanntmachung in der Zeitung und durch besondere Einladung der Mitglieder erforderlich ist. Die Verwaltung wird einem, jedesmal auf drei Jahre zu wählenden Ausschuß von 13 Mitgliedern übertragen. Von den Ausschußmitgliedern scheiden jährlich drei aus, die aber wieder gewählt werden können. Halbjährlich findet eine Mitgliederversammlung statt, die der Ausschuß anberaumen und zur öffentlichen Kenntnis bringen muß.

Wie ist nun hiernach über den vorhin berichteten Streitfall zu urteilen?

4. Schaal hatte von der Gemeinde Neuenhaus gewisse Flächen in dem *westlichen Pfarrsteinbruch* gepachtet, um sie zur Gewinnung von Steinen auszubeuten. Die Pachtzeit endigte mit dem 31. Januar. Zu dieser Zeit lagerten 36 große Steinblöcke in dem Steinbruche, die Schaal auf Rollen hatte zur Seite wälzen lassen.

Da die Parteien über diese Blöcke in Zwistigkeiten gerieten, so beantragte die Gemeinde Neuenhaus klagend: festzustellen, daß dem Beklagten das Recht nicht zustehe, diese Steine jetzt noch im Bruch zu zerkleinern; gerade weil sie ohne Zerkleinerung nicht fortgeschafft werden könnten, so gehörten sie zu den Immobilien und wären noch *Bestandteile* des klägerischen Grundstückes; es sei aber auch an sich schon klar, daß nach dem Ablaufe der Pachtzeit der Beklagte den Pachtgegenstand nicht mehr zu irgend einer, dem Willen der Verpächterin nicht entsprechenden Tätigkeit benutzen dürfe.

Beklagter schreibt sich dagegen Eigentum und freies Verfügungsrecht an den Steinblöcken zu, da diese als *Nutzungen* im Sinne des BGB. zu behandeln seien, und hat widerklagend beantragt: die Klägerin schuldig zu erkennen, ihm die Zerkleinerung der fraglichen Steinblöcke, soweit sie zum Abfahren notwendig sei, und das Abfahren selbst zu gestatten.

In der mündlichen Verhandlung wird aber dem Vorbringen des Beklagten von der Klägerin widersprochen: Schaal sei offenbar im Verzuge und könne schon deshalb sich auf den Pachtvertrag nicht berufen. Wogegen der Beklagte meint, daß die gesetzlich bestimmten Folgen des Verzugs die klägerische Entgegnung nicht zu stützen geeignet seien.

Der Rechtsfall ist zu begutachten.

5. Die siebzehnjährige Martha Halbach stand in Diensten des Rentners Dämpfer als Hausmädchen. Sie hatte den Dienst mit Genehmigung ihrer Mutter übernommen, welche die elterliche Gewalt über sie hatte. Im letzten Frühjahr ging die Familie Dämpfer nach Italien auf die Reise. Martha wurde unterdessen nach Hause geschickt. Die Reise dauerte sechs Wochen.

Als Kostgeld erhielt Martha 18 *M*. Dies war der Frau Halbach zu wenig. Nach ihrer Angabe seien etwa 70 *Pf* für den Tag angemessen. Sie forderte also im Namen ihrer Tochter weitere 12 *M* klagend nach.

Dämpfer bringt vor, daß sie mit Martha ein Kostgeld von 3 *M* für die Woche vertragsmäßig ausgemacht hätten. Worauf die Klägerin entgegnet, daß ein solcher Vertrag mit der Minderjährigen nicht gültig gewesen sein würde; sie, die Mutter, hätte den Dienstvertrag geschlossen, und sie hätte auch allein eine gültige Verabredung über das Kostgeld eingehen können. Dann müßte ja — warf der juristisch gebildete Beklagte ein — sofort die ganze Klage wegen fehlender Sachlegitimation der klagenden Martha abgewiesen werden.

Nun erhitzten sich die Gemüter der Streitenden immer mehr. Die Verhandlung wurde recht dramatisch. Martha rief laut hinein, daß Frau Dämpfer ihr ausdrücklich bei der Abreise zugesichert habe: *Hier sind 12 M., das ist einstweilen für vier Wochen, später gibt es mehr.* Das habe ich auch gesagt, warf Frau Dämpfer ein; ich meinte, bei längerer Abwesenheit, als vier Wochen, gibt es immer 3 *M* für die Woche mehr. Aber, warf die Klägerin wieder ein, ich dachte doch natürlich an eine Erhöhung des für vier Wochen gezahlten Betrages; auf eine längere Zeit war ich damals nicht gefaßt.

Das Gericht stellt noch fest, daß in dortiger Stadt als Kostgeld 70—75 *Pf* für den Tag üblich sei. Das Urteil soll in acht Tagen verkündet werden.

Wie hat es begründetermaßen zu lauten?

6. Auf dem Hause des Symans steht eine Hypothek von 7000 *M* zu Gunsten des Geldimi. Der Schuldner braucht etwas Geld und geht den Hohstein um ein Darlehen von 4200 *M* an. Hohstein ist dazu bereit, falls Geldimi ihm den ersten Platz einräumt.

Darauf verfügt sich Symans zu Geldimi und legt ihm die Sache dar. Dieser erklärt: *Gut, ich werde es so machen, wie Sie wünschen.* — Späterhin will er sich aber auf nichts mehr einlassen.

Die Klage des Symans, mit dem Antrage auf Ausführung jenes Versprechens beantwortet der Beklagte mit dem Hinweise auf die fehlende gesetzliche Form, die weder nach BGB. 518, noch 780 gewahrt sei. Wogegen der Kläger meint, daß Vorverträge und überhaupt die im BGB. nicht besonders genannten Geschäfte keiner Form bedürften.

Entscheidung?

7. Bei Hebel, Schatzkästlein des rheinischen Hausfreundes, findet sich — unter anderen für juristische Beurteilung nicht uninteressanten Anekdoten — folgende Geschichte, welche hier nach Grundsätzen unseres bürgerlichen Rechtes zu erwägen und zu begutachten ist:

In einem schönen Garten vor Straßburg vor dem Metzgertor saß ein wohlgekleideter Mann, der sein Schöpplein trank, und hatte einen Ring am Finger mit einem kostbaren Edelstein und spiegelte den Ring. So kommt ein Jude und sagt: Herr, Ihr habt einen schönen Edelstein in Eurem Fingerring, dem wär' ich auch nicht feind. Der Fremde sagte ganz kurz und trocken: Der Stein ist falsch. Der Jude bat um Erlaubnis, den Ring einem Kenner zu zeigen, und kam zu einem Goldschmied, der auch in dem Garten saß. Herr, sagte er, soll dieses kein echter Edelstein sein? Der Goldschmied sprach: Ich verschaffe Euch 90 Dublonen für den Ring. Was Ihr ihn wohlfeiler bekommt, ist Euer Schmuhs. Der Jude kehrte zu dem Fremden zurück. Echt oder unecht, ich gebe Euch 6 Dublonen, und zählte sie auf den Tisch. Der Fremde steckte den Ring wieder an den Finger und sagte jetzt: Er ist mir gar nicht feil. Ist der falsche Edelstein so gut nachgemacht, daß Ihr ihn für einen rechten haltet, so ist er mir auch so gut, und steckte die Hand in die Tasche, daß der lüsterne Israelit den Stein gar nicht mehr ansehen sollte. — 8 Dublonen. Nein. — 12 — 15 Dublonen. Nun denn, sagte endlich der Fremde, wenn Ihr mir keine Ruhe lassen und mit Gewalt wollt betrogen sein. Aber ich sage es Euch vor allen diesen Herren da, der Stein ist falsch, und ich gebe Euch kein gut Wort mehr dafür. Denn ich will keinen Verdruß haben. Der Stein ist Euer. Jetzt brachte der Jude voll Freude dem Goldschmied den Ring. Morgen komm' ich zu Euch und hole das Geld. Aber jener machte große Augen. Guter Freund, das ist nicht mehr der nämliche Ring, den Ihr mir vor zwei Minuten gezeigt habt. Dieser Stein ist 20 Kreuzer wert unter Brüdern. So macht man sie bei Sankt Blasien in der Glashütte. Denn der Fremde hatte wirklich einen falschen Ring in der Tasche, der völlig wie der gute aussah, den er am Finger spiegelte, und während der Jude mit ihm handelte und er die Hand in der Tasche hatte, streifte er mit dem Daumen den echten Ring vom Finger ab und steckte den Finger in den falschen, und den bekam der Jude.

8. Akten

in S. des Ingenieurs Ziehle zu Meindorf, Kl., gegen die Mitteldeutsche Eisengießerei und Maschinenfabrik zu Blundheim, Bekl., wegen Rechnungslegung.

Klage.

Der Kläger ist bei der Beklagten in der Zeit vom 1. April bis zum 20. Dezember v. J. in Stellung gewesen, und zwar war er für das technische Bureau der Beklagten und zu Reisezwecken angenommen. Die Anstellung ist durch Schreiben der Beklagten vom 7. März v. J. erfolgt. Danach war auch bestimmt, daß dem Kläger von den Verkäufen der Beklagten in ihren Fabrikaten $^1/_2$ $^0/_0$ der Fakturenpreise als Tantieme, zahlbar nach Genehmigung der Bilanz der Beklagten durch deren Generalversammlung zustehen solle. Diese Feststellung muß für das vergangene Jahr längst erfolgt sein. Die Beklagte ist also verpflichtet, über ihre Verkäufe jetzt Rechnung zu legen.

Beklagte hat sich dessen geweigert. Sie wollte zuerst überhaupt nichts zahlen; hat aber schließlich als Tantieme 375 ℳ übersandt. Dieser Betrag ist jedoch viel zu gering.

Klagebeantwortung.

Der Kläger kann von der Beklagten niemals Rechnungslegung verlangen, denn unter Ziffer 3 der Anstellungsbedingungen (s. Anl.) ist mit klaren Worten gesagt, daß dem Kläger eine Mindesttantieme in Höhe von 500 ℳ garantiert wird, um welche derjenige Betrag gekürzt werden solle, den der Kläger für von ihm abgeschlossene Verkäufe in Fabrikaten der Beklagten zu fordern habe. Der Kläger hat für die Beklagte nichts verkauft, hat mithin außer den bereits bezahlten 375 ℳ bisher nichts zu fordern. Die Bewilligung von $^1/_2$ $^0/_0$ Tantieme ist nur deshalb erfolgt, um den Kläger als Reisenden anzuspornen, mit größerem Eifer für das Geschäft tätig zu sein. Der Direktor Schacke hat dem Kläger zuerst in Meindorf hiervon Mitteilung gemacht. Bei Zubilligung der Tantieme legte Beklagte ihre früheren Erfahrungen zu Grunde und glaubte, daß der Kläger mindestens für 100 000 ℳ Verkäufe machen werde.

Die Bilanz für das laufende Jahr steht jetzt nach eigener klägerischer Angabe noch nicht in Frage.

(Anlage.)

Herrn Ingenieur Ziehle zu Meindorf. Am 7. März.

Wir bestätigen den Empfang Ihrer gefälligen Zuschrift vom 5. d. und haben davon Kenntnis genommen, daß Sie bereits in den ersten Tagen des April bei uns eintreten können. Wir engagieren Sie nunmehr für unser Etablissement in der Weise, daß Sie: 1) ein Monatsgehalt von 250 ℳ von uns postnumerando beziehen; 2) vergüten wir auf Ihren Reisen 10 ℳ pro Tag

Diäten und die Unkosten; 3) wollen wir Ihnen eine Mindesttantieme in Höhe von 500 ℳ garantieren, zahlbar nach Genehmigung unserer Bilanz durch die Generalversammlung, zwar kommt dieser Betrag auf die Verkäufe in unseren Fabrikaten s. Z. in Abrechnung, für welche Sie $^1/_2$ $^0/_0$ des Fakturenbetrages, exkl. Fracht, Emballage und Montagekosten erhalten . . . Was schließlich Ihre Obliegenheiten in unserer Fabrik anbetrifft, so dürfte Ihnen ja bekannt sein, daß eine fortdauernde Beschäftigung auf der Reise, besonders in den Monaten Mai bis September, wegen der eigentümlichen Lage des Eismaschinengeschäftes unmöglich ist, und hätten Sie demgemäß bei Ihrer Anwesenheit in Blundheim auch die laufenden Bureauarbeiten mit zu erledigen helfen . . . (Unterschrift der Direktoren.)

Verehrliche Mitteldeutsche Eisengießerei u. s. w. Am 10. März.

Ihr w. Engagement vom 7. d. empfing ich durch die heutige Post. Ich erkläre hiermit mich mit allem, was dies Schreiben enthält, einverstanden . . . A. Ziehle.

Gegenrede des Klägers.

Die Beklagte legt Nr. 3 der Anstellungsbedingungen unrichtig aus. Wenn auch jener Passus ungünstig gefaßt ist, so kann doch sein Inhalt nicht anders verstanden werden, als daß der Kläger eine jährliche Tantieme von $^1/_2$ $^0/_0$ des Fakturenbetrages der von der Beklagten gemachten Verkäufe, mindestens aber 500 ℳ erhalten sollte. Davon, daß das $^1/_2$ $^0/_0$ nur von den Fabrikaten gezahlt werden sollte, die der Kläger verkauft habe, steht in dem Anstellungsschreiben kein Wort. Jener anderen Auslegung steht aber auch die Tätigkeit entgegen, die der Kläger im Geschäfte der Beklagten ausgeübt hat. Er war angestellt als Reiseingenieur, mit der Verpflichtung zu Bureaudiensten, wenn er zu Hause war. Die Tätigkeit auf der Reise bestand darin, diejenigen aufzusuchen, welche die Absicht, etwas zu bestellen, zu erkennen gegeben hatten, und mit ihnen die Projekte zu besprechen, um sie zu Hause auszuarbeiten. Es kam vor, daß der Kläger mit Reflektanten Vorbereitungen auf die bezeichnete Weise getroffen hatte, einen Auftrag aber nicht erhielt, derselbe vielmehr erst später der Gesellschaft brieflich erteilt wurde; ferner kam es vor, daß er Geschäfte, die die Beklagte bereits angeknüpft und vorbereitet hatte, zu Ende führen mußte. Bei solcher Tätigkeit ist eine Tantiemebewilligung in der von der Beklagten behaupteten Art ohne Sinn; das wäre nur anders, wenn der Kläger lediglich als Verkäufer angestellt gewesen wäre. Welche Umstände die Beklagte bei Festsetzung der streitigen Bedingung geleitet haben, ist dem Kläger gleichgültig; jedenfalls hat er die Bedingung von vornherein in dem von ihm behaupteten Sinne ausgelegt und akzeptiert.

Erwiderung der Beklagten.

Das Tantiemeversprechen der Beklagten kann sich selbstverständlich nur auf diejenigen Geschäfte beziehen, die der Kläger in seiner Eigenschaft als Reisender für die Beklagte vermittelt oder abgeschlossen hat. Daß seine Tätigkeit im wesentlichen darin bestehen sollte, daß er für die Beklagte reiste, geht aus Nr. 2 und aus dem Schlusse des Schreibens vom 7. März hervor. Die Beklagte hat drei Fabriken, und zwar in Blundheim, Nordingen und Umpha. Der Kläger ist nur in der ersten Niederlassung tätig gewesen; soll die in der Klage verlangte Rechnungslegung sich etwa auch auf die in Nordingen und Umpha gemachten Geschäfte erstrecken?

Weitere Ausführung des Klägers.

Kläger ist nicht Agent oder Geschäftsreisender gewesen, sondern Reiseingenieur. Er befand sich gar nicht im Besitze einer Vollmacht der Beklagten zu Geschäftsabschlüssen; und seine Tätigkeit bestand weder vorzugsweise im Aufsuchen von neuen Kunden, noch auch hing dieses lediglich von seinem Willen ab. Er war zunächst auf dem Bureau tätig und hatte nur in besonderen Fällen, wie früher geschildert, zu reisen; dabei hatte er die auswärts beschäftigten Monteure der Beklagten zu kontrollieren. So erstreckte sich seine Tätigkeit über den gesamten Geschäftsbetrieb, und es hat die Zubilligung einer Umsatztantieme danach nichts Auffälliges, ist auch gar nichts Ungewöhnliches. So beziehen die beiden Direktoren der Beklagten eine solche Umsatztantieme, und zwar höher als $^1/_2$ $^0/_0$. Bemerkt wird noch, daß Kläger der einzige Reiseingenieur der Beklagten war.

Schlußwort der Beklagten.

Lediglich durch ein Versehen ist es gekommen, daß in dem Briefe vom 7. März statt der Worte „auf *Ihre* Verkäufe“ geschrieben wurde: „auf *die* Verkäufe“; keineswegs wollte aber die Beklagte dadurch zum Ausdrucke gebracht haben, daß sie dem Kläger für alle Verkäufe ihres Geschäftes überhaupt Provision bewillige. Der Gesamtumsatz hat im laufenden Jahre 1250000 *M* betragen; danach würde Kläger 6250 *M*, das ist beinahe dreimal so viel als der technische Direktor erhalten; das kann nicht der

Wille der Parteien gewesen sein. Wenn Kläger bezüglich der Auslegung des Anstellungsbriefes Bedenken hegte, so hätte er sofort in seinem Annahmeschreiben darauf eingehen sollen.

Wie ist in diesem Prozesse begründet zu urteilen?

9. Der Aktionär A. verkauft an K. 10 auf den Namen lautende Aktien der *Gesellschaft für Tiefbohrung* unter der Bedingung, daß ihm für den Fall der Kapitalsvermehrung das Bezugsrecht auf die neuen Aktien vorbehalten sein soll.

Zur Zeit des Kaufes hatten der Vorstand und Aufsichtsrat der Gesellschaft eine Denkschrift herausgegeben, in der der Plan, das Unternehmen bedeutend zu erweitern, ausführlich erörtert und für die nächste Generalversammlung der Antrag auf Verdoppelung des Kapitals in bestimmte Aussicht gestellt war.

In der nächsten Generalversammlung wurde dieser Antrag auch gestellt. Er kam aber dadurch zu Falle, daß ein Syndikat, dem der plötzliche Aufschwung der Gesellschaft als bedenklich erschien, einen Teil der Aktien inzwischen aufgekauft hatte und nun mit einem Teile der alten Aktionäre, dem der neue Plan ebenfalls unrätlich schien, dagegen stimmte. Es wurde nur eine Kapitalserhöhung um ein Viertel bewilligt. Von den hiernach ausgegebenen Aktien wurde dem A. von K. das Bezugsrecht auch zugestanden.

Nach Verlauf von einem Jahre, als sich die Verhältnisse inzwischen geklärt hatten, geschah eine Neuausgabe von Aktien in Höhe der weiteren drei Viertel des alten Stammkapitals. A. wollte jetzt von seinem Vorbehalte nochmals Gebrauch machen. K. erwiderte indessen, daß nach dem Kaufvertrage jener Vorbehalt nur auf die erste Neuausgabe erstreckt werden könnte, die dem Kaufgeschäfte folgte. K. wandte ferner ein, daß A. mit seinem Vorbehalte deswegen ausgeschlossen sei, weil für Ausführung des Bezugsrechtes, wie ihm bekannt gewesen, eine Ausschlußfrist von drei Monaten gestellt gewesen sei, und er sich erst nach vier Monaten gemeldet habe. Zwar habe er selbst das den Aktionären zugestandene Bezugsrecht zur Hälfte ausgeübt, jedoch nur für sich selbst.

A. wollte dies nicht als begründet gelten lassen. Und machte noch geltend, daß K. gleichfalls mit dem Syndikate gegangen und in der Generalversammlung gegen den Antrag auf Verdoppelung des Aktienkapitals aufgetreten sei.

Welche Bedeutung hat rechtsgeschäftlich *der Vorbehalt des Bezugsrechtes?* Wie wird es erfüllt? Ist der vorliegende Anspruch des Klägers begründet und aus welchen Gesichtspunkten? Schlägt die Einrede des Beklagten durch?

10. Ein Gärtner war auf einem Gute dauernd angestellt. Das Dienstverhältnis war mit sechswöchentlicher Frist zum ersten jedes Kalendervierteljahres kündbar. Am 17. Februar, also rechtzeitig, kündigte der Inspektor dem Gärtner zum 1. April. Dieser aber erwiderte sofort: Er weise die Kündigung zurück; er sei von dem Gutsherrn selbst angestellt worden und könne daher auch nur von diesem entlassen werden.

Der Inspektor hatte eine Vollmachtsurkunde erhalten, die ihn zur Entlassung des Gutspersonales ermächtigte. Da er sie aber verlegt hatte, so hörte er jene Gegenrede des Gärtners schweigend an und meldete die Sache dem Gutsbesitzer. Nun kündigte dieser am 20. Februar, also verspätet, dem Gärtner persönlich zum 1. April.

Danach entstand ein Prozeß, in dem der Gärtner seinen Lohn für das zweite Vierteljahr forderte. Der Gutsbesitzer meinte, daß nach den Gesetzen über Stellvertretung und Genehmigung dieser Anspruch unbegründet sei.

Welche Regeln unseres bürgerlichen Rechtes kommen hier des näheren in Anwendung? Und wie ist danach zu erkennen?

II

Recht der Schuldverhältnisse.

1. Zwei Kohlenhändler, Müller und Möller in G., beziehen von derselben Zeche Steinkohlen. Nachdem ersterer wieder einmal eine Bestellung gemacht hatte, diese aber aus später nicht aufgeklärtem Versehen unausgeführt geblieben war, bestellt Möller bei jenem Werke Kohlen; erhält auch am 1. Mai Nachricht von der Grube, daß die gewünschte Quantität per Bahn abgegangen sei. Die Kohlen kommen am 7. Mai in G. an. Der Bahnbeamte, welchem Müller abends vorher geklagt hatte, daß seine Kohlen so lange blieben, läßt ihm nun sagen, daß diese da seien; und Müller läßt sie durch einen Fuhrmann in sein Lager fahren, wo sie mit den dort lagernden — schlechteren — Steinkohlen vermischt werden. Möller erfährt noch am Nachmittage den Sachverhalt. Gegen den Beamten oder die Bahnverwaltung will er nichts unternehmen, da er selbst das Verhalten jenes entschuldbar und ohne Fahrlässigkeit erachtet; dagegen möchte er gern gegen seinen gehaßten Konkurrenten vorgehen.

Ist dieses möglich? Er ist in der Lage, Schaden darlegen zu können, weil eine sichere sofortige Lieferung ihm nun entgangen ist. Sein Anwalt trägt aber Bedenken, da er mit Müller in keiner Rechtsbeziehung stehe und er überhaupt nur obligatorisch berechtigt sei. Läßt sich nicht trotzdem ein Weg finden, auf dem man unter Benutzung der letztgenannten Rechtsstellung zu dem von Möller gewünschten Ziele gelangt?

2. In einem Pachtvertrage hatte A. dem B. versprochen, bei dem Ablaufe der Pacht im Winterfelde 40 Morgen mit Korn und 20 Morgen mit Weizen (unentgeltlich) besamt zurückzuliefern. A. war jedoch dieser Verbindlichkeit nicht vollständig nachgekommen, indem er eine geringere Morgenzahl und diese nicht gehörig bestellt hatte; weshalb B. Schadensersatz von 1400 *M* verlangte.

A. schützte dagegen vor, daß der zu wenig besamte Flächengehalt dem B. in dem Sommerfeld zu gute gekommen sei; B. habe die fehlende Morgenzahl mit Sommerfrucht bestellt, oder habe sie doch damit bestellen können. Deshalb dürfe A. den desfallsigen Betrag mit 200 *M* in Abzug bringen, weil er nur den Schaden zu ersetzen habe, welcher sich als eine, von B. nicht zu vermeidende, Folge seiner Unterlassung darstelle.

Von seiten des B. wird dem widersprochen. Wenn auch dem Verpächter die Möglichkeit gegeben sei, das nicht besamte Land in andrer Weise zu benutzen, so sei er dazu doch nicht verpflichtet gewesen. Wenn also B. nicht mit Sommerfrucht bestellt habe, so sei ihm daraus kein Vorwurf zu machen.

Dagegen wird sich vom Beklagten auf eine neuere Entscheidung berufen, die folgende Fragen zum Gegenstande hatte:

Es war eine Stadtgemeinde rechtskräftig verurteilt worden, dem X. allen durch die Störung des dem X. zustehenden Schafhütrechtes verursachten Schaden zu ersetzen. X. verlangte nun unter anderem auch Ersatz für den Schaden, den er dadurch erlitten habe, daß er infolge der Störung des Weiderechtes durch die Gemeinde jährlich mindestens 200 Stück Schafe weniger habe halten können, als er außerdem zu halten berechtigt und im stande gewesen sei. Dieser Anspruch wurde vom Gerichte zurückgewiesen, weil X. zugestehen mußte, daß es ihm nicht unmöglich gewesen sei, für seine Schäferei anderweite Abhilfe durch Ankauf von Futter oder Pacht von Weideplätzen zu treffen.

B. will dieses nicht gelten lassen. Die angezogene Entscheidung beruhe auf veralteter, durch das BGB. beseitigter Lehre vom *damnum extra rem*; auch schiene sie in sich nicht in voller Parallele zu ihrer eigenen Streitfrage zu stehen.

Die Fälle sind zu begutachten.

3. Vor längeren Jahren erhielt die Stadt Eisleben von der *Kupferschieferbauenden Gewerkschaft* eine angeblich dieser gehörige, auf einem Berge unweit Eisleben entspringende, reichlich fließende Quelle im Vertragswege übereignet. Um das Wasser dieser Quelle für die städtischen Wasserwerke nutzbar zu machen, legte Eisleben eine Röhrenleitung von der Quelle zur Stadt. Die Leitung führte zum Teil durch das Gebiet der zwischen der Quelle und Eisleben belegenen Gemeinde Volkstedt. Diese erhob gegen das Legen der Röhren Einspruch; behauptete insbesondere auch, daß sie sich bereits seit längerer Zeit im berechtigten Genuß der Quelle befände.

Zur Beilegung des Streites einigten sich die Parteien in einem schriftlichen Vertrage dahin, daß beide Teile zur Wassernutzung zugelassen werden sollten. Eisleben übernahm das Legen der Röhren durch das Volkstedter Gebiet; und sollte verpflichtet sein, auch die für die Wasserversorgung Volkstedts nötigen Anlagen dauernd in gebrauchsfähigem Zustande zu erhalten.

Seit kurzem verminderte sich die bis dahin reiche Wassermenge der Quelle derart, daß zwar das höher gelegene Volkstedt noch ausreichend versorgt wurde, nach Eisleben aber so wenig Wasser gelangte, daß ein Interesse an weiterer Nutzung nicht mehr bestand. Eisleben sperrte daher den Zufluß vollständig ab.

Nach Eintritt der Wasserverminderung wurden an den Volkstedter Anlagen Ausbesserungen nötig. Volkstedt verlangte auf Grund des Vertrages von Eisleben deren Ausführung, welche jedoch mit Rücksicht auf die Änderung der Verhältnisse verweigert wurde. Volkstedt ließ darauf die Ausbesserungen auf eigene Kosten ausführen, und klagte nunmehr den aufgewendeten Betrag ein.

Wie ist hierüber zu erkennen?

4. Das der Reederei Püchten zu Emden gehörige Schiff *Frisia* wurde in Kopenhagen von den dänischen Zollbehörden angehalten, da diese entdeckten, daß ein Matrose der *Frisia* zollpflichtige Waren einschmuggelte. Die Reederei mußte durch Zahlung der Zollstrafe das Schiff lösen.

Nun stand in den Bedingungen, unter denen die Schiffsleute geheuert worden waren: daß für einen Schaden, welcher der Reederei durch die Schuld eines Matrosen erwachsen würde, alle Angestellten der Deckmannschaft als Gesamtschuldner haften müßten. Auf Grund dessen behielt die Reederei bei der Lohnzahlung den Betrag jener Zollstrafe zurück und zog ihn den einzelnen Schiffsleuten verhältnismäßig ab.

Diese erhoben Widerspruch. Jene Vertragsbestimmung sei ungültig nach BGB. 138; und die geschehene Aufrechnung unzulässig nach BGB. 394 und Reichsgesetz vom 21. Juni 1869. Dagegen bestritt der Anwalt der Reederei Püchten die Anwendbarkeit jener Paragraphen; um so mehr, als das Vorgehen der Firma auch durch BGB. 273 gedeckt werde.

Wer hat in diesem Streite mit Grund zu siegen?

5. Der Gutsbesitzer Steffen hatte mit dem Händler Nittel einen Vertrag geschlossen: wonach Steffen dem Händler für die Dauer eines Jahres Butter bestimmter Menge an jedem Freitag zum jeweiligen Tagespreise liefern sollte.

Bis zum September war auch alles glatt gegangen. Da fing Nittel an, sich über die Qualität der Butter zu beschweren; und erklärte am Ende September dem Steffen, daß er wegen dieser mangelhaften Lieferungen den Vertrag für den Rest des Jahres nicht einhalten wollte, sondern diesen für aufgehoben und erledigt ansähe.

Da Steffen sofort antwortet, daß er die Berechtigung dieses Verlangens nicht zugebe, so trägt Nittel die Streitsache einem Juristen vor und bittet um eine juristisch begründete gutachtliche Äußerung.

Wie würde eine solche zu lauten haben?

Vgl. BGB. 325; 326; — 462; 463; 467; 480; — 157; — 321; — 823; 826; — 249.

6. Am 14. April 1902 fand in Berlin zufolge eines Wolkenbruches eine große Überschwemmung vieler Straßen statt. Das Wasser drang in die Häuser und bereitete namentlich in Kellern und Erdgeschossen bedeutenden Schaden. Es entstanden danach viele Rechtsstreitigkeiten.

So klagte der Händler Vanting, der in einem Hause in der Ziegelstraße ein Kellergeschäft nebst Wohnung inne hatte. Wie er in seiner Klage behauptet, haben die eindringenden Wassermassen seine sämtlichen Vorräte und das Geschäftsinventar vernichtet, sowie den Ofen zum Einsturz gebracht. Durch die zurückgebliebene Feuchtigkeit soll die Wohnung unbrauchbar geworden sein. Der Kläger erklärte auf Grund dieser Umstände seinen sofortigen Rücktritt vom Mietvertrage und forderte im Klagewege die im voraus von ihm bezahlte Vierteljahrsmiete zurück. Dem Kläger selbst war inzwischen von verschiedenen Seiten Unterstützung zur Deckung des Schadens zu teil geworden.

Im Termine wurde von dem verklagten Hauseigentümer die Abweisung der Klage beantragt. Er berief sich auf die Bestimmung in den Berliner Mietverträgen, wonach eine ganze oder teilweise Unmöglichkeit der Benutzung, wenn jene vorübergehend ist, dem Mieter nur das Recht gibt, die sofortige Vornahme der notwendigen Ausbesserungen zu verlangen, dagegen das Rücktrittsrecht ausschließt. Auch sei der Anspruch des Klägers durch die erwähnten Unterstützungen Dritter erloschen.

Bei der Bearbeitung kann folgender Tatbestand zum Vergleiche herangezogen werden:

Der Fabrikant Schmädmer hatte das erste und zweite Stockwerk seines Hauses an ein Warenabzahlungsgeschäft vermietet. Daraufhin strengte der Kaufmann Leonhardt, der in dem Erdgeschosse desselben Hauses ein Galanterie-, Leder- und Spielwarengeschäft betreibt, das einen besseren Kundenkreis hat, gegen den Vermieter die Klage auf Lösung des Vertrages an, weil das Warenabzahlungsgeschäft auch seine Waren führe, ganz besonders aber deshalb, weil ein Geschäftshaus, in dem sich ein derartiges Abzahlungsgeschäft befinde, den feineren Charakter im geschäftlichen Sinne verliere, und es ihm deshalb unmöglich sei, sein Geschäft in diesem Hause weiter zu betreiben.

Wie ist in beiden Fällen begründet zu entscheiden?

7. Eine Stadt verpachtete ihre über die Saale führende eiserne Brücke mit Einnehmerhäuschen an den Privatmann Trossel gegen eine Jahrespacht von 5000 *M.* Trossel erhielt dadurch Recht und Pflicht, den Gegenstand der Verpachtung in der Weise zu nutzen, daß er nach genauem Tarif den Übergang von Personen, Reitern und Radfahrern, Hunden und Handwagen über die Brücke jederzeit gestattet.

Nach einem halben Jahre zeigte Trossel seinen Rücktritt von dem Vertrage mit der Begründung an, daß die Brückeneinnahmen erheblich hinter seinen Erwartungen zurückgeblieben wären; und daß durch mangelhaften Bau des Ofens und des Rohres im Einnehmerhäuschen Kohlengase in den Raum drängen und den Aufenthalt dort unmöglich machten. Deshalb sei nach BGB. 119 und 544 der Vertrag zu lösen.

Die Stadtgemeinde bestritt dieses. Es sei ein Recht verpachtet und kein Mietvertrag über Sachen gegeben. Wenn wirklich einmal der Aufenthalt im Einnehmerhäuschen nicht angängig gewesen, so könnte das nur als teilweise Unmöglichkeit erachtet werden, die nach BGB. 323 zu behandeln wäre. In keinem Falle würde BGB. 544 anzuwenden sein, da ja gar nicht ein zu dauerndem Aufenthalt bestimmter Raum in Frage stände.

Entscheidung?

8. Anfrage bei einem Juristen:

Ich betreibe in einer größeren Stadt ein umfangreiches Geschäft mit Milch und sonstigen Molkereiprodukten. Dabei habe ich in den verschiedenen Teilen der Stadt Filialen eingerichtet, von denen aus mein sehr ausgedehnter Kundenkreis bedient wird. Seit einigen Jahren habe ich nun, da mir der Gesamtbetrieb zu viel Arbeit machte, die Einrichtung getroffen, daß ich die Filialen unter folgenden Bedingungen gegen einen bestimmten Zins verpachte: Der Pächter führt das Geschäft unter meiner Firma. Sämtliche in seinem Bezirke wohnenden Kunden werden ihm überwiesen. Ich stelle ihm das Geschäftslokal und das gesamte Inventar zur Verfügung; er dagegen ist verpflichtet, seinen gesamten Bedarf an Waren von mir zu beziehen und den vereinbarten Engrospreis dafür nach Empfang der Monatsrechnung an mich abzuführen. Zu meiner Sicherung hat jeder Pächter eine Kaution in barem Gelde gestellt. Diese ist sein einziges Betriebskapital.

Nun hat einer meiner Pächter Milchpanscherei gemacht, so daß viele Kunden von meiner Filiale zu anderen Lieferanten übergingen. Schließlich ist es zu einer Verurteilung des Pächters wegen Vergehens gegen das Nahrungsmittelgesetz gekommen, und wenn auch durch die Gerichtsverhandlung öffentlich klargestellt worden ist, daß ich ihm stets gute Ware geliefert habe und an der Milchpanscherei ganz unbeteiligt bin, so kommen doch die ehemaligen Kunden, die jetzt anderweit gut bedient werden, nicht wieder. Die Filiale ist dadurch erheblich entwertet, und es wird längerer Zeit bedürfen, ehe sie wieder auf ihre frühere Höhe gebracht sein wird. Dadurch entgeht mir natürlich ein erheblicher Teil des früheren Pachtertrages.

Kann ich mich wegen des Verlustes an der Kaution des Pächters schadlos halten? Er verlangt die Kaution unter Berufung auf den Wortlaut unseres Vertrages zurück, wonach sie allerdings nur zur Sicherung für den jedesmaligen Betrag der Monatsrechnung und für Inventarbeschädigung gestellt ist. Und er bringt vor, daß das gemietete Geschäft *als solches* von ihm in guter Beschaffenheit zurückgegeben sei, und die Art *seines* Betriebes mich nichts angehe. Ist er damit im Rechte?

9. Der Maurer Lutz beschäftigte den Arbeiter Fiedler etwa sechs Wochen lang bei dem Baue eines Hauses, das Lutz sich als Wohnhaus zu eigenem Gebrauche baute. An einem Sonnabend entließ Lutz den Fiedler, den er *auf Stundenlohn* beschäftigt hatte, weil er keine Arbeit mehr für ihn hatte.

Nun klagte Fiedler nach BGB. 623 einen angemessenen Lohn von 42 ℳ für 14 Tage ein. Dagegen wollte der Beklagte wegen des nach Zeitabschnitten bemessenen Lohnes BGB. 614; 621; 625 angewandt wissen, wonach die Klage abzuweisen sei.

Was ist Rechtens?

10. Ein Altonaer war einem Hamburger Kollekteur insgesamt 3000 ℳ aus dem Ankauf von Losen der Hamburger Lotterie schuldig geworden. Der Kollekteur verklagte ihn vor dem Hamburger Landgericht auf Zahlung. Der Beklagte wandte ein, er sei nichts schuldig; denn auf den Kauf der Lose müsse preußisches Recht angewandt werden, nach welchem es verboten sei, in auswärtigen Lotterien zu spielen; der Vertrag sei deshalb ungültig gewesen.

Der Kläger wollte diesen Einwand nicht für stichhaltig anerkennen. Allerdings sei für Preußen und seine Gerichte anzunehmen, daß ein Spiel, das dem preußischen Lotteriegesetz vom 29. Juli 1885 zuwiderlaufe, ungültig sei. Aber das Strafgesetz habe keine, sich über die Grenzen des preußischen Staates hinaus erstreckende, Wirksamkeit. Das aus ihm herzuleitende Verbot sei daher zwar von den preußischen Gerichten zu beachten, binde aber um deswillen noch keineswegs nichtpreußische Gerichte.

Wie ist über diesen Fall zu urteilen?

Damit kann nachstehender Tatbestand verglichen werden.

Der Rittmeister a. D. Briesen verabredete mit dem Privatmann Fiedler, daß er für letzteren bei dem Rennen in Auteuil auf das Pferd *Perfidie* am Totalisator 500 ℳ setzen werde; und zwar bei zwei aufeinander folgenden Rennen. Briesen versäumte es das eine Mal; beim nächsten Male aber setzte er und gewann 2000 ℳ. Da er dem Fiedler nichts zahlte, so verklagte ihn dieser auf Schadensersatz wegen mangelnder Geschäftsführung und auf Auszahlung des Gewinnes. Briesen berief sich auf BGB. 762 fg., wogegen der Kläger sich auf C. C. 1966 gründete, der hier zur Anwendung kommen müsse und Spiele und Wetten für erlaubt erkläre: *propres à exercer au fait des armes, les courses à pied ou à cheval, les courses de chariot et autres jeux de même nature . . .*

Wer ist im Rechte?

III

Sachenrecht.

1. Schnitzer erhob Klage gegen Zehrfeld, weil dieser über des Schnitzer Hofraum ohne Erlaubnis gefahren war, und beantragte, den Beklagten schuldig zu erkennen, sich aller ferneren Störung des klägerischen Besitzes zu enthalten. Den Beweis des Eigentums hatte Kläger nicht angetreten und eine technische Bezeichnung seines Anspruches nicht vorgenommen.

Der Beklagte beantragte Abweisung der Klage. Sie sei nicht begründet, weil er, Beklagter, sich gar nicht den Besitz an dem klägerischen Grundstücke zuschreibe. Ja er sei gar nicht Eigentümer und nicht Besitzer des Hofes, nach welchem er durch den Hof des Schnitzer gefahren sei, sondern er habe die Fuhre nur im Namen und Auftrage des Eigentümers jenes Hofes, des Wulff, getan, dem er das auf dem Wagen befindliche Holz zuzuführen hatte. Zudem habe Wulff ein Fahrtrecht über den Hof des Schnitzer, eine Behauptung, welcher der letztere im Termin nicht widersprach.

Wie ist hierüber zu erkennen?

Würde es für die Entscheidung von Einfluß sein, wenn

a) der Schnitzer nicht Eigentümer des befahrenen Hofes war, sondern Pächter desselben? oder vormundschaftlicher Verwalter für den minderjährigen Eigentümer? oder Bewohner aus bloßer, jederzeit widerruflichen Vergünstigung? oder Oberknecht des augenblicklich abwesenden Eigentümers? oder Inhaber ohne Rechtstitel?

b) der Zehrfeld das dem Wulff gehörige Grundstück gepachtet hatte?

2. Eine Fabrik für Streichhölzer hatte von einem Händler 340 Faß Holzdraht gekauft. Der Draht lagerte in einer Scheune, die der Händler von einem Bauern gemietet hatte; und zwar hatte er den Mietvertrag als Bevollmächtigter eines Kaufmannes für diesen abgeschlossen.

Nach dem Abschlusse jenes Kaufes ging der Vertreter der Fabrik mit dem Händler in die Scheune, um die Überlieferung der Ware vorzunehmen. Der Vertreter fing an, die verkauften 340 Faß abzuholen. Er zählte jedoch nur einen Teil ab, der genügte, um ihm die Überzeugung zu verschaffen, daß in der Scheune weit mehr als 340 Faß Holzdraht standen. Den Rest des verkauften Quantums bezeichnete der Verkäufer mit einer Handbewegung, die er mit der Bemerkung begleitete: *Das ist euer Holzdraht da, das ist er;* der andere gehöre dem Mieter der Scheune. Danach nahm der Vertreter der Fabrik noch aus dem vorderen offen stehenden Fasse ein Stückchen Holzdraht mit.

Weiteres hat nicht stattgefunden. Die Scheune wurde nach jener Besichtigung und Überweisung wieder von dem Verkäufer abgeschlossen, und der Schlüssel von ihm in Gewahrsam genommen.

Hiernach wurde es streitig: ob das Eigentum an den 340 Faß Holzdraht auf die Käuferin übergegangen sei?

Zusatzfragen:

a) Wann erwirbt der Käufer einer von auswärts ihm übersandten Ware das Eigentum an ihr?

b) Wie steht es im besonderen, wenn ihm zunächst das Konnossement ausgehändigt wird?

c) Was hat es für unsere Frage für Bedeutung, wenn der Käufer alsbald nach der Annahme der Ware sie dem Verkäufer zur Verfügung stellt?

3. Zwischen drei Bauunternehmern und dem Fiskus war ein Vertrag auf Ausführung eines Baues durch die ersteren für fiskalische Rechnung zu stande gekommen. Die Unternehmer hatten vertragsmäßig Sicherheit zu leisten. Sie taten dies durch Hinterlegung von vier Staatsschuldverschreibungen, die in ihrem Miteigentume standen. Die Wertpapiere wurden der Regierungshauptkasse übergeben.

Während die Papiere dort lagerten, verkauften zwei der genannten Bauunternehmer ihre Anteile an den hinterlegten Schuldverschreibungen.

War es möglich, diese Anteile dem Käufer zu Eigentum zu übertragen, sei es mit oder ohne Genehmigung des Fiskus?

4. Der französische Altertumsforscher Montfaucon (1655 bis 1741) berichtet in seinem *Diarium Italicum* von einem merkwürdigen Funde eines antiken Kunstwerkes, der zu mancherlei rechtlichen Erörterungen Anlaß gegeben hat. Namentlich hat Girtanner (1852) in folgender hübscher Art über jene Geschichte berichtet:

Zur Zeit von Papst Julius III. fand ein Weinwirt zu Rom unter seinem Weinkeller eine marmorne Statue von Pompeius. Gerade über den Hals derselben ging jedoch die Mauer, wodurch das Haus von dem Nachbarhause getrennt wurde. Der Besitzer dieses letzteren, ein Krämer, grub nun gleichfalls nach und fand auch wirklich den Kopf der Statue unter seinem Keller. Jeder der beiden Nachbarn beanspruchte das Ganze und da sie sich nicht vereinigen konnten, so zogen sie vier Rechtsverständige zu Rate, die wir A., B., C., D. nennen wollen. Die Ansichten derselben über die Entscheidung des Falls wichen sehr voneinander ab.

A. entschied zu Gunsten des Weinwirts, weil unter seinem Keller der größere Teil der Statue liege, mit Bezugnahme auf l. 23 § 5 D. de rei vind. (6, 1), sowie auf l. 27 § 2 D. de acq. rer. dom. (41, 1).

B. wollte dem Krämer die ganze Statue zusprechen, wofür er sich berief auf l. 44 D. de religiosis etc. (11, 7).

Der Kopf sei die Hauptsache, der übrige Teil gehöre also dem Eigentümer des Kopfes.

C. meinte, die angeführte l. 44 lasse sich nicht ohne weiteres auf den vorliegenden Fall anwenden, nur so viel gehe daraus hervor, daß der Kopf nicht wie jedes andere Glied, z. B. der Arm, als bloße Nebensache zu behandeln sei, daß also der Eigentümer des Kopfes dem Eigentümer des übrigen Teils wenigstens gleichstehe. In diesem Falle aber, wo keine der miteinander verbundenen Sachen als Hauptsache oder als Akzession der anderen gegenüber betrachtet werden könne, gehe durch die Verbindung gar keine Veränderung in dem Eigentumsverhältnisse beider vor: l. 27 § 2 D. de acq. rer. dom. (41, 1).

Es sei daher dem Krämer der Kopf, dem Weinwirt der übrige Teil der Statue zuzusprechen. Doch sei es für den Weinwirt ratsam, die Teilung noch vorzunehmen, während die Statue in der Erde liege, denn sobald sie herausgenommen werde, sei es sehr zweifelhaft, ob nicht für beide Teile Miteigentum an der ganzen Statue begründet werde. Für die Annahme des Miteigentums spreche l. 19 D. comm. div. (10, 3).

Zwar entscheide derselbe Jurist (Paulus) an einem anderen Orte dafür, daß auch nach der Trennung von dem Grundstücke noch das Eigentum in derselben Gestalt, nämlich wie an zwei selbständigen Sachen, fortdauere; l. 83 D. pro socio (17, 2) (s. über diese Stelle VANGEROW, Pand. I. § 329).

Allein bei dem in l. 19 cit. enthaltenen Widerspruche sei es besser, diesen zweifelhaften Fall ganz zu vermeiden.

D. endlich schließt sich der Argumentation des C. an, nur mit dem Unterschiede, daß er zugleich auch die Grundsätze vom *thesaurus* anwenden will und demnach dem Weinwirt als Finder auch das Miteigentum an dem Kopfe zur Hälfte zuspricht, wodurch dieser in den Stand gesetzt werden soll, der Trennung des Kopfes zu widersprechen.

Was ist über diese verschiedenen Ansichten zu urteilen?

5. Der Möbelhändler Junkelmann verkaufte am 25. November dem Maler Hänselt ein Sofa. Durch schriftlichen Vertrag vom 28. November übertrug Hänselt das Sofa dem Sekretär Angermayer; wobei er sich ein Rückkaufsrecht vorbehielt und bis zu dessen Ausübung das Sofa von dem Käufer mietete. Letzterer hat sodann den Kaufpreis dem Maler gegeben; dieser den Junkelmann bezahlt und darauf am 29. November von ihm das Sofa ausgehändigt erhalten.

Am 14. Dezember pfändet der Gerichtsvollzieher jenes Sofa für einen dritten Gläubiger des Hänselt.

Kann Angermayer gegen die Pfändung vorgehen und das Sofa als ihm gehörig in Anspruch nehmen?

Zwei ähnlich angelegte Rechtsfälle gingen dahin:

a) Zwischen dem Fuhrmann Bohn und dem Bauunternehmer Ehrich wurde ein *Kauf- und Mietkontrakt* geschlossen: Im § 1 verkauft Ehrich an Bohn Arbeitsgerät und Materialien, darunter 30 Stück Kippkarren und 750 Meter Geleise, für 6000 ℳ. Im § 2 ist bestimmt, daß der Kaufpreis durch Übernahme einer Bürgschaft für Ehrich dem dortigen Vorschußverein gegenüber in Höhe von 6000 ℳ berichtigt werde. Im § 3 wird die Übergabe der Kaufgegenstände sofort nach der Unterschrift des Vertrages in Aussicht genommen. Im § 4 vermietet Käufer dem Verkäufer die Sachen für 300 ℳ jährlich. Im § 5 gestattet Käufer dem Verkäufer, die Sachen innerhalb dreier Jahre für 6000 ℳ nebst den inzwischen davon aufgelaufenen Zinsen zurückzukaufen.

Hinter dem Vertrage ist von einem Zeugen bekundet, daß die Übergabe der Sachen erfolgt sei. Sie sind im Besitze des Ehrich geblieben und bei ihm nach zwei Monaten später für eine Forderung des Kaufmannes Holten von 2000 *M* nebst Zinsen und Kosten gepfändet worden.

Der Fuhrmann Bohn nimmt die Pfandstücke auf Grund des oben mitgeteilten Vertrages als sein Eigentum in Anspruch.

b) Von dem Möbelhändler Purnhagen waren dem Dr. Eiseck verschiedene Möbel unter Vorbehalt des Eigentums käuflich geliefert worden. Bald darauf ließ ein Gläubiger des Dr. Eiseck jene Möbel pfänden. Nun trat Purnhagen gegen den Gläubiger unter Berufung auf BGB. 985 auf.

Der Beklagte erwiderte, daß der Kläger den Kaufpreis von Dr. Eiseck bezahlt erhalten oder doch jedenfalls gestundet hätte; und daß deshalb nach BGB. 986 die erhobene Klage zurückzuweisen sei.

Worin unterscheiden sich diese Tatbestände von dem zuerst berichteten und untereinander in rechtlich bedeutsamer Weise? Wie ist der zweite und dritte Fall zu entscheiden?

6. Dem verstorbenen FRIEDRICH CHRISTIAN DIEZ, dem Begründer der romanischen Philologie, wurde 1883 von seinen Schülern und Verehrern ein Denkmal dadurch gesetzt, daß an seinem Geburtshause in Gießen eine kostbare Marmortafel mit entsprechender Inschrift angebracht wurde. Das Haus befand sich im Eigentume eines der Familie Diez ganz ferne stehenden Privatmannes, der jedoch die Erlaubnis zur Anbringung der Tafel bereitwillig und ohne besondere Bedingung erteilte. Die nötigen Geldmittel waren durch Sammlung seitens eines frei gebildeten Komitees aufgebracht worden, welches auch die Anbringung der Tafel besorgen ließ, die an jenem Tage dabei stattfindende Festlichkeit leitete und sich dann wieder auflöste.

An diesen einfachen Tatbestand lassen sich folgende interessante juristische Fragen anknüpfen:

a) Welches Rechtsverhältnis ist durch die Gestattung des Hauseigentümers und durch das Anbringen der Tafel für die letztere entstanden? Wer hat das Eigentum an der Tafel?

b) Wenn der Hauseigentümer später die Tafel nicht mehr dulden will, kann gegen ihn ein Anspruch auf ihre Belassung von den Diezschen Nachkommen und Erben erhoben werden? Oder von der Stadt Gießen? Oder dem Komitee? Oder den Spendern der Beiträge, von allen zusammen oder einzelnen? Was für ein Anspruch wäre das?

c) Muß umgekehrt der Hauseigentümer von irgend jemandem Wegschaffung der Tafel dulden? Oder daran etwa notwendige Ausbesserungen gestatten? Vielleicht Arbeiter in seine Wohnung lassen, mit oder ohne vorherige Sicherstellung?

d) Das Haus muß neu angestrichen werden. Besteht eine Verpflichtung, zur Schonung der Tafel eigene Vorsichtsmaßregeln zu treffen? Wer kommt für derartige besondere Unkosten auf?

e) Welches ist die Rechtsfolge, wenn das Haus baufällig wird und eingerissen werden muß?

f) Wenn die Tafel von einem Dritten beschmutzt, beschädigt oder entwendet werden sollte, wer hat gegen diesen eine *actio*, und welche?

7. Der Gastwirt A. schloß mit der Brauerei B. einen notariell beurkundeten Vertrag ab, wonach er sich und seine Nachfolger im Eigentume seines Hausgrundstückes verpflichtete, 15 Jahre lang auf seinem Grundstücke außer einem bayerischen Bier zu bestimmten Minimalpreisen nur das in der B.schen Brauerei gebraute Bier zu verschenken, — bei Meidung einer als Reugeld zu betrachtenden Vertragsstrafe von 5 ℳ für jedes Hektoliter fremden Bieres. Hierauf beantragte er in notarieller Urkunde, die eben gekennzeichnete Verpflichtung auf sein Grundstück in Abteilung II einzutragen.

Das Amtsgericht lehnte die Eintragung ab, weil der Vertrag sowohl seinem Inhalte nach unzulässig sei und gegen die Gewerbefreiheit verstoße, als auch gar kein eintragbares Rechtsverhältnis erschaffe.

Kann man zu einer weiteren Verfolgung im zuständigen Instanzenzuge raten?

8. Die Schifferzunft zu Neckarsteinach in Hessen besaß zu Anfang des 19. Jahrhunderts ein am Flusse gelegenes Grundstück, die *Baumgartenwiese*, eigentümlich. Diese wurde bei Auflösung der Zunft den 46 Mitgliedern zu Eigentum zugesprochen (nach damaligem Gesetze über die Auflösung der Zünfte).

Die 46 verkauften die Wiese 1841 an einen Gastwirt unter folgenden Bedingungen: 1. Den Verkäufern und ihren Nachkommen, jedoch von jedem Verkäufer nur Ein Glied, bleibt für ewige Zeiten das Recht vorbehalten, ihre Wasserfahrzeuge zum Schutze gegen Eisgang, sobald es erforderlich ist, auf die Baumgartenwiese zu stellen. Keinem der Berechtigten ist es aber gestattet, sein Recht an Dritte abzutreten. 2. Falls Verkäufer oder die Nachkommen aussterben sollten, treten die zu Neckarsteinach sonst vorhandenen Schiffer in die Rechte der Betreffenden ein, so daß diese Rechte niemals erlöschen; doch darf die Zahl der Berechtigten 46 niemals übersteigen. 3. Die hier vorbehaltenen Rechte sollen durch Änderung des Eigentumes am Grundstücke nie berührt werden.

Diese Wiese erbte in der Familie des Wirtes weiter, bis 1876 der größte Teil wegen des Baues der badischen Staatsbahn enteignet und dadurch das Grundstück für die Belegung mit Fahrzeugen unbrauchbar wurde.

Nun klagen 35 Schiffer gegen die Generaldirektion der badischen Staatsbahnen, als in ihrem Rechte durch die Zwangsenteignung verletzt, auf Schadensersatz von 5000 ℳ, um ein anderes zur Unterbringung der Schiffe geeignetes Grundstück zu kaufen.

Was für ein Rechtsverhältnis liegt hier vor? Welches ist sein Inhalt, und wer ist das berechtigte und das verpflichtete Subjekt? Was ergibt sich daraus des näheren für die angestellte Klage?

9. Im Grundbuche von Schewelhum Band I Blatt 17 steht in Abteilung III unter Nr. 10 eine Sicherungshypothek von 25000 ℳ für die Forderungen der Kreditbank in Saltern aus ihrer Geschäftsführung mit dem Ziegeleibesitzer Eukert eingetragen. Vor kurzem überreichte der Notar Alexander in Saltern dem dortigen Amtsgerichte eine notarielle Urkunde, worin der Grundeigentümer Eukert erklärt, die Sicherungshypothek solle an zweiter Stelle auch der Witwe Kosel in Saltern für ihre Forderungen aus dem Geschäftsverkehre mit ihm haften, während sie an erster Stelle der Kreditbank verhaftet bleiben sollte. Eukert hatte deshalb die entsprechende Eintragung im Grundbuche bewilligt und beantragt. Die Kreditbank in Saltern hatte zu der Erklärung des Eukert ihre Zustimmung erklärt.

Der Amtsrichter war sehr im Zweifel, ob er diesem Antrage stattgeben dürfe oder ihn ablehnen solle. Es kam dabei vor allem BGB. 1180, sodann 1190, sowie 185, 1 in Erwägung.

Wie ist nach diesen Gesetzesbestimmungen über jenen Zweifel zu befinden?

10. Der Bauspekulant Fritz kaufte von dem Rentner Heinrich ein großes Grundstück, wobei auf dieses für den gestundeten Rest des Preises mit 60000 ℳ eine erste Hypothek aufgelegt wurde. Im folgenden Jahre wurde zu Gunsten der Gothaer Kreditbank eine Hypothek von 30000 ℳ eingetragen; und bald darauf erhielt Fritz von der Süddeutschen Bodenkreditanstalt ein Darlehen von 80000 ℳ, bestellte dafür Hypothek an dem gedachten Grundstücke und unterwarf sich der sofortigen Zwangsvollstreckung. Heinrich und die Gothaer Kreditbank räumten dieser neuen Hypothek den Vorrang vor ihren Hypotheken ein. Nach einiger Zeit trat die Süddeutsche Bodenkreditbank von ihrer Forderung den Betrag von 20000 ℳ nebst allen hypothekarischen und sonstigen Rechten an den Maurermeister Wachs ab: welcher alsbald mit Heinrich, seinem Schwiegervater, Prioritätszession beredete und diesem für dessen oben erwähnte Hypothek den Vorrang vor der seinigen vertragsweise einräumte.

Welches ist die Rangordnung der verschiedenen Pfandrechte?

IV

Familienrecht.

1. In jüngster Zeit ist mehrfach die Behauptung aufgetreten, daß es nach unserem BGB. möglich sei, daß jemand zwei Ehegatten habe. Hiernach sind die folgenden Tatbestände zu prüfen und nach dem nun geltenden Familienrechte zutreffend zu bestimmen.

a) Herr N. war verheiratet und lebte mit Frau und Kindern in guten und geordneten Verhältnissen. Das einträchtige Zusammenleben wurde aber durch den Verdacht des Mannes getrübt, daß seine Frau mit einem beiden bekannten Lebemann ein Liebesverhältnis unterhalte. N. strengte die Scheidungsklage an und beantragte, daß der Lebemann bezüglich seines Verhältnisses zu der Beklagten eidlich vernommen werde. Dieser wurde denn auch als Zeuge geladen und beschwor, daß er zu Frau N. in unlauterer Beziehung gestanden habe. Daraufhin wurde die Ehe getrennt und

Frau N. für den schuldigen Teil erklärt. Ihr geschiedener Gatte verheiratete sich zum zweitenmal.

Frau N., von Mann und Kindern getrennt und ihrer Ehre beraubt, war zunächst der Verzweiflung nahe. Sie gewann nach und nach die Fassung wieder und beschloß, da sie sich schuldlos fühlte, wenigstens ihre Ehre herzustellen, koste es, was es wolle. Sie besprach sich zu dem Ende mit einem Rechtsanwalt, der ihr erklärte, ihre Ehre sei nur wieder herzustellen durch eine Wiederaufnahme des Ehescheidungsprozesses. Um eine solche aber veranlassen zu können, sei es erforderlich, den in diesem Prozeß vernommenen Zeugen des Meineides zu zeihen.

Man verfolgte den ehemaligen Zeugen teils persönlich, teils durch Privatdetektives auf Schritt und Tritt und brachte auf diese Weise genügendes Material zusammen, um mit Berechtigung den Schluß ziehen zu können, daß ein Mann, der ein derartig aller Ehrenhaftigkeit bares Leben führt, auch im stande sei, für den Betrag der Zeugengebühren sein Zeugnis durch einen falschen Eid zu bekräftigen. Frau N. reichte, gestützt auf das gesammelte Material, mit ihrem Anwalt einen Strafantrag wegen wissentlichen Meineides gegen den Zeugen ein und hatte die Genugtuung, daß dieser sowohl in der Voruntersuchung wie vor dem Schwurgericht reumütig bekannte, in dem Ehescheidungsprozeß gegen Frau N., mit der er niemals im vertrauten Verkehr gestanden hatte, einen Meineid geleistet zu haben. Er ward zu fünf Jahren Zuchthaus verurteilt.

Auf Grund dieses Urteils ward nun die Wiederaufnahme des Verfahrens eingeleitet und mit dem Erfolg beendet, daß das Urteil des Ehescheidungsprozesses aufgehoben und die Frau in den vor ihm bestehenden Stand versetzt, also als Ehefrau des N. wieder anerkannt wurde, obgleich dieser in einer anderen Ehe lebte, aus der gleichfalls Kinder hervorgegangen waren.

Den N. regte aber teils die Reue über die Behandlung seiner ersten Frau, teils die Lage, in die er geraten war, derart auf, daß er bald nach dem Ausgange des Wiederaufnahmeprozesses starb. Seinen Sarg umstanden ihm zwei gesetzlich zugesprochene Frauen, jede mit ihren Kindern.

b) Vor kurzem starb in Berlin der Schriftsteller Y. Er war österreichischer Untertan. Seine Frau, die er erst vor

Jahresfrist in Berlin geheiratet hatte, hielt sich für seine alleinige Erbin, da nähere Verwandte des Y. ihr nicht bekannt waren. Da erfuhr sie zu ihrer Überraschung, daß der Verstorbene in Wien noch eine Ehefrau hinterlassen hatte.

Mit dieser hatte Y. sich vordem auf Helgoland trauen lassen, und zwar nach der Zeit, da die Insel von den Engländern an Deutschland abgetreten worden war. Folglich mußte ihre Ehe, so sagte die Wienerin, in Deutschland anerkannt werden; da sie auf deutschem Gebiete nach deutschen Gesetzen geschlossen worden sei. Während die zweite Frau geltend machte, daß eine nach altem Helgoländer Brauch geschlossene Ehe nach den österreichischen Gesetzen keine Rechtsgültigkeit besitze.

c) Der Frau Marthe wird von Mephistopheles ein falscher Totenschein ihres in Wahrheit im Auslande noch lebenden Mannes übergeben. Daraufhin heiratet sie zum zweiten Male. — Cf. l. 12 (11) § 12 D. ad legem Juliam de adulteriis coercendis (48, 5).

d) Bei der Schließung einer Ehe ist der eine Ehegatte geschäftsunfähig. Er schließt, nachdem er geschäftsfähig geworden, eine neue Ehe, bestätigt aber später die erste Ehe. Hier scheinen beide Ehen gültig zu sein: die erste auf Grund der Bestätigung nach BGB. 1325, 2, — die zweite Ehe, weil zur Zeit ihrer Schließung die erste Ehe nach BGB. 1325, 1 nichtig gewesen war und deshalb der Gültigkeit der zweiten Ehe nichts im Wege stand.

e) Ein nicht mehr ganz junger Mann hatte sich in ein hübsches junges Mädchen verliebt, es entführt und geheiratet, trotzdem er bereits zwei Frauen angetraut war. Als die Sache rechtlich streitig wurde, behauptete er folgendes: *Ich habe mich dreimal verheiratet, das ist wahr, aber da meine erste Ehe gültig war, ist die zweite null und nichtig, da ich sie zu Lebzeiten meiner Frau einging. Ich bin also nur einmal rechtmäßig verheiratet gewesen. Die dritte Ehe ist wiederum gültig, da meine erste Frau mittlerweile gestorben ist, die zweite aber von vornherein ungültig war. Ich befinde mich also tatsächlich weder im Zustande der Bigamie, noch der Trigamie, sondern ganz regelmäßig in der Monogamie.*

2. Bei einem juristischen Berater erscheint der Vater einer Braut und bittet um den Entwurf eines Ehevertrages für seine

Tochter, da deren Bräutigam ihm, dem Schwiegervater, die Regelung dieser Angelegenheit frei überlassen habe. Dabei gibt er folgende Zielpunkte an, die er durch den beabsichtigten Vertrag erreicht sehen will:

Das Vermögen der Frau soll unter keinen Umständen für die Schulden des Mannes haften. Ich, der Schwiegervater, will, solange ich lebe, die meiner Tochter mitzugebende Mitgift selbst verwalten. Sodann bin ich der Ansicht, daß im kinderlosen Sterbefalle der überlebende Ehegatte der Nächste zu dem Vermögen sein soll, das der Verstorbene in die Ehe gebracht oder darin erworben hat; während überlebende Eltern das andere Vermögen des Erstverstorbenen bekommen sollen, andere Verwandte zur Vermeidung von Zwischenfällen beiseite zu bleiben hätten. Wenn Kinder da sein sollten, so wünsche ich, daß der überlebende Ehegatte außer dem gesetzlichen Erbteil (wie viel?) Verwaltung und Nutzung lebenslang habe, und zwar, ohne daß das Gericht oder eine andere Behörde sich einmengen kann. Sollte Inventarerrichtung nach dem Erbrechte des BGB. hier aber greifbare Vorteile bieten, so ist solche vorzuschreiben. In jedem Falle bitte ich, die Vorschriften des neuen Pflichtteilrechtes nicht zu verletzen. Sollte der überlebende Ehegatte sich wieder verheiraten, so wünsche ich die Bestimmungen des BGB. durch die hierüber geltenden Sätze des römischen Rechtes verschärft zu sehen.

Hiernach ist der gewünschte Vertrag aufzusetzen.

3. Die Neumanns Eheleute leben in Gütertrennung, auf Grund eines nach BGB. 1435 ordnungsmäßig eingetragenen Vertrages; die Frau hat ihr Vermögen nach BGB. 1430 dem Ehemanne übergeben. Zur Deckung alter, vor der Ehe eingegangener Schulden nimmt Neumann von Lindner ein Darlehen von 3000 ℳ auf, wofür sich Frau Neumann verbürgt. Die Geschäfte des Neumann gehen aber immer schlechter; endlich wird der Konkurs über ihn eröffnet. Seine Ehefrau erwirkt Rückgabe ihres eingebrachten Vermögens.

Nun wird sie von Lindner auf Zahlung der 3000 ℳ verklagt, da sie sich hierfür verbürgt habe und auch außerdem durch die vorzeitige Herausgabe ihres Vermögens ihre gesetzliche Verpflichtung, zu den Schulden des Mannes beizusteuern, nicht beseitigt wird.

Dem gegenüber führt der Anwalt der Beklagten aus: Seine Klientin besitze zur Zeit kein frei abgebbares Vermögen; die Einkünfte reichten gerade zu den nach BGB. 1427, 2 beizusteuernden Kosten. Diese müßten nach dem Sinne des BGB. allen anderen Schulden vorgehen, so daß diese Einkünfte für ihre, der Ehefrau, Schulden überhaupt nicht hafteten. Schulden des Mannes, die er vor dem Eheschluß gemacht, fielen aber niemals zu Lasten der Frau.

Wie hat das Urteil zu lauten? Und auf welchem Wege gelangt jeder der Streitteile zu seinem Rechte?

4. Nach dem Ableben des Ambros Kamp veräußerte dessen Witwe zweiter Ehe, mit der er in allgemeiner Gütergemeinschaft gelebt hatte, ihre Rechte auf das aus dem Nachlasse zu Erhaltende an Michler für einen Cessionspreis von 500 *M*. Etwas später trat Michler die von der Witwe Kamp ihm übertragenen Rechte an Krieger für 1200 *M* ab. Zu der Gütergemeinschaft des Ambros Kamp und seiner zweiten Ehefrau gehörte auch dessen Anteil an der Gütergemeinschaft seiner ersten Ehe und an dem beweglichen Vermögen, welchen Ambros Kamp von seinem vorverstorbenen Sohne Anton Kamp ererbt hatte. Auch diese beiden letzten Vermögensmassen waren noch nicht geteilt. Es lebten noch zwei Kinder erster Ehe, Eduard Kamp und Lisbeth Immerschitt, geb. Kamp.

In welcher Weise ist nach dem Rechte des BGB. diese Angelegenheit zu ordnen? Wie kann namentlich Krieger zu dem ihm Gebührenden gelangen? Was hat ein Gläubiger des Ambros Kamp zu tun, um seine Befriedigung zu erhalten?

Ferner: Können die zuletzt genannten Kinder erster Ehe nicht ein gesetzliches Vorkaufsrecht ausüben? Kommt etwas darauf an, wenn Michler selbst Miterbe des Ambros Kamp gewesen wäre?

5. Die Eheleute Tischlermeister X. lebten in allgemeiner Gütergemeinschaft. Während der Ehe erbte die Frau von einem Oheim 1000 *M*. Die Eheleute vereinbarten durch privatschriftlichen Vertrag, daß diese Summe Vorbehaltsgut der Ehefrau sein sollte.

Demnächst wurde die Ehe geschieden; der Mann in die Kosten des Prozesses verurteilt. Sie betrugen 1800 *M*.

Zur Zeit der Rechtskraft des Urteiles bestand das Vermögen der Eheleute in einem Wohnhause nebst Einrichtung, das auf 10000 *M* geschätzt wurde. Außerdem waren Kleider und Schmucksachen der Frau im Werte von 500 *M*, Kleider und

Tischlergeräte des Mannes im Werte von 1500 *M* vorhanden. Für Holz und dergleichen schuldete der Mann noch 3000 *M*.

Während der Ehe hatte die Ehefrau durch Unvorsichtigkeit einen Brand herbeigeführt; der angerichtete Schaden war mit 3000 *M* von dem Ehemanne vergütet.

Der Ehemann hatte während der Ehe, als er noch Geselle war, gegen den Willen seiner Frau einmal 300 *M* zu einer Streikkasse beigesteuert.

Die Kosten des Ehescheidungsprozesses waren noch nicht bezahlt. Der Ehemann wollte gerichtliche Auseinandersetzung beantragen.

Es ist der Auseinandersetzungsplan zu entwerfen; wobei bemerkt wird, daß beide Ehegatten ihre Kleider, Schmucksachen und Geräte zu behalten wünschen.

6. Die Mede'schen Eheleute leben in Errungenschaftsgemeinschaft. Für das von ihnen während der Ehe erworbene Wohnhaus in X. ist darum im Grundbuche als Eigentümer eingetragen: *Mede's Eheleute.* Nun stirbt der Ehemann und hinterläßt zwei Söhne als Erben. Ein Gläubiger der Frau will gegen diese wegen verfallener, rechtskräftig zuerkannter Schulden vorgehen. Kann er jetzt schon, vor Auflösung der Gemeinschaft und Auseinandersetzung der Beteiligten auf die ideelle Hälfte des Wohnhauses eine Hypothek eintragen lassen; oder wie ist sonst im Wege Rechtens zu verfahren?

7. Zwei Eheleute lebten in Fahrnisgemeinschaft. Der Ehemann erwarb mit Mitteln des Gesamtgutes ein Grundstück, verschenkte dieses aber ohne Wissen seiner Frau alsbald an den mit den Rechtsverhältnissen der Ehegatten bekannten X., der es schleunigst für 2000 *M* dem gutgläubigen Y. verkaufte und auf ließ.

Die Frau verklagte ohne Zustimmung des Mannes den X. auf Rückgewähr von 2000 *M*. Dieser ging, sobald er die Klage zugestellt erhalten hatte, mit dem Gelde nach Amerika. Das Schiff ging unterwegs mit Mann und Maus unter.

Die Frau nahm darauf die Klage zurück. Es waren aber bereits 100 *M* Kosten entstanden. Bei der demnächstigen Auseinandersetzung waren an Gesamtgut 2000 *M* bar vorhanden. Nach dem Auseinandersetzungsplane sollte jeder der beiden Ehegatten 1000 *M* erhalten. Die Ehefrau beanspruchte aber mit Rücksicht auf jene Vorgänge mehr.

Wieviel kann sie mit Recht im ganzen verlangen?

8. Eine Frage, die alsbald nach der Einführung des BGB. in lebhafte juristische Erörterung gezogen wurde, ist diese: Ist der Ehemann verpflichtet, seiner Frau, die gegen ihn auf Scheidung klagen will, einen Kostenvorschuß zu gewähren?

Ihre richtige Beantwortung hängt von dem jedesmaligen Güterstande der Ehegatten ab; und ist für die einzelnen Systeme in begründeter Art nachzuprüfen.

Dabei mag beachtet werden, daß in paralleler Weise die Frage der Pflicht zum Kostenvorschusse sich erheben kann, falls der Vater von seinen Kindern auf Unterhalt verklagt werden soll; — sei es, daß ihm die elterliche Gewalt noch zusteht oder nicht; und im ersten Falle wieder, je nachdem ihm die volle Ausübung der elterlichen Gewalt zusteht, oder einzelne Rechte ihm entzogen sind.

9. Romanus hatte mit Eudoxia ein Liebesverhältnis, dem eine Tochter entstammt war. Diese wurde von Nikolaus an Kindes Statt angenommen. Einige Zeit darauf gingen Romanus und Eudoxia die Ehe ein.

Es fragte sich nun: Wie es mit der elterlichen Gewalt über jenes Kind stände?

10. Tatbestand.

Der Beklagte ist ein unehelicher Sohn der Marie W. Im Taufschein wird er Paul v. d. P. genannt und bemerkt, daß die Mutter den Kläger, welcher denselben Namen führt, als Vater angegeben habe. Kläger, der einräumt, mit der Mutter des Kindes während der Empfängniszeit geschlechtlich verkehrt, auch Alimente für sie bezahlt zu haben, verlangt klagend die Feststellung, daß Beklagter nicht berechtigt sei, den Namen v. d. P. zu führen.

Beklagter wendet ein, daß Kläger ihm früher ausdrücklich gestattet habe, seinen Namen zu führen. Kläger gibt dies zu.

Ist die Klage begründet? Welche Bestimmungen kommen in Betracht? Hat das Vorbringen des Beklagten rechtliche Bedeutung?

11. A. klagte gegen seine Ehefran auf Scheidung wegen Ehebruchs. Es wurde festgestellt, daß sie am 31. Dezember v. J. mit dem B. die Ehe gebrochen hatte. Die Scheidung wird rechtskräftig ausgesprochen. Nach erhaltenem Dispens verheiratete sich die A. am 1. März d. J. mit dem B. wieder. Am 269. Tage desselben Jahres gebar sie einen Knaben.

Als wessen Kind gilt der Knabe?

Wenn A. den Nachweis führt, daß er während der Empfängniszeit mit der damaligen Frau A. den Beischlaf nicht vollzogen habe, und ein das Nichtbestehen der Vaterschaft feststellendes Erkenntnis erstreitet: Hat dann der Knabe als ehelich oder als unehelich zu gelten?

Kann der B. den Knaben an Kindesstatt annehmen?

BGB. 1591; 1600; 1719; 1741; — vgl. CPO. 643.

12. G. hatte eine liquide Forderung gegen ein von dem V. bevormundetes Mündel. Da der Vormund die Zahlung verzögerte, wandte sich G. an das Vormundschaftsgericht mit dem Antrage, den V. zur Zahlung anzuhalten. Das Gericht wies den Antrag ab, weil es sich in die vormundschaftliche Verwaltung im einzelnen nicht einzumischen habe und dem G. überlassen bleiben müsse, klagend vorzugehen. G. legte Beschwerde gegen diesen Beschluß ein.

Ist er dazu legitimiert? Ist die Beschwerde begründet?

V

Erbrecht.

1. Es hatte der A. in formlosem Vertrage dem B. versprochen, ein dem ersteren gehöriges Grundstück dem B. zu schenken. Nach einiger Zeit hatte A. dieses Versprechen durch ausdrückliche mündliche Erklärung bestätigt. Dann starb A. und wurde von C. beerbt.

Es fragte sich nunmehr:

a) Haftet der C. dem B.? Der letztere beruft sich auf BGB. 1922, wonach der Satz gelte, daß der Erbe für alle Rechtshandlungen des Erblassers einstehen müsse; wogegen C. meint, daß sich das nur auf feste Rechtsverhältnisse beziehe.

b) Wie stände es, wenn die erwähnte Schenkung zwar in gesetzlicher Form, aber über eine dem X. gehörige Sache abgeschlossen war?

c) Oder: über ein Grundstück, das im Eigentume des C. sich befand und befindet?

d) Eine Witwe hatte einen Acker, der ihrem zwanzigjährigen Sohne gehörte, ohne Genehmigung des Vormundschaftsgerichtes verkauft. Nach einem Jahre stirbt sie und wird von ihrem nun volljährigen Sohne beerbt. Ist dies von Einfluß auf die Veräußerung des Ackers?

2. Der am 16. Juli 1896 verstorbene Dichter Edmond de Goncourt hatte sein Vermögen einer mit seinem Nachlasse zu gründenden *Académie Goncourt* von jedesmal zehn Mitgliedern zugewendet. Die ersten Zehn hatte er im Testamente genannt. Beim Wegfalle eines von ihnen sollte Ergänzung durch Zuwahl der übrigen erfolgen. Aus den Zinsen seines Vermögens sollte jährlich ein Preis von 5000 Franken für den besten Roman erteilt werden; und die Mitglieder sollten eine Jahresrente von je 6000 Franken beziehen.

Wie Pariser Blätter meldeten, war diese Verfügung in einem eigenhändigen Testamente getroffen worden, das mit den Worten begann: *Da alle meine Verwandten in auskömmlichen oder sogar sehr guten Verhältnissen leben, so bestimme ich . . .*

Nach dem Tode Goncourts wurde zunächst eine Pflegschaft für den Nachlaß eingesetzt, deren Aufgabe einer Ordnung des Nachlasses sich in der Erledigung um so mehr verzögerte, als die im Testamente genannten Akademiker keine Miene machten, die *Académie Goncourt* zu konstituieren; wie man sagte, um es mit der großen *Académie française* nicht zu verderben.

Da meldete sich plötzlich eine in großer Bedürftigkeit lebende Verwandte Goncourts, die gegen dessen Testament gerichtlich vorging.

Sie machte geltend, daß das Testament das Datum vom Jahre 1885 trage; während es frühestens 1890 errichtet sei, wie aus dem Inhalt der Bestimmungen hervorgehe und auch von dem verklagten Erbschaftsverwalter nicht geleugnet werden konnte. Zudem müsse man doch sagen, daß in dem Testamente ein solcher Größenwahnsinn zum Vorschein komme, daß auch deshalb es zu streichen sei. Wollte man dies aber nicht — führte der Advokat der Klägerin aus —, so bleibe nur übrig, entweder in jener oben angeführten Eingangsklausel eine Erbeseinsetzung der bedürftigen Verwandten des Erblassers zu sehen, oder das Testament wegen Irrtums des Errichtenden für nichtig zu erklären: in beiden Fällen also der Klägerin ihr Erbteil zuzusprechen.

Wie würde dieser Fall nach dem Rechte unseres BGB. zu behandeln sein? Wer ist eigentlich die *Académie Goncourt* im

Sinne des Erblassers nach ihrer juristischen Bedeutung? War das Testament gültig? Hat die Klägerin einen Anspruch, und zwar, wenn sie a) die nächste gesetzliche Erbin gewesen wäre; b) oder vor ihr nähere Verwandte des Erblassers leben, die sich aber in guten Vermögensverhältnissen befanden?

3. Die Eheleute Andersen haben ein wechselseitiges Testament errichtet, in dem sie sich gegenseitig zu Erben einsetzen. Später machen sie einen Nachtrag. Durch diesen wird von ihnen der Armenverwaltung der Insel Romoe, auf der die Verfügenden leben, ein Vermächtnis ausgesetzt. Das nachträgliche Testament trägt kein weiteres Datum, als am Schlusse die Worte: *Romoe den*... Daneben hat der Prediger des Ortes amtlich beurkundet: *Pastorat zu Romoe den* ...

Die Testamente sind nach BGB. 2238, 1/1 a. E. (. . *oder eine Schrift* u. s. w.) errichtet. Dem Amtsrichter hatten die Andersens Eheleute erklärt, daß der vorgezeigte verschlossene Umschlag *ihren letzten Willen* enthalte; dann hatten sie diese Erklärung auf dem Umschlage unterzeichnet, und die Zeugen hatten ihre Unterschrift beigefügt.

Nach dem Tode des Ehemannes klagt die Armenverwaltung zu Romoe auf Auszahlung des Vermächtnisses. Die Witwe setzt den Einwand entgegen, daß das zweite Testament nach der Absicht des Verstorbenen erst durch Hinzufügung des absichtlich ausgelassenen Datums Gültigkeit hätte erlangen sollen. Die Klägerin erklärt dies für eine gleichgültige Mentalreservation, die Beklagte für eine wirksame Simulation, die ja nicht nur bei Verträgen vorkommen könne.

Wie ist hierüber zu befinden?

4. In einer Sammlung österreichischer Rechtsfälle von Fuchs ist folgender Rechtsfall mitgeteilt, der in einer Gesellschaft von Juristen und Laien zu lebhaftem Meinungsaustausche Anlaß gab.

Ein erst kurze Zeit verheirateter junger Mann wurde von einer schweren Krankheit befallen und machte als liebender und fürsorgender Gatte, der seiner Frau auch nach seinem Tode eine möglichst sichere und behagliche Zukunft schaffen wollte, Testament. Da seine Frau guter Hoffnung war, nahm er auch auf den zu erwartenden Sprößling Rücksicht und bestimmte, daß, wenn ein Sohn zur Welt käme, diesem von seinem 30 000 fl. betragenden Vermögen 20 000 fl., seiner Frau aber 10 000 fl. zufallen sollten, während, wenn eine Tochter geboren würde, dieser 10 000 fl. und der Mutter 20 000 fl. zu teil werden sollten. Der Mann starb und die Frau kam bald darauf mit Zwillingen, einem Knaben und einem Mädchen, nieder. Wie war nun die Erbschaft unter die drei Berechtigten zu teilen?

5. Zwei Eheleute hatten bei Gericht einen verschlossenen Umschlag als ihren letzten Willen enthaltend hinterlegt. Nach dem Tode der Frau wurde zur Testamentseröffnung geschritten. In dem Umschlage befanden sich zwei versiegelte Urkunden: die eine von außen bezeichnet als *wechselseitiges*, die andere als *gemeinsames* Testament der Eheleute. Auf der ersten stand: *zu eröffnen auf Vorableben eines der beiden Ehegatten;* auf der andern: *zu eröffnen auf Ableben des Letztlebenden der beiden Ehegatten.*

Fragen:

a) Wie steht es mit der Eröffnung und Verkündung des zweiten Testamentes?

Ist BGB. 2260 in Anwendung zu bringen, und auch das zweite Testament zu verkünden? Oder: Wird das *gemeinsame* Testament der Ehegatten, das für den Nachlaß *des Überlebenden* errichtet ist, durch den Tod des einen Ehegatten zu einem alleinigen Testamente des zuletzt Lebenden? Oder endlich: Ist BGB. 2273 zu befolgen, und das zweite Testament zu eröffnen, aber zwischen den Verfügungen der Ehegatten zu *sondern?*

b) In einem besonderen Falle entschloß sich das Erbschaftsgericht zu dem zuerst angegebenen Verfahren: Es wurde das gemeinschaftliche Testament in seinem vollen Umfange eröffnet und verkündet. Muß dann nach dem Tode des zuletzt versterbenden Ehegatten das gemeinschaftliche Testament noch einmal eröffnet und verkündet werden? Macht es einen Unterschied, ob der Überlebende nach dem gemeinschaftlichen Testamente das Recht behalten hatte, über seinen eigenen Kopfteil zu verfügen?

c) In einem gemeinschaftlichen Testamente hatten die Ehegatten für Dritte gewisse Vermächtnisse ausgesetzt; mit dem Zufügen, daß der Überlebende diese Vermächtnisse abändern und auch ganz widerrufen könne. Der eine Ehegatte stirbt. Das Testament wird nach BGB. 2273 eröffnet und verkündet. Hat das Nachlaßgericht nach BGB. 2262 die im Testamente genannten Vermächtnisnehmer von dem sie betreffenden Inhalte des Testamentes in Kenntnis zu setzen? Findet auf sie BGB. 2260 Anwendung?

6. Die verstorbene Witwe Z. hatte als Erben ihre Kinder A. und B. hinterlassen. A. erklärte sich vor Gericht zur Annahme der Erbschaft bereit; B. dagegen meldete schriftlich nur: *Sollte ich für meine Mutter garantiepflichtig sein, so verzichte ich auf deren Erbschaft.*

Nachmals meldet sich C., ein Gläubiger der Z., und erhält von A. und B. gemeinschaftlich die mündliche Zusage, daß die Erbschaftsschuld bezahlt werden solle, und C. nur seine Rechnung einreichen möge. Nachdem dies geschehen, weigert sich B., zu zahlen; A. ist unterdessen ohne Hinterlassung von Vermögen verschwunden.

C. klagt gegen B. als Erben. Dieser beruft sich auf seine frühere Erklärung. Dagegen meint C., daß jene keine nach dem BGB. gültige Entsagung bedeute; sie sei aber jedenfalls durch den späteren Verzicht weggefallen. In seiner Schlußerklärung erachtet B. das als eine nur dem A. zustehende Einwendung, der damals alleiniger Erbe verblieben wäre; auch könne von einem Vertrage zu Gunsten des Dritten, C., keine Rede sein.

Entscheidung?

7. Tatbestand.

Der Kläger X. hat an den A. eine Forderung von 500 *M* für geleistete Schmiedearbeit. A. stirbt im März. Er hatte mit seiner Ehefrau ein gemeinschaftliches Testament errichtet, in dem 1) die vier Kinder B., C., D. und E. zu gleichen Teilen als Erben eingesetzt waren; 2) die Ehegatten dem Längstlebenden von ihnen die lebenslängliche Nutznießung und Verwaltung des Vermögens des zuerst Versterbenden vermachten, mit dem Rechte der freien Veräußerungsbefugnis und Befreiung von Inventarerrichtung, Sicherheitsleistung und Rechnungslegung.

Die als Erben eingesetzten Kinder haben das Testament als echt und rechtsbeständig zu gerichtlichem Protokoll anerkannt und die ihnen angefallene Erbschaft angenommen. Innerhalb der laufenden Frist haben dann aber die Kinder C., D. und E. die Annahme der Erbschaft wegen Irrtums angefochten (BGB. 1955).

Nun macht X. seine erwähnte Forderung im Wege der Klage geltend. Er verlangt von der Witwe des A., als Nutznießerin und Verwalterin des Nachlasses Zahlung der Schuld und von den Kindern, als Erben, Einwilligung in die Zwangsvollstreckung in den Nachlaß des A.

Die Kinder C., D. und E. beriefen sich anf BGB. 1957. Der Kläger aber meinte, daß nicht die Anfechtung an und für sich genüge, sondern daß alsdann von den Anfechtenden auch dargelegt werden müsse, daß sie wirklich in einem nach BGB. 119 maßgeblichen Irrtume sich befunden hätten.

Dagegen wenden jene drei Beklagten ein, daß dies doch unmöglich bei jeder Klage irgend eines Erbschaftsgläubigers von neuem zu geschehen habe. Die Begründetheit der Anfechtung gehe nur die Erben und Vermächtnisnehmer etwas an. Wolle der Gläubiger sich nicht daran halten, so möge er die geschehene Anfechtung, die durch sich selbst wirke, seinerseits anfechten.

In dem Schlußworte erklärt der Kläger, in dem Vorbringen der Beklagten eine unzulässige Verschiebung der Beweislast zu erblicken. Da der angebliche Irrtum der Beklagten, die den Nachlaßrichter nicht zutreffend verstanden haben wollen, nicht klargelegt sei, so treffe dieser Nachteil seiner Meinung nach die, die sich bedeutsam geirrt haben wollen.

Wie ist hierüber zu erkennen?

8. Am 1. März starb der Regierungsrat Randel. Er hatte ein Testament hinterlassen, das am 5. März gerichtlich eröffnet wurde. In diesem hatte er seinen minderjährigen Enkel, Heinrich von Bessau, unter Auferlegen von Vermächtnissen und Gründen einer Familienstiftung zum alleinigen Erben eingesetzt und bestimmt, daß, solange dieser Enkel keine ehelichen Nachkommen habe, *sein Erbteil von dem Kuratorium der Familienstiftung verwaltet werden soll und der Enkel nur zum Nießbrauch seines Erbteiles berechtigt ist.*

Zur Zeit des Erbfalles war Heinrich von Bessau noch minderjährig und stand unter der elterlichen Gewalt seines Vaters, des Majors a. D. von Bessau.

Es erhoben sich folgende Fragen:

1. Von wem sind die Rechte des Kindes zu wahren? Fällt die angeführte Bestimmung des Testamentes unter BGB. 1638?
2. Liegt in der testamentarischen Änderung eine Beschwerung des Pflichtteiles nach BGB. 2306?
3. Wenn der gesetzliche Vertreter des Knaben (— s. Frage 1) für diesen die Erbschaft aus dem Testamente ausschlägt und den gesetzlichen Pflichtteil verlangt: Fällt dessen Verwaltung und Nutzung auch unter die Bestimmung des Testamentes und unter die Tätigkeit des Kuratoriums der Familienstiftung (vgl. BGB. 2085).

9. Das Gut W. ist im Grundbuche auf den Namen der Eheleute L. eingetragen. Der Ehemann L. ist gestorben und hat seine Witwe und seine Tochter als Erben hinterlassen. Eine Auseinandersetzung über den Nachlaß hat noch nicht stattgefunden.

Auf Antrag der Tochter hat das Amtsgericht die Zwangsversteigerung des ganzen Gutes W. zum Zwecke der Auseinandersetzung eingeleitet (RG. v. 27. März 1897 §§ 180 ff.).

Die Witwe L. legt hiergegen Beschwerde ein, weil die Zwangsversteigerung nur auf Antrag eines Erben mit Inventarrecht und nur bezüglich des Anteils des Erblassers zulässig sei; in keinem Fall könnten Miterben sie vor der Erbteilung fordern, da ihnen kein *Miteigentum* an den einzelnen Nachlaßstücken zu bestimmten Anteilen zustehe, sondern Gegenstand ihrer Gesamtberechtigung *die Erbschaft* als solche sei.

Dagegen führt der Anwalt der Antragstellerin aus, daß kein Grund vorliege, die Versteigerung auf den Anteil des Erblassers zu beschränken; da ja von der Gegenseite nicht geleugnet werden könne, daß die Tochter im Eigentum des Gutes mitberechtigt sei.

Es ist über die Beschwerde Beschluß zu fassen.

10. Es war A. von seiner Gläubigerin, der Firma B. & C., verklagt und zur Zahlung verurteilt worden. Da sich keine pfändbaren Gegenstände bei ihm vorfanden, so erwirkte B. & C. eine Pfändung des Anteiles des A. an einem Hause, welches gemeinschaftliches Eigentum der Mutter und des bereits verstorbenen Vaters des Schuldners A. war. Als auch die Mutter des A. starb, ging B. & C. im Wege der Zwangsvollstreckung vor.

Nun traten die zwei Geschwister und Miterben des A. klagend auf und beantragten Löschung des Pfandrechtes; da anderenfalls A. seiner Ausgleichungspflicht nach BGB. 2050 ff. nicht zu genügen im stande sein werde, er auch ohnehin, wie die vorgenommene Erbteilung ausweise, bereits mehr von seinen Eltern bei deren Lebzeiten erhalten habe, als sein Erbteil betrage, so daß das von B. & C. erwirkte Pfandrecht gegenstandlos sei.

B. & C. wollen dies aber nicht anerkennen. Nach dem Rechte des BGB. sei das Verhältnis unter Miterben, im Gegensatz zum römischen Rechte, nach den Grundsätzen der gesamten Hand zu beurteilen (BGB. 2032 ff.). Es sei jeder Erbe ohne weiteres an jedem einzelnen zur Erbschaft gehörigen Gegenstand zu einem, seinem Erbteile entsprechenden Anteile berechtigt, so daß von da ab jedes Pfandrecht wirksam sein müsse, auch ein früher bestelltes. Ob der A. seiner Ausgleichungspflicht noch genügen könne, sei jetzt gleichgültig, da jene nur einen persönlichen Anspruch der Miterben bedeute. Auch die Erbteilung, auf die sich die Gegner beriefen, sei ohne Einfluß, da die Zuwendungen der Eltern an den A. nur Darlehen gewesen seien, die der Ausgleichungspflicht nicht unterlägen.

In der Verhandlung macht der klägerische Anwalt namentlich noch darauf aufmerksam, daß A. die vorgenommene Erbteilung und seine Ausgleichungspflicht in dem jetzt von seinen Geschwistern behaupteten Umfange anerkannt habe; und daß die Miterben um so mehr der Firma B. & C. gegenüber berechtigt seien, als sie das fragliche Haus in der neulichen öffentlichen Versteigerung zu alleinigem Eigentum erworben hätten. Wogegen der Vertreter der Beklagten erwidert, daß ja dann die Erwerber jetzt selbst für die Pfandschuld hafteten, da der Pfandgegenstand doch natürlich nur mit der darauf haftenden Last auf die neuen Eigentümer übergegangen sei. Jenes Anerkenntnis des A. könne aber seiner Klientin nicht schaden, da dies eine bloß innere Angelegenheit der Miterben sei.

Was ist über diesen Streitfall begründetermaßen zu bemerken, und wie ist er richtig zu entscheiden?

Vierter Abschnitt.

Berühmte Civilrechtsfälle der neueren Zeit.

I

Der Prozeß des Müllers Arnold unter Friedrich dem Großen.

(1779)

1. Bei Pommerzig in der Neumark, Kreis Krossen, liegt an dem in die Oder fließenden Krebsbache eine Mühle, die seit langen Zeiten sich im Besitze der Familie Arnold befunden hatte.

Am 15. Januar 1710 hatte Hans Arnold diese *Erbmühle nach Anleitung des väterlichen Testaments* von seiner Mutter und den übrigen Erben des Vaters mit allem Zubehör, auch mit allen *Pflichten und Beschwerden*, wie solche *in dem väterlichen Kaufbriefe vom 4. Januar 1684 und in dem alten Kauf von 1668 beschrieben stehen* für 300 Taler gekauft. In dem Vertrage war namentlich hervorgehoben, daß er als *Käufer und Erbbesitzer* jährlich *der gebietenden Herrschaft*, nämlich dem Grafen von Schmettau, *drei Malter Korn, wie es in der Mühle erworben wird, und die Unterthanen dahin zu mahlen bringen, Pacht abzugeben, item Sechs Thaler Maßgeld* und *wegen des Oehl-Puchen und Stampen jährlich 4 Thaler* zu leisten verpflichtet sei.

Im Oktober 1762 verkaufte Hans Arnold die Krebsmühle seinem Sohne Christian; wobei der Käufer gleichfalls alle auf dem Grundstücke lastenden Pflichten unter Bezugnahme auf den Vertrag von 1710 übernahm. Der Kaufpreis betrug 300 Taler. Daneben hatte Käufer sich zur Entrichtung eines Ausgedinges an seinen Vater verpflichtet.

2. 1770 ließ der Nachbar des Müllers, der Landrat und Ritterschaftsdirektor v. Gersdorff auf Kay, oberhalb der Krebsmühle nahe dem Fließe, welches die Mühle trieb, drei Karpfenteiche einrichten und aus dem Mühlenfließe bewässern. Der Bach wurde zu dem Zwecke mit den Teichen durch eine Schleuse verbunden.

Bisher war Arnold seinen Verbindlichkeiten gegen die Gutsherrschaft nachgekommen; seit Johanni 1771 aber blieb er im Rückstande und entschuldigte sich mit der Behauptung, die Mühle gehe nicht mehr regelmäßig, wie früher, weil infolge der Anlegung der Karpfenteiche der Zufluß des Wassers sehr erheblich vermindert sei; er könne nur noch im Frühjahre und Herbste, wenn der Wasserzufluß stark sei, eine kurze Zeit regelmäßig mahlen. Graf Schmettau gewährte zuerst billige Zahlungsfristen; klagte dann bei weiterer Säumnis die Arnolds Eheleute aus, und als diese ihren hierauf rechtskräftig festgestellten Verpflichtungen doch nicht nachkamen, so wurde die Krebsmühle zur Zwangsversteigerung gebracht. Diese fand am 7. September 1778 statt, wobei die Mühle von dem Gerichte zu Pommerzig dem Meistbietenden, Landeinnehmer Kuppisch in Züllichau, in gesetzlicher Form, für 600 Taler zugeschlagen wurde. Kuppisch überließ nachmals die Mühle an v. Gersdorff, der sie später für 800 Taler der Witwe Poelchen verkaufte.

3. Über jenen Ausgang führten die Arnold'schen Eheleute vielfache Beschwerde, erst an die Neumärkische Regierung, dann bei König Friedrich selbst; als deren Ergebnis endlich ein Civilprozeß zwischen dem Müller Arnold und dem Landrat v. Gersdorff entstand, der vor der zuständigen Behörde, der Neumärkischen Kriegs- und Domänenkammer zu Küstrin, in erster Instanz verhandelt und entschieden wurde.

Kläger verlangte Wiedereinräumung der Mühle. Die gerichtliche Veräußerung dieser sei nichtig, weil Graf Schmettau verpflichtet gewesen wäre, ihn gegen v. Gersdorff zu schützen und deshalb die Zwangsversteigerung der Krebsmühle wegen des ohne seine Schuld aufgelaufenen Zinses nicht habe verlangen dürfen. Sodann wurde gegen v. Gersdorff auf Schadensersatz geklagt; da durch Anlegung der Karpfenteiche und hierdurch geschehene Wasserentziehung dem Müller ein jährlicher Schaden von mindestens 100 Talern entstanden sei. Endlich wurde Ersatz von sieben Schock Korn und drei Schober Heu gefordert, welches den klagenden Eheleuten gehört, und obwohl es mit der Zwangsversteigerung der Mühle gar nichts zu tun gehabt, ihnen ohne jeden rechtlichen Grund weggenommen und dem Ersteher mitübergeben worden sei.

v. Gersdorff machte geltend, daß er lediglich alte Teiche wiederhergestellt habe, wozu seine Vorfahren laut vorgelegter Urkunde von 1566 durch die Vorbesitzer des Grafen Schmettau das Recht erlangt hätten. *Kein Mensch in der Welt sei berechtigt, etwas einzuwenden, am wenigsten aber der Müller Arnold, als dessen Vorfahren die bei Errichtung der oft gedachten Verträge schon existierte Krebsmühle besessen.*

Dagegen bemerkte der Müller, er bestreite dem Beklagten nicht das Recht, alte Teiche wiederherzustellen; die Urkunde von 1566 wolle er durchaus *in ihren Würden lassen*, es sei ihm auch überliefert, daß auf Kay Karpfenteiche früher gewesen seien; diese Teiche hätten aber näher an der Schneidemühle gelegen und das Fließ wäre durch dieselben geflossen; die jetzt eingerichteten Teiche seien von ganz anderer Beschaffenheit, denn in diese würde das Wasser hineingeleitet und verdämmt; so daß es nicht wieder herausfließen könne.

Hierauf entgegnete v. Gersdorff: *Da er sich nun bloß seines Rechtes bedient, so kümmere es ihm nicht, wenn etwa den Klägern das Wasser entzogen seyn solte,* das ergäbe *der gesunde Menschenverstand;* sonst würde *die größte Ungerechtigkeit begangen und ihm sein offenbares Eigentum und wohl hergebrachtes Recht geraubt.*

Der Müller machte noch eingehende Angaben zu den Akten, wonach und wie die Größe seines Schadens zu berechnen sei.

4. Am 28. Oktober 1779 erkannte die Neumärkische Regierung durch Urteil zu Recht: daß die Eheleute Arnold mit ihren Ansprüchen auf Wiedereinräumung der Mühle, wie auf Erstattung des ihnen durch Wiedereinrichtung der Karpfenteiche angeblich entstandenen Schadens abzuweisen seien. Das erstere deshalb, weil die Krebsmühle in ordentlichem Zwangsverfahren dem Meistbietenden zugeschlagen worden sei; die Forderung auf Schadensersatz, weil 1. das Mühlenfließ ein Privatwasser sei, mit welchem der Eigentümer, ohne Rücksicht auf den Nachteil eines anderen machen dürfe, was er wolle (L. 24 § 12 und l. 26 D. de damno infecto 39, 2; Mevius, Decisiones IV dec. 39; Horn in Polacks Mathesi forensi sect. IV ad § 52; Stryk, Usus modernus pandectarum ad tit. serv. praed. rustic. §§ 8, 9; Oraculum iuris, tom. X pars 11 c. 8, 70. Bedenken p. 343 *et doctores ibi allegati*), so daß selbst das landesherrliche Privileg den Begünstigten nicht dagegen schützen könne, vielmehr das Recht des Dritten unversehrt lasse; 2. dem v. Gersdorff aus einem Vergleiche seiner Vorfahren mit den Vorfahren des Grafen Schmettau, am Donnerstag nach Jubilate 1566, das Recht zu Anlegung eines Teiches ausdrücklich erstattet worden; welchen Vergleich Arnold gegen sich gelten lassen müsse, weil er von denen herrühre, von welchen er sein Erbrecht auf die Mühle allein ableiten könne. Bezüglich der sonstigen Ersatzforderungen wurde für 15 Scheffel Roggen zu Gunsten des Klägers, sonst abweisend erkannt.

5. Die abgewiesenen Arnolds Eheleute verfolgten die Sache weiter. Zweite Instanz war das Kammergericht, das am 8. Dezember 1779 das Urteil der Neumärkischen Regierung in den Hauptpunkten bestätigte.

Aus den Gründen: .. *Es konnte aber auch dem v. Gersdorff die Retablirung des Teiches nicht verwehret werden; er konnte sich auch zu Bewässerung desselben des Wassers aus dem Flusse bedienen. Denn insofern es durch seinen Grund und Boden läuft, gehört es ihm eigenthümlich zu, und derjenige thut dem Anderen kein Unrecht, welcher sich des ihm zustehenden Rechtes bedient. — Aus allem diesen geht die Unerheblichkeit des ersteren Klagepunktes zur Genüge hervor. Bei dem zweiten Klagepunkte fordern die klagenden Eheleute ihre Mühle wieder. Diese Forderung ist ebenfalls höchst widerrechtlich. Denn da sie ihrer Grundherrschaft den schuldigen Zins nicht ablieferten, so war diese berechtigt, auf den Verkauf ihrer Mühle zu dringen; und hierbei ist alles dasjenige beobachtet worden, was der Codex Fridericianus und die deshalb gegebenen allerhöchsten Landesgesetze vorschrieben. — Die zweite Beschwerde ist gegründet. Denn da aus dem Protocoll, das bei dem Verkaufe der Mühle abgehalten worden, hervorgeht, daß das damals auf der Mühle vorrätig gewesene Korn nicht mit verkauft worden; so muß der Beklagte dem Kläger den Wert desselben ersetzen. Die Forderung wegen eines Schober Heu ist ungegründet. Denn da die Arnoldschen Eheleute selbigen erst gemacht haben, nachdem die Mühle schon verkauft war; so gehört derselbe dem neuen Käufer.*

6. Der König verlangte Abschrift des Urteiles; er war über dieses sehr aufgebracht. Der Großkanzler v. Fürst wurde mit den Kammergerichtsräten Ransleben (dem Referenten), Friedel und Graun auf das Schloß beschieden und wegen ihres Urteilspruches hart angelassen; der erstere sofort seines Amtes entlassen, die Räte in Arrest gesetzt.

Seiner eigenen Überzeugung gab Friedrich II. in folgendem, von ihm diktierten Protokoll grundsätzlichen Ausdruck:

Von Sr. K. M. Höchstselbst abgehaltenes Protocoll den 11. Dezember 1779 über die drei Cammergerichts-Räthe Friedel, Graun und Ransleben.

Auf die Allerhöchste Frage: Wenn man eine Sentenz gegen einen Bauer sprechen will, dem man seinen Wagen und Pflug und alles genommen hat, wovon er sich nähren und seine Abgaben bezahlen soll: Kann man das thun?

Ist von selbigen mit „Nein“ geantwortet.

Ferner: Kann man einem Müller, der kein Wasser hat, und also nicht mahlen und auch nichts verdienen kann, die Mühle deshalb nehmen, weil er keine Pacht bezahlt hat. Ist das gerecht?

Wurde auch mit „Nein“ beantwortet.

Hier ist aber nun ein Edelmann, der will einen Teich machen, und um mehr Wasser in dem Teich zu haben, so läßt er einen Graben machen, um das Wasser aus einem kleinen Fluß, der eine Wassermühle treibt, in seinen Teich zu leiten. Der Müller verliert dadurch das Wasser und kann nicht mahlen. Und wenn was noch möglich wäre, so ist es, daß er im Frühjahre 14 Tage und im späten Herbst noch etwa 14 mahlen kann. Dennoch wird praetendirt, der Müller soll seine Zinsen nach wie vor geben, die er sonst entrichtet hat, da er noch das volle Wasser vor seiner Mühle gehabt. Er kann aber die Zinsen nicht bezahlen, weil er die Einnahme nicht mehr hat. Was tut die Cüstrinsche Justiz? Sie befiehlt, daß die Mühle verkauft werden soll, damit der Edelmann seine Pacht kriegt. Und das hiesige Cammergerichts-Tribunal approbiert solches. Das ist höchst ungerecht, und dieser Ausspruch Sr. Königl. Landesväterlichen Intention ganz und gar entgegen. Höchstdieselben wollen vielmehr, daß Jedermann, er sei vornehm oder geringe, reich oder arm, eine prompte Justiz administriret und einem jeglichen Dero Untertanen, ohne Ansehen der Person und des Standes, durchgehendes ein unparteiisches Recht wiederfahren soll.

Se. K. M. werden dahero in Ansehung der wider den Müller Arnold aus der Pommerziger Krebsmühle in der Neumark abgesprochenen Sache ein Exempel statuiren, damit sämtliche Justiz-Collegia in allen dero Provinzien sich daran

spiegeln, und keine dergleichen grobe Ungerechtigkeiten begehen möge. Denn sie müssen nur wissen, daß der geringste Bauer, ja was noch mehr ist, der Bettler, eben sowohl ein Mensch ist, wie Seine Majestät sind, und dem alle Justiz muß wiederfahren werden, indem vor der Justiz alle Leute gleich sind, es mag sein ein Prinz, der wider einen Bauer klagt, oder auch umgekehrt, so ist der Prinz vor der Justiz dem Bauer gleich; und bei solchen Gelegenheiten muß pur nach der Gerechtigkeit verfahren werden, ohne Ansehn der Person. Darnach mögen sich die Justiz-Collegia in allen Provinzien nur zu richten haben, und wo sie nicht mit der Justiz ohne alles Ansehen der Person und des Standes gerade durch gehen, sondern die natürliche Billigkeit bei Seite setzen, so sollen sie es mit Sr. K. M. zu thun kriegen. Denn ein Justiz-Collegium, das Ungerechtigkeiten ausübt, ist gefährlicher und schlimmer, wie eine Diebesbande, vor die kann man sich schützen; aber vor Schelme, die den Mantel der Justiz gebrauchen, um ihre üble Passiones auszuführen, vor die kann sich kein Mensch hüten. Die sind ärger, wie die größten Spitzbuben, die in der Welt sind, und meritiren eine doppelte Bestrafung . . .
Berlin, den 11. Dezember 1779. (gez.) Friderich.

7. Noch an demselben Tage, den 11. Dezember, ergingen Kabinettsorders an den Staatsminister Freiherrn v. Zedlitz und an den Kommandanten Major v. Köthen in Küstrin, wodurch gegen die am Prozesse beteiligten Richter das Strafverfahren vor dem Kammergerichte zu eröffnen befohlen wurde.

Bei der hiernach eingeleiteten Untersuchung erklärte der angeklagte Regierungsrat Scheibler aus Küstrin als seine Rechtsansicht: 1) Auf die Frage, hat Graf Schmettau das Recht gehabt, die Mühle wegen rückständiger Pacht zu verkaufen, obgleich dem Müller durch den Teich das Wasser entzogen worden? — Die Frage entscheidet sich von selbst, daß Graf Schmettau das Recht habe, seinen Müller auszuklagen, und müßte sich derselbe an denjenigen halten, der ihm den Schaden zugefügt. Dies stand auch schon rechtskräftig fest, und gegen Gesetze und Urteilsprüche durfte ich nicht stimmen. Das Versteigerungsgeschäft war gesetzlich, und die Hypothekenordnung vom 4. August 1750 § 8 schützt dergleichen Kauf vor allen Anfechtungen (Kornsche Ediktensammlung Bd. 5 S. 348); auch tritt nach dem Edikte vom 10. Juli 1771, wenn einmal ein Grundstück gesetzlich verkauft ist, das Kaufgeld an die Stelle der verkauften Sache. — 2) Auf die Frage: Hat v. Gersdorff das Recht gehabt, an dem Mühlenflusse einen Teich anzulegen und dem Müller das Wasser zu entziehen? — den Punkt habe ich ganz verneint; denn der Fall ist durch klare Gesetze nicht entschieden; es bleibt nichts übrig, als auf die Analogie der Gesetze und auf die Landesverfassung zurückzugehen. Grotius sagt, daß ein Fluß als Fluß betrachtet dem ganzen Volke offen stehe, durch dessen Land er fließet, und er macht dabei keinen Unterschied zwischen öffentlichen und zwischen Privatflüssen. Aus dieser Theorie folgt soviel, daß alle diejenigen Eigentümer, durch deren Grundstücke der Fluß gehet, einen kommunen Gebrauch davon zu machen berechtigt und verbunden sind. Bei öffentlichen Flüssen ist dies Recht beschränkt und gehört dem Landesherrn, weil öffentliche Flüsse zu den Regalien gezählet werden; bei Privatflüssen dagegen bleibt es, meiner Meinung nach, bei der Regel, daß, wenn dergleichen Gewässer durch mehrere Gebiete oder durch Ländereien verschiedener Herren fließen, solche in Ansehung des Gebrauches ihnen allen kommun sind und also, nach der Idee der Kommunion, keiner darüber eigenmächtig, zum Schaden des anderen, schalten kann. Diese Meinung entspricht denn auch der allgemeinen Landesverfassung: In der Neumark kann nämlich niemand eine Mühle haben, der nicht selbst oder dessen Vorfahren nicht von Sr. Majestät damit beliehen worden. Wenn nun jemand Jahrhunderte lang eine Mühle besitzt, so kann man unmöglich annehmen, daß er solche heimlich und ohne Zuziehung seiner Nachbarn oder derer, die das Recht des Widerspruchs haben, angelegt. In dem Landtagsabschiede des Markgrafen Johann Georg an die Neumärkischen Stände von 1572 verspricht ihnen derselbe, sie mit Mühlengerechtigkeiten zu begnadigen, will aber zuvor Erkundigung nehmen, ob solches ohne Schaden seiner landesherrlichen Rechte oder anderer benachbarter Müller geschehen könne (Mylius, CCM. VI, 1 Nr. 32). Man muß daher annehmnen, daß diese Untersuchung bei jedem Besitzer einer Mühle vorangegangen, woraus denn die natürliche Folge entstehet, daß er bei seiner Mühlengerechtigkeit geschützt und auf keine Weise darin beeinträchtigt werden müsse. Dieser Landtagsabschied geht zwar nicht geradezu auf das Herzogtum Krossen, worin die Krebsmühle liegt; aber der Geist des Gesetzgebers und die Analogie der Gesetze überzeugen mich, daß dieses Gesetz auch auf andere Provinzen auszudehnen sei. Das Regierungs-Kollegium hat diese Gründe meiner Meinung nicht gelten lassen.

Dagegen veröffentlichte der mitangeschuldigte Regierungsrat Neumann in SCHLÖZERS Staatsanzeiger einen Brief mit folgender anderer Auffassung: Bei dem Mangel eines diesen Fall klar entscheidenden Gesetzes in dem *corpore iuris civilis* und den Märkschen Landesgesetzen fiel in das Gewicht, daß der berühmte Rechtslehrer STRYK und mehrere bewährte Rechtslehrer behaupten, und zwar nach meiner Überzeugung dem *iuri naturali* gemäß: daß, wenn von einem *flumine privato* die Rede sei, derjenige Vorliegende, durch dessen Grund und Boden das *flumen privatum* fließet, das Recht habe, sich des darin fließenden Wassers zu seinem Nutzen zu bedienen, wenngleich dem Unterliegenden dadurch das Wasser entzogen wird und derselbe mithin davon Schaden hat. .. Sie selbst werden es, auch nach dem bloß natürlichen Rechte gleich einsehen, daß, wenn ich als Grundherr meines Gutes von meinem Müller Mühlenpacht haben will, ich ihm das Wasser, womit eben die Pacht erworben werden soll, nicht nehmen darf. Dahingegen, wenn ich in Absicht des Müllers und seines Grundherrn ein *Tertius* bin, der mit ihnen in keiner Verbindung stehet; was frage ich alsdann bei den Einrichtungen, so ich auf meinem Grund und Boden mache, nach dem *iuri naturali* danach, ob der Müller Arnold Schaden davon habe oder nicht, und ob er als Müller bestehen könne oder nicht. Genug, ich bin der Herr von dem Wasser, was auf meinem Grund und Boden fließt, und habe also auch das Recht, mich dessen so gut ich kann zu meinem Vorteil zu bedienen.

Endlich war für die streitige Rechtsauffassung noch eine Erklärung des Kammergerichtsrates Ransleben von Interesse. Obwohl Arnold, hatte er am Rande seines Gutachtens ausgeführt, in dem Vertrage von 1718 ein Erbbesitzer genannt werde, und obwohl bei Erbzinsgütern nach den römischen Gesetzen gar keine Herabsetzung des Zinses statthabe, so finde doch nach gegenwärtiger Verfassung ein Unterschied statt Da von der Mühle jährlich 3 Malter Korn und außerdem zusammen 10 Taler zu leisten seien, so sei gewiß, daß der Zins mit den Einkünften der Mühle in Verhältnis stehe, und es sei klar, daß der Zins nicht bloß *in recognitionem, dominii directi* dergestalt fortgesetzt worden. Wenn aber bei einem Erbzinsgute der Erbzins oder der Zins gegen die Nutzung desselben im Verhältnisse stehe, und der Besitzer an der Erhaltung der völligen Nutzung ohne seine völlige Schuld gehindert worden, so müsse demselben ein billiger Erlaß der jährlichen Abgabe im Verhältnisse des erlittenen Schadens angedeihen, indem dafür zu halten, daß alsdann der *canon* mehr *pro usu rei*, als *in recognitionem dominii* gegeben worden. Das sei auch die Ansicht von Voet, Comment. ad pand. VI, 3 §§ 16, 19. . . Danach hatte er (Ransleben) anheimgestellt, den Arnolds Eheleuten ein *separatum* gegen die Gutsherrschaft nachzulassen oder ihnen dies wenigstens in den Gründen zu sagen.

8. Hierauf erstattete der Kriminalsenat des Kammergerichtes unter dem 26. Dezember 1779 einen Bericht, in dem er sich für völlige Freisprechung der angeschuldigten Richter aussprach. Bezüglich der streitig gewordenen Civilrechtsfrage äußerte sich das Gutachten dahin:

In Ermangelung eines Landrechtes oder eines ausdrücklich darüber sprechenden Landesgesetzes nahmen beide *Collegia*, mit Beistimmung des allgemein anerkannten Naturrechtes und einiger Gesetze aus dem gemeinen römischen Rechte, worauf, wenn Landesgesetze fehlen, nach landesherrlichen Verordnungen zurückgegangen werden muß; imgleichen mit Beifall der berühmtesten Rechtslehrer als einen richtigen Rechtssatz an: daß ein jeder Eigentümer oder Gutsherr auf seinem Grund und Boden nach Gefallen bauen und Anlagen machen, folglich auch das Wasser eines durch sein Gut strömenden Fließes nach Gefallen nutzen und anwenden könne; ohne sich an die *Convenienz* seiner Nachbarn zu kehren; insofern nicht Landespolizeigesetze oder Verträge und *Conventionen* mit Nachbarn ihm Grenzen setzen.

Hier trat besonders der merkwürdige Umstand hinzu: daß der v. Gersdorff ein von dem hochseligen Markgrafen Johann landesherrlich bestätigtes Dokument und Vertrag *de Anno* 1566 produzierte, welches auch von dem Gegenteil rekognosziert wurde und dadurch völlig nachwies: *daß schon die damaligen Besitzer von Pommerzig, die von Kalkreuth, seinen Vorfahren, denen v. Gersdorff auf Kay, die Haltung des jetzt quaest. Teiches und die freie Nutzung und Disposition über denselben zugestanden hätten.*

War es richtig, daß kein Landesgesetz und kein widriger Vertrag mit Nachbarn der natürlichen Freiheit und Befugnis der v. Gersdorff, seinen Grund und Boden, nebst dem durchströmenden Fließ zu nutzen, Grenzen setzte; hatte er vielmehr das Dokument 1566 als einen alten nachbarlichen Vertrag vor sich . . und befand er sich seit mehr als 200 Jahren in dem Besitz dieses landesherrlich bestätigten Rechtes; so konnte ihm solches so wenig jetzt als jemals rechtlich bestritten oder entzogen werden.

Er gebraucht sich nur seines Rechtes und nach den Naturrechten und Gesetzen gilt der Rechtssatz:

Wer sich seines Rechtes bedient, tut niemandem Unrecht.

9. Der Staatsminister v. Zedlitz berichtete im Sinne dieses Gutachtens. Der König aber ließ sich nun die sämtlichen Akten kommen, und nachdem er sie drei Tage lang gelesen, so erließ er am 1. Januar 1780 *An den Ersten und Criminal-Senat des Cammergerichts* eine Kabinettsordre: Die Räte Scheibel und Ransleben seien alsbald aus der Haft zu entlassen; dagegen würden die Regierungs- und Kammergerichtsräte Busch, Neumann, Bandel, Friedel und Graun und der Pommerziger Justiziarius Schlecker sämtlich kassiert, und überdies ein jeder mit einjähriger Festungsstrafe belegt. *Überdem müssen sie den Wert der Arnoldschen Mühle sowohl, als auch ihm selbst allen seinen gehabten Verlust und Schaden, der ihm bei dieser Sache verursacht worden, nach der von der Neumärkischen Kammer dafür anzufertigenden Taxe aus ihren eigenen Mitteln bezahlen, mithin solchergestalt der Müller Arnold völlig in integrum restituiert werden.*

Schon am folgenden Tage wurde der König schwankend. Er sandte dem Minister v. Zedlitz diesen Erlaß: *M. l. Et. M. v. Zedlitz. Ihr müßt die Urteile, die Ich Euch zugeschickt, noch nicht in die Expedition geben. Ich will durchaus keine Ungerechtigkeit begehen. Bedenket doch nur selbst, wie verwickelt die Sache ist. Wenn einer eine Mauer auch auf seinem territorio so hoch aufführt, daß er einem Windmüller dadurch den Wind nimmt, muß er ihm denn nicht den Schaden ersetzen? Ist es nun nicht ebenso, wenn man einem Wassermüller das Wasser nimmt? Ich will ja kein ungerechtes Urteil fällen. Sind die Leute unschuldig, so sollen sie nicht gestraft werden.*

Noch an demselben Tage hat v. Zedlitz geantwortet; soviel bekannt geworden ist, mit diesem Wortlaut: *Ew. Majestät geben mir das Leben wieder, da Sie deklarieren, Sie wollten keine Unschuldigen strafen. Auf die Art wird die große Erschütterung, die diese Sache in der Justiz, nicht nur in E. K. M. Landen, sondern auch auswärts gemacht hat, gewiß keinen Schaden tun. Die Fragen und Exempel, die mir Ew. K. Majestät mit väterlicher Gnade vorlegen, sind so einleuchtend und plan, daß sich nichts dagegen sagen läßt. Nur möchte ich untertänigst bitten, noch eine hinzufügen zu dürfen, nämlich: ist auch wirklich eine solche Mauer aufgeführt worden? — ist wirklich dem Müller Wasser entzogen worden? . .*

Darauf erging am 3. Januar 1780 ein weiterer königlicher Erlaß, wonach es bei der oben erwähnten Sentenz zu verbleiben habe. Am 5. Januar wurde dies den Beschuldigten bekannt gegeben; Scheibler und Ransleben wurden entlassen, die Verurteilten aber am 7. Januar nach Spandau abgeführt.

Schon am 20. Dezember 1779 hatte Arnold seine Mühle wieder erhalten. Der entstandene Schaden wurde auf 984 Tlr. 12 Gr. 10 Pf. festgesetzt und von den verurteilten Richtern bezahlt. Der Witwe Poelchen wurden die von ihr an v. Gersdorff gezahlten 800 Tlr. in Höhe von 600 Tlrn. von der Gräfin Schmettau, welche sich auf Anfrage der Regierung dazu bereit erklärt hatte, und in Höhe von 200 Tlrn. von v. Gersdorff ersetzt. Die Karpfenteiche wurden beseitigt, indem die Einlaßschleusen zerstört wurden.

10. Nach dem Tode Friedrichs des Großen wurde die Arnoldsche Sache wieder aufgenommen.

Auf Anträge des v. Gersdorff und dann des früheren Präsidenten Grafen v. Finckenstein wurde das vormalige Strafverfahren revidiert und nun durch Erlaß Friedrich Wilhelms II. vom 14. November 1786 dahin abgeschlossen: daß die sämtlichen von Friedrich II. verurteilten Justizbedienten für unschuldig erklärt und ihnen ihre Rechte wegen des erlittenen Schadens vorbehalten wurden.

Hierauf berichtete der Großkanzler v. Carmer auf königliche Anfrage: Durch die Aufhebung des *Machtspruches* sei der Prozeß wieder in die frühere Lage gekommen, und es müßten die beiden Fragen: ob v. Gersdorff das Wasser aus dem Graben zu nehmen berechtigt, oder nicht vielmehr dem Arnold den durch die angebliche Entziehung des Wassers verursachten Schaden zu vergüten schuldig sei, — vom Obertribunal, als der zuständigen dritten Instanz, endgültig entschieden werden. Was der König am 15. Dezember 1786 genehmigte.

Das Obertribunal hat sodann in einem am 17. Juli 1787 eingesandten Erkenntnisse dahin geurteilt, daß das Urteil des Kammergerichtes zu bestätigen sei.

Aus den Gründen ist hier folgende Ausführung von Interesse: Der Entscheidungsgrund der beiden vorigen Urteile, daß einem jeden, durch dessen Grund und Boden ein Mühlenfließ läuft, frei steht, dem unten liegenden Müller durch Anlegung eines Karpfenteiches das nötige Wasser zu entziehen, ist zwar vom Obertribunal nicht angenommen worden, weil in der Mark keine Mühle ohne landesherrliche Konzession errichtet werden kann, und diese nie ohne vorherige Vernehmung der Nachbarn erteilt wird, folglich diese, wenn sie sich berechtigt halten, das Mühlenfließ zu ihrem eigenen Vorteil abzuleiten, solches vor Erteilung der landesherrlichen Konzession anzeigen müssen, damit nicht durch Anlegung einer Mühle, welcher das Wasser so leicht entzogen werden kann, vergebliche Kosten verursacht werden; — dagegen kam das Obertribunal zu einer Bestätigung der vorinstanziellen Urteile nur auf Grund der Beweisaufnahme: Man erachtete für erwiesen, daß dem Müller das notwendige Wasser nicht entzogen werde.

Aus diesem Urteile folgte nun — wie das Justizdepartement in einem Berichte ausführte — 1. daß v. Gersdorff seine Teiche wieder herstellen durfte; 2. daß Arnold verpflichtet war, entweder die Mühle wieder zu räumen oder die 800 Tlr. zu erstatten; 3. daß Arnold die von den abgesetzten Richtern ihm bezahlte Summe zurückzugeben hatte. — Freilich bestand bezüglich der beiden letzten Punkte, auch bei nochmaliger Zwangsversteigerung, keine Aussicht auf Durchführung.

Hiernach bestätigte der König am 27. Juli 1787 das Urteil des Obertribunals; verfügte aber zugleich, daß die Entschädigungssumme von zusammen 1784 Talern aus der Staatskasse zu zahlen sei.

So verblieb Arnold in seiner Mühle; die noch heute im Besitze seiner Nachkommen ist. Die Karpfenteiche sind bis jetzt nicht wieder hergestellt worden.

II

Die Ehescheidung Napoleons I.

(1809)

1. Die Ehe Napoleons I. mit Josephine Beauharnais war mit Kindern nicht gesegnet. Napoleon, dessen ganze Pläne auf Begründung einer Dynastie hinausgingen, trug sich deshalb schon früh mit dem Gedanken, diese Ehe aufzulösen und, durch Eingehung einer neuen, einen Erben seines Thrones zu gewinnen.

Trotz dieses heißen Wunsches würde er sich zur Aufopferung Josephinens, an der er mit großer Liebe hing, nicht entschlossen haben, wenn er nicht im Jahre 1809 seine Machtstellung erschüttert gefühlt hätte und durch eine Heirat eine dauernde Verbindung mit dem Hause Habsburg und dadurch die eigene Sicherheit hätte suchen wollen, die so viele Verträge und Friedensschlüsse ihm nicht hatten gewähren können.

Ende Oktober 1809 besprach Napoleon den Plan der Scheidung mit seinen Vertrauten und entschloß sich nun fest zu jener. Die Formen der Scheidung sollten die ehrenvollsten für Josephine sein; auf keinen Fall sollte es als eine Verstoßung erscheinen, sondern als eine einfache Auflösung des ehelichen Bandes, gegründet auf gegenseitige Übereinstimmung

Am 15. Dezember 1809 versammelte sich die kaiserliche Familie. Die beiden Ehegatten verlasen Erklärungen, in denen sie beiderseits übereinstimmend den Willen, ihre Ehe aufzulösen, feierlich aussprachen. Am folgenden Tage wurde durch Beschluß des Senats die Ehe für aufgelöst erklärt; und dies im *Moniteur* veröffentlicht.

Diese bürgerliche Ehescheidung stützte sich auf CC. I, 6 c. 3, woselbst 275—278 die sachlichen und 279—288 die formellen Erfordernisse der Ehescheidung geregelt sind. Auf Grund dieser Sätze sind später mehrfach Bedenken gegen die Gültigkeit der civilen Ehescheidung Napoleons erhoben worden.

Sie können an der Hand der CC. nachgeprüft, und das Ergebnis mit dem nach unserem BGB. aufzustellenden verglichen werden.

2. Napoleon hatte ursprünglich an die Notwendigkeit einer Annullation seiner kirchlich geschlossenen Ehe nicht weiter gedacht, da nach seiner Meinung die vom Kardinal Fesch am 1. Dezember 1804, dem Vorabend der Krönung heimlich vorgenommene Trauung ein Geheimnis geblieben war.

Allein er sah allmählich ein, daß die auswärtigen Höfe, mit deren einem er sich doch verbinden wollte, wohl mehr Gewicht, als er, auf die kirchliche Frage legen dürften, und daß deshalb, ebenso wie das civile, auch das kirchliche Band gelöst werden müßte.

Hiernach wurde vor dem Diöcesan-Offizialat zu Paris der Prozeß auf Annullation angestrengt. Schon am 9. Januar 1810 fällte dieser geistliche Gerichtshof sein Urteil.

Er sprach aus, daß die Ehe wegen Mangels der aufrichtigen Einwilligung des Kaisers bei der Trauung und wegen Nichtbeobachtung der kirchlich vorgeschriebenen Formen ungültig eingegangen und nichtig sei *quoad foedus*. Napoleon und Josephine wurden wegen Übertretung der Kirchengebote bei Einsegnung ihrer vorgeblichen Ehe dazu verurteilt, den Armen der Pfarre

Notre Dame ein Almosen zu geben, dessen Größe ihrem Gutdünken überlassen war.

Hierauf erfolgte von Rudemare, dem Syndikus des Offizialates, als *defensor matrimonii* Appellation an das Metropolitangericht.

Dieses bestätigte bereits am 12. Januar 1810 das Urteil erster Instanz; begründete es aber insofern abweichend, als das Hauptgewicht nun auf den nicht vorhandenen Konsens des Kaisers bei Schließung der Ehe gelegt wurde; ferner kassierte es die vom Diöcesan-Offizialat verhängte Kirchenstrafe.

Am 11. März 1810 erfolgte die Ceremonien-Trauung Napoleons mit Prinzessin Marie Luise von Österreich.

3. Das erwähnte Urteil des kirchlichen Gerichtes ist noch häufigeren und stärkeren Zweifeln an seiner rechtlichen Begründetheit begegnet, als obiges Senatskonsult über die Civilehe. Es kommt wesentlich dreierlei in Frage:

a) Zuständigkeit des Diöcesan-Offizialates. Die Kardinäle nahmen schon damals die Berechtigung, in Annullationssachen gekrönter Häupter zu entscheiden, für den päpstlichen Stuhl in Anspruch. Das Offizialat gab nur einen faktischen Gebrauch in diesem Sinne zu; berief sich aber auf die Schwierigkeit zum Oberhaupt der Kirche zu gelangen und auf die Konstitution Benedikts XIV. *Dei miseratione* v. 3. November 1741 (Walter, Fontes iuris ecclesiastici antiqui et hodierni, 1862, p. 576). Schwierigkeit machte auch, daß das Ges. v. 7. September 1790 Tit. 14 Art. 13 die Offizialate aufgehoben hatte; während sie allerdings *in foro conscientiae* damals weiter amtiert hatten.

b) Ein Gutachten zusammenberufener Prälaten v. 2. Januar 1810 hatte erklärt, daß wenn die innere Zustimmung des Kaisers zur kirchlichen Eheschließung nicht förmlich erwiesen werden könne, die Ehe *pleno iure* nichtig sei. Aber andererseits waren für die Behauptung Napoleons, daß er den Eheschließungswillen bei der Trauung nur zum Schein abgegeben, auch keine Beweise beigebracht. Da kommt nun besonders c. 26 X. de sponsal. (4, 1) in Betracht; ferner c. 21 eod.; endlich die Erwägung, ob nicht *impedimentum vis ac metus* mit den ihm eigenen Rechtsfolgen eingreifen müßte, da Napoleon zweifellos nur widerwillig, um den Bitten der Kaiserin nachzugeben, oder auch um das Gewissen des Papstes zu beruhigen, sich zur Trauung herbeigelassen hatte. Der Papst sollte nämlich Napoleon am 1. Dezember 1804 zum Kaiser krönen; mit ihm Josephine. Als er aber erfuhr, daß deren Ehe 1796 nur bürgerlich eingegangen sei, wurde er sehr bestürzt und erklärte, in keinem Falle die Krönung vorzunehmen; so daß Napoleon noch im letzten Augenblicke, in der Nacht vor dem 1. Dezember, die kirchliche Trauung wohl oder übel vornehmen mußte.

c) Am schwierigsten war die Frage der zur kirchlichen Eheschließung mangelnden Formalitäten.

Die Trauung war von dem Kardinal Fesch insgeheim, zur Nachtzeit, ohne nachweisliche Beurkundung, auch ohne alle Zuziehung von Zeugen und in Abwesenheit des Pfarrers jenes Kirchspiels vollzogen worden. Fesch hatte hierzu Dispens vom Papste erhalten. Für die Erwägung aber, ob dadurch eine juridisch gültige Ehe geschlossen war, kämen folgende Rechtsquellen in geschichtlicher Entwickelung in Betracht.

In Frankreich hatte sich im Mittelalter die Lehre von den *sponsalia de praesenti* und *de futuro* entwickelt, welche durch Alexander III. in c. 3 X. de sponsa duorum (4, 4) zum gemeinen Eherechte erhoben ist.

Abweichend setzte das Tridentinum eine bestimmte Form als notwendig fest: Conc. Trid. Sess. XXIV c. 1 de reform. matr.

Die Beschlüsse des Tridentiner Concils gelten nur da, wo sie besonders publiziert sind. Das geschah in Frankreich nur in einzelnen Diöcesen; in anderen war es mindestens ungewiß. Papst Pius VI. (* 1717, Papst 1775, französischer Gefangener 1798, † am 29. August 1799 in der Citadelle zu Valence) sprach aus: *Publicationem praesumi, ubi id Decretum fuerit aliquo tempore in Parochia tamquam Decretum Concilii observatum* (Pii VI. Acta quibus ecclesiae catholicae calamitatibus in Gallia consultum est, Rom. 1871, II p. 14).

Da aber die französischen Könige dies nicht unumwunden damals anerkannten, gaben sie dem Drängen der Kurie nach Reform des Eherechtes im Sinne des Tridentinum durch ein eigenes Staatsgesetz nach: der Ordonnance de Blois v. 1576. (Zu finden in den Sammlungen Recueil d'édits et d'ordonnances royaux de P. Néron et E. Girard (1720); Recueil général des anciennes lois françaises v. Isambert etc. (1822 svv.).

Zwischen diesem Gesetz und dem Tridentinum bestanden aber inhaltlich wichtige Unterschiede; und in der Geltung darin, daß jenes ein rein staatliches, das zweite ein kirchliches Gesetz war. Dies entsprach allerdings in einigem der herrschenden Auffassung der französischen Jurisprudenz, welche zwischen *contractus naturalis* und *sacramentalis* bei der Eheschließung unterschieden wissen wollte; cf. POTHIER, Traité du contract de mariage (1813) 1 p. 286.

Die Konstitution v. 3. September 1791, tit. II art. 7 sprach aus: *La loi ne considère le mariage que comme contrat civil.* (TRIPIER, Constitutions qui ont régé la France depuis 1789, II. éd. 1879).

Auf Grund des Gedankens der Trennung von Kontrakt und Sakrament kam das Gesetz v. 20. September 1792 zu stande; eine umfassende Ordnung dieser Fragen, in der die alten Prinzipien in ganz neuer Gestalt zum Ausdruck gelangten. (Abdruck in Corps du droit français v. WALKER u. GALISSET.)

Endlich ist das Konkordat zu erwähnen, das der Papst am 26. Messidor IX (1801) abschloß, und das noch heute (freilich unter Modifikation durch die von Napoleon hinzugefügten *articles organiques* v. 1802) in Geltung steht; hierher gehörig bes. Art. 54. (WALTER, l. c. p. 187.)

III

Letztwillig errichtete Stiftungen.

A. Der Städelsche Beerbungsfall.

(1816)

1. Stiftungs-Brief des Städelschen Kunstinstitutes, enthalten in dem Testamente des am 2. Dezember 1816 verstorbenen Herrn Johann Friedrich Städel, Frankfurter Handelsmannes und gewesenen Mitgliedes löblichen Bürgerkollegs, errichtet zu Frankfurt a. M. am 15. März 1815.

Im Namen Gottes! Nachdem ich, der hiesige Bürger und Handelsmann Johann Friedrich Städel, seit langem den Entschluß gefaßt habe, meine beträchtliche Sammlung von Gemälden, Kupferstichen und Kunstsachen, nebst meinem gesamten dereinst zurücklassenden Vermögen, insoweit letzteres nicht durch besondere Legate eine Verminderung erleidet der Stiftung eines besonderen, für sich bestehenden und meinen Namen führenden Kunst-Institutes zum Besten hiesiger Stadt und Bürgerschaft zu widmen, auch zu dem Ende bereits früherhin und namentlich am 26. Januar 1793 und 18. Januar 1812 testamentarische Verordnungen von mir errichtet worden sind, inzwischen aber meine geliebte Vaterstadt in ihre Selbstverwaltung, und nach Abschaffung der französischen Ein-

richtungen und Gesetze, in den Genuß der vorhin gegolten habenden gemeinen und statutarischen Rechte zurückgetreten ist; so habe ich mich entschlossen, unter Kassier- und Annullierung der obgedachten und aller früheren letztwilligen Dispositionen, mit Beobachtung der Förmlichkeiten des gemeinen Rechtes, bei, Gott sei Dank! noch genießenden vollen Seelenkräften, wie es nach meinem Ableben mit meinem noch rücklassenden zeitlichen Vermögen gehalten werden soll, hiermit zu verordnen.

§ 1. *Meine Sammlung von Gemälden, Handzeichnungen, Kupferstichen und Kunstsachen, samt dazu gehörigen Büchern, soll die Grundlage eines zum Besten hiesiger Stadt- und Bürgerschaft hiermit gestiftet werdenden Städelschen Kunstinstitutes sein. — Dieses Städelsche Kunstinstitut setze ich zu meinem Universalerben in meinen gesamten dereinstigen Nachlaß an beweglichem und unbeweglichem Vermögen, mit alleiniger Ausnahme der von mir in der Testamentsbeilage für meine Verwandten, Freunde und andere Personen gestifteten oder noch fernerhin durch von mir ge- und unterschriebene, oder auch nur unterschriebene Zettel gestiftet werdenden Legaten, in bester Rechtsform hiermit ein.*

Der § 2 des Testamentes enthält, unter vorausgeschickter Erklärung über die Absicht des Testators,

daß dieses von mir gestiftete Städelsche Kunstinstitut der hiesigen Stadt zu einer wahren Zierde gereichen und zugleich deren Bürgerschaft nützlich werden möge,

einige Bestimmungen über die Art der Benutzung des Institutes, das an gewissen Tagen und Stunden unter gehöriger Aufsicht frei geöffnet werden soll; und setzt ferner fest:

Zugleich verordne ich, daß Kinder unbemittelter, dahier verbürgerter Eltern, ohne Unterschied des Geschlechtes und der Religion, welche sich den Künsten und der Bauprofession widmen wollen, zur Erlernung der Anfangsgründe des Zeichnens durch geschickte Lehrer, oder in dem dahier bereits bestehenden städtischen Zeichnungsinstitut, und . . durch andere Meister in der historischen und Landschaftsmalerei, im Kupferstechen . . . und denen in das Kunstfach einschlagenden Wissenschaften unentgeltlich unterrichtet werden, und die nötige Unterstützung d a h i e r, *auch wohl . .* i n d e r F r e m d e, *um sich zu nützlichen und brauchbaren Bürgern und Künstlern zu bilden, aus diesem meinem Kunstinstitut erhalten sollen.*

§ 3. Die ganze Einrichtung des Kunstinstitutes, also auch die Anstellung, Besoldung und Verabschiedung der Lehrer und des sonst erforderlichen Stiftungspersonales, — die Bestimmung des Lokales, die Verwaltung des Fonds, die Bestimmung, welche Subjekte aus dem Institute Unterstützung genießen sollen, wie viel und auf wie lange, — *alles dieses, sowie die ganze unumschränkte Verwaltung des Institutes und was in irgend einer Hinsicht damit in Verbindung steht, bleibt, ohne irgend eine obrigkeitliche Rücksprache oder Genehmigung einholen zu dürfen, dem freien Ermessen der von mir angeordneten Stiftungsadministratoren lediglich überlassen.*

§ 4. Der Erblasser ernennt selbst zu Vorstehern und Administratoren des Städelschen Kunstinstitutes, sowie zu Vollziehern seiner letzten Willensverordnungen fünf Freunde; mit der Bestimmung, daß jene und ihre Nachfolger bei dem Frankfurter Schöffen- und Appellationsgerichte auf diese seine Stiftungsurkunde in Eidespflichten zu nehmen seien, dagegen *für ihre freiwillig übernommene Verwaltung auf keinerlei Art verantwortlich gemacht werden sollen.*

Diese meine ernannten Herren Administratoren sollen samt oder sonders als die Repräsentanten des von mir zum Universalerben eingesetzten Städelschen Kunstinstitutes um die Einweisung in den Besitz meiner Verlassenschaft bei der Behörde nachsuchen, und, nachdem diese erfolgt sein wird, als ernannte Testamentsvollzieher die von mir ernannten Partikularvermächtnisse vorschriftsmäßig aus der Verlassenschaftsmasse berichtigen.

Bei dem Abgange eines Administrators ergänzen die Verwalter sich durch freie Wahl *mit einer würdigen Person aus der hiesigen Bürgerschaft* und, wenn die Stimmen geteilt wären, durch das Los.

§ 5 ordnet an, daß das Städelsche Kunstinstitut für sich bestehen und mit keinem anderen, ja selbst mit keinem Kunstinstitut, jemals verbunden, sondern von den angeordneten Vorstehern ausschließlich verwaltet werden soll. Auch sollen Beiträge, Vermächtnisse und Geschenke anderer Kunstliebhaber, unter Bedingungen, welche dem Geiste des Institutes und dem erklärten Willen des Erblassers im mindesten zuwider seien, schlechterdings nicht angenommen werden, *wenn auch der augenscheinliche Vorteil des Institutes dabei zu Tage liegen sollte.*

Sodann ist noch von Interesse: Wenn zwar den genannten Vorstehern alle unbeschränkte Macht und Gewalt bei Einrichtung und Verwaltung des Institutes gegeben sei, so solle doch die Rechnung über die jährlichen Einnahmen und Ausgaben von einigen aus Mitgliedern des Frankfurter Magistrates bestehenden Rechnungsrevisoren geprüft werden (§§ 7 und 8).

Endlich § 9: *Gleichwie nun dieses . . mein reiflich überlegter letzter und liebster Wille ist, also will und verlange ich, daß derselbe in allen Stücken genau befolgt werde, und daß, dafern derselbe wider Verhoffen als ein solennes Testament nicht bestehen könnte, dennoch als Codicill und auf jede andere Art und Weise, als den Rechten nach am besten geschehen kann und mag, aufrecht und bei Kräften erhalten werde. Urkundlich u. s. w.*

2. Nach dem am 2. Dezember 1816 erfolgten Tode des Testators wurde am 3. dess. M. das Testament bei dem Stadtgerichte Frankfurt a. M. eröffnet und verlesen. Und es trugen die Administratoren in einer unbedingten Erbschaftsantretungsanzeige, namens des zum Erben eingesetzten Institutes, auf Einsetzung in den Besitz und Erlassung einer Ediktalladung bei dem Stadtgerichte an.

Darauf erließ dieses Gericht am 6. Dezember 1816 folgendes Dekret:

Es wird den Herrn Imploranten aufgegeben, ehe eine Ediktalladung nach dem Antrage und unter einem sachgemäßen Präjudiz erlassen werden kann, die Genehmigung des Senates, daß die von dem Defuncto errichtete Stiftung eines Kunstinstitutes als eine Persona moralis im Staate angesehen werde, darzubringen.

3. Auf einen dem entsprechenden Antrag wurde von dem Großen Rate der Stadt Frankfurt a. M. am 10. Dezember 1816 beschlossen: daß

diese von dem verstorbenen Handelsmann Johann Friedrich Städel zum Besten der hiesigen Stadt und Bürgerschaft mit einer, dessen Andenken auf eine ruhmvolle Art verewigenden Liberalität errichtete Stiftung hiermit völlig angenommen werde, und das Stadtgericht den Stiftungsbrief dereinstens, wenn die Immission erfolgt sein werde, nach genommener beglaubigter Abschrift in das Stadtarchiv abzugeben habe . .

4. Die im Eingange des Testamentes erwähnten letztwilligen Dispositionen Städels sind nicht erhalten. Wir wissen aber einiges darüber aus einem anderen Aktenstück, dessen Beachtung bei der Beurteilung des Rechtsfalles nicht ohne Interesse ist.

Im Jahre 1811 hatte Städel bei dem damaligen Großherzog von Frankfurt ein Gesuch eingereicht, dessen Inhalt wir nur aus dem nachstehenden Dekrete kennen.

Genehmigungsdekret zur Stiftung eines Kunstinstitutes und Einsetzung desselben zu seinem légataire universel für Joh. Fried. Städel von Frankfurt.

Nachdem uns Joh. Fried. Städel von Frankfurt zu erkennen gegeben hat, daß er entschlossen sei, seine Sammlung von Malereien, Kupferstichen und anderen Kunstsachen einem zum Besten der Stadt Frankfurt und Bürgerschaft durch letzten Willen zu stiftenden, den Namen Städelsches Kunstinstitut führenden, eignen und für sich bestehenden Institute zu vermachen, diesem Institute zu seiner Einrichtung, Erhaltung und successiven Vergrößerung einen ansehnlichen Teil seines Vermögens zuzuwenden, zu des Instituts Verwaltung besondere Administratoren zu bestellen; . . er aber zu Vollziehung dieses Vorhabens, nach Vorschrift des Art. 910 des Codex Napoleon, eines Genehmigungsdekretes von Uns bedürfe, er Uns daher um Erteilung eines solchen Dekretes gebeten hat, und Wir nun diesem rühmlichen Vorhaben seines ganzen Inhaltes Unsere Genehmigung mit Vergnügen gnädigst erteilt haben, so haben Wir ihm hierüber das gegenwärtige Dekret ausfertigen lassen und solches mit Unserer Unterschrift und Siegel versehen.

Aschaffenburg, den 21. November 1811. Carl, Großherzog.

Auf Grund dieses Dekretes ist Städel denn auch zu der zweiten Disposition von 1812 geschritten; die er aber durch das Testament vom 15. März 1815, das auch sein letztes geblieben, wieder kassiert hat.

5. Nach den oben erwähnten Schritten der Administratoren entstand zwischen den Städelschen gesetzlichen Erben, als Klägern, und jenen, als Beklagten, ein Civilprozeß, der zu den bekanntesten Rechtsfällen der neueren Zeit zählt.

Es kommt wesentlich auf folgende Hauptfragen an.

1) Wer ist in dem Städelschen Testamente eigentlich zum Erben eingesetzt; — das Kunstinstitut oder die Stadt Frankfurt oder wer sonst?
2) Konnte das Städelsche Institut, ohne als juristische Person vom Staate anerkannt zu sein, zum Erben eingesetzt werden?
3) Ist durch das Großherzogliche Dekret vom 11. November 1811 das Städelsche Institut als juristische und erbfähige Person förmlich konstituiert?
4) Wie ist, in der gleichen Richtung erwogen, der Beschluß des Großen Rates der Stadt Frankfurt a. M. vom 10. Dezember 1816 zu beurteilen?

5) Ist der § 9 des Testamentes vom 15. März 1815 von rechtlicher Bedeutung und von besonderem Einflusse auf den Gang unseres Rechtsstreites?

B. Das Testament des Landrentmeisters Blum zu Hildesheim.

(1832)

1. In einem gerichtlich hinterlegten, formal überhaupt ordnungsgemäßen Testamente hatte der Landrentmeister Blum verfügt:

§ 4. *Zu meinem Erben setze ich hiermit ein zu errichtendes, lediglich für Kinder des katholischen Glaubens bestimmtes Waisenhaus ein; diese sollen im Fürstentume Hildesheim und in demjenigen Teile des Eichsfeldes geboren sein, welcher jetzt zu Hannover gehört. — Dieses Waisenhaus soll zu Henneckenrode, oder wenn es dort nicht passend gefunden würde, an einem anderen Orte errichtet werden, wo sich schon eine katholische Pfarre befindet, keinesfalls aber in der Stadt Hildesheim. — Ich stelle dieses Institut unter Leitung des Herrn Bischofs zu Hildesheim, und werde, wenn ich kann, gegenwärtigen noch nähere Bestimmungen nachfügen. — Das Waisenhaus soll nach dem in der Stadt Halle a. S. befindlichen, soweit solches Anwendung findet, eingerichtet werden. — Sollte diese Verordnung jedoch, sowie die, welche von mir noch hierüber gemacht werden dürften, nur im mindesten von den Staatsbehörden oder auf andere Weise geändert, oder gar aufgehoben werden, so soll das Institut zum besten der katholischen Kinder des Königlich Preußischen Teiles des Eichsfeldes nach Heiligenstadt übergehen, und der Königlich Preußischen Regierung übergeben werden; weshalb derselben auch binnen sechs Monaten nach meinem Tode von dieser Verfügung Nachricht zu erteilen ist.*

2. Auch hier ist die Begutachtung in erster Linie auf die Frage der Person des rechten Erben zu richten: Kirche, — Bistum, — Kirchengemeinde, — Bischofsamt, — Waisenhaus, — Hannoverscher oder Preußischer Staat, — nächste Verwandte des Erblassers, — u. s. w.

C. Stiftung des Kommerzienrates Fränckel zu Breslau.

(1847)

1. Der Kommerzienrat Jonas Fränckel hatte in seinem am 24. Oktober 1844 errichteten Testamente die Stiftung von Instituten verordnet und diese zu seinen Erben eingesetzt.

Ein Achtel des Nachlasses war zu Stiftungen für christliche Glaubensgenossen bestimmt. Die Einsetzung dieser Erben ist durch ein Kodizill vom 21. Januar 1846 wieder aufgehoben worden.

Eine Kabinetts-Ordre vom 31. August 1847 bestimmte:

Auf Ihren Bericht vom 20. d. M. will Ich die von dem in Breslau verstorbenen Kommerzienrat Fränckel in seinem, unter dem 25. Oktober 1844 errichteten, anbei zurückgehenden Testamente § 8 und in den demselben angehängten Kodizille § 5 verordneten fünf milden Stiftungen, nämlich: 1) ein Zufluchtshaus für unverschuldet herabgekommene Familien jüdischen Glaubens in Breslau; 2) ein Institut zur Abwehrung der Armut unter jüdischen Familienvätern daselbst; 3) ein Seminar zur Heranbildung von Rabbinern und Lehrern; 4) ein unter Umständen auf die Provinz Schlesien auszudehnendes Institut zur Beförderung der Künste und Handwerke unter den Juden in Breslau; und 5. eine milde Stiftung für Personen aller Glaubensbekenntnisse, in der Voraussetzung, daß diese Stiftungen sämtlich der Oberaufsicht des Staates unterworfen bleiben, landesherrlich genehmigen, auch denselben Korporationsrechte, soweit dies zur Erwerbung und Veräußerung von Grundstücken und Kapitalien erforderlich ist, verleihen.

Potsdam, 31. August 1847. Im Allerhöchsten Auftrage
An den Staats- und Kabinetts-Minister (gez.) Prinz von Preußen.
v. Bodelschwingh.

2. Es erhob Dr. Kalisch aus Berlin Klage gegen die Jonas Fränckelschen Testamentsexekutoren und Stiftungskuratoren, die Kaufleute Milch, Prinz, den Dr. Levy und Bürgermeister Bartsch; mit dem Antrage, zu erkennen, daß

1) *Die testamentarische Disposition des Kommerzienrates Fränckel und dessen Kodizill für rechtlich ungültig zu erachten;*
2) *Die auf Grund jenes Testamentes und Kodizills errichteten Stiftungen und die in dem Testamente enthaltenen Einsetzungen von Stiftungen dem Kläger gegenüber für nicht vorhanden, resp. für ungültig zu erklären;*
3) *Beklagte schuldig, das gesetzliche Erbrecht des Klägers in den Nachlaß des Jonas Fränckel anzuerkennen und zu gestatten, daß für den Kläger die gesetzliche Erbfolge eintrete;*
4) *Verklagte Milch, Prinz und Dr. Levy schuldig, dem Kläger die Substanz des Nachlasses nachzulassen;*

5) *Dem Kläger und den sich legitimierenden Miterben zusammen die Substanz des Janos Fränckelschen Nachlasses nebst Perzepten und Perzipienden auszuantworten und, bis dies geschehen, gerichtliche Kuratel über den Nachlaß zu eröffnen.*

Die Klage stützte sich darauf, daß die Stiftungen, weil sie zur Zeit der Testamentserrichtung noch nicht vorhanden gewesen, auch nicht als Erben hätten eingesetzt werden können; und daß der entgegengesetzte Versuch des Testators, nämlich die Erbeseinseteung der Stiftungen, ungültig sei, weil diese zur Zeit des Erbanfalls keine juristische Persönlichkeit besessen, mithin nicht erb- oder erwerbfähig geworden seien.

3. Von den Beklagten wird zugegeben, daß über den ersteren Anfechtungsgrund vom Standpunkte des gemeinen Rechtes aus nicht so ohne weiteres der Stab gebrochen werden könne; anders stehe es aber mit dem ALR. Denn dieses weiche in vier, hier wichtigen, Punkten vom römischen Erbrechte ab: a) Nach dem RR. ist die Erbeeinsetzung Bedingung eines gültigen Testamentes, nach dem ALR. fällt mit der Erbeseinsetzung das Testament keineswegs. b) Nach ALR. I, 12 § 518 flg. entscheide über Testamentsinhalt allein die Absicht des Testators. c) Im preußischen Recht gelte nicht: *nemo pro parte testatus pro parte intestatns decedere potest.* d) Vom Standpunkte des ALR. kommt es nicht darauf an, ob der eingesetzte Erbe zur Zeit der Einsetzung Persönlichkeit hat. Daher müsse es hier genügen, wenn in den fragliehen Stiftungen zur Zeit des Todes des Erblassers die Voraussetzungen vereinigt gewesen sind, welche die Erbfähigkeit bestinmen.

Das sei der Fall gewesen. Bei einer milden Stiftung sei das berechtigte Subjekt nicht die Einheit der Destinatäre, sondern die *pia causa* selbst, der vom Stiftungsfonds getragene Zweck; da dieser festgestellt und zu seiner Ausführung ein Vermögen angewiesen war, so waren die milden Stiftungen *tatsächlich* errichtet.

4. Die Replik des Klägers gibt die Abänderung der *testamentn factio passiva* des RR. im ALR. teilweise zu, macht aber darauf aufmerksam, daß I, 12 § 43 nur auf physische Personen sich beziehe. Eine nicht bestehende Stiftung könne aber niemals zum Erben eingesetzt werden. Und der Gegensatz von *tatsächlechem* Bestehen und *rechtlicher* Existenz sei unklar. Es komne nur auf die letztere an; und dafür verlange ALR. II, 19 und Ges. v. 13. Mai 1833 Genehmigung des Landesherrn. Dieser aber ist durch kein Gesetz rückwirkende Kraft beigelegt; bevor sie erteilt ist, sind daher die eingesetzten Stiftungen weder erb- noch erwerbfähig.

5. Die Schlußerklärung der Beklagten bezeichnet das als irrig. Nach l. 19; 23 C. sacros. eccl. (1, 2); l. 24; 28; 35; 46; 49 C. de episc. et cler. (1, 3); nov. 131 c. 11; 15 müsse man für das römische Recht allerdings die *pia causa*, den frommen Zweck der Stiftung, auf der Basis des zu diesem Zwecke vorhandenen Vermögens, als dasjenige Moment ansehen, an welches durch die Fiktion des Rechts die künstliche Persönlichkeit der Stiftung geknüpft wird. Eine besondere landesherrliche Genehmigung wäre nach RR. — richtiger Ansicht nach — nicht erforderlich. Wenn das preußische Recht solche fordere, so sei (ALR. II, 19 §§ 32—36) dies nicht ein die Persönlichkeit verleihender Akt, sondern nur eine Bestätigung, welche den gesicherten Fortbestand der tatsächlich schon vorhandenen Stiftung rechtlich verbürgt.

IV

Rechtsfrage über das Ettinger Gemeindegut.

(1821)

1. Die Gemeinde Ettingen, Bestandteil des Bezirkes Birseck, besitzt seit langem einen Wald, aus welchem jedem Gemeindebürger gewisse Nutzungen, namentlich eine jährliche Holzabgabe verabreicht wird. Als der bis dahin zum Fürstentume Basel gehörige Bezirk Birseck im Jahre 1797 unter französische Herrschaft kam, und zufolge der französischen Gesetzgebung die Gemeindebürgerrechte aufhörten, bezogen die bisherigen Bürger diese Nutzungen fort. Auch die neuen Ansiedler wurden zur Teilnahme an diesem Genusse zugelassen, doch nach der Behauptung der Altbürger weder in gleichem Maße, wie jene, noch anders, als durch gütige Zulassung der letzteren.

Im Jahre 1815 wurde der Bezirk Birseck infolge einer Bestimmung der Wiener Kongreßakte mit dem Kanton Basel vereinigt. Am 7. April 1817 erließ der Große Rat des Kantons Basel ein Gesetz über Erlangung des Bürgerrechtes in den Landbezirken, durch welches die Erwerbung desselben unter anderem von einer vorgängigen Personalausweisung bei dem Kleinen Rate, von der Zustimmung der Gemeinde durch Abstimmung in der Gemeindeversammlung und von einer Genehmigung des Großen Rates abhängig gemacht, die Einkaufssumme aber auf 400 fl. unter Zulassung eines teilweisen Nachlasses festgesetzt wurde. In § 11 dieses Gesetzes ist dann noch die Bestimmung enthalten, daß der neu angenommene Bürger sogleich mit den alten Bürgern dieselben Rechte und Freiheiten genieße.

2. Am 1. Februar 1819 erließ der Große Rat ein besonderes Gesetz über die Gemeindebürgerrechte und Einsassenverhältnisse im Bezirke Birseck, dessen drei erste Paragraphen so lauten:

§ 1. *In den Gemeinden des Bezirkes Birseck sollen Gemeindebürgerrechte gleichwie in den übrigen Gemeinden unseres Kantons bestehen und hinsichtlich der Gemeindegüter und ihrer Verwaltung soll nach den deshalb bei uns erlassenen oder zu erlassenden Gesetzen verfahren werden.* § 2. *Alle diejenigen sind als Gemeindebürger bestätigt, welche a) vor der Besetzung des Bistums Basel durch französische Truppen (1797) in einer dieser Gemeinden verbürgert waren, und b) die, so während des Interimszustandes seit der Trennung dieses Bezirkes von Frankreich bis zu seiner Vereinigung mit dem Kanton Basel von einer Gemeinde mit Genehmigung der damals in dem Bistum bestandenen oberen Verwaltungsbehörden als Bürger angenommen worden. Die in diesen beiden Klassen befindlichen Einwohner werden hiermit für sich und ihre Nachkommen in den vollen Besitz und in die Ausübung ihres Gemeindebürgerrechtes nach den bestehenden Gesetzen und Einrichtungen eingesetzt.* § 3. *Wer im Jahre 1813 in einer dieser Gemeinden haushäblich niedergelassen und auf dem Steuerrodel derselben eingeschrieben war, kann in der Gemeinde, in welcher er Einsaß ist, das volle Bürgerrecht erlangen, wenn er a) im Rufe guter sittlicher Aufführung steht; b) im stande ist, aus eigenem Vermögen oder aus einem ehrlichen Erwerbe sich und seine Familie zu ernähren; c) eine Bürgerrechtsgebühr für sich und seine Kinder bezahlt, und zwar, wenn er mit Ende 1813 schon 10 Jahre in der Gemeinde ansässig war, 50 Schweizerfranken und für jedes Kind 5 Franken; wäre seine Einsitzzeit aber kürzer als 10 Jahre, 100 Franken, und für jedes Kind 10 Franken. Wenn ein solcher Einsaß unvermögend ist, hingegen die übrigen Requisite besitzt, so kann derselbe von dem Kleinen Rate nach vorgenommener Untersuchung dem Großen Rate zur Milderung oder zum gänzlichen Nachlaß dieser Gebühr empfohlen werden.*

3. Infolge dieses Gesetzes und auf dem, durch es vorgeschriebenen Wege bewarben sich 7 Einsassen im Jahre 1821 um das Bürgerrecht in der Gemeinde Ettingen und erhielten es gegen die, für einzelne bis auf 12 Franken ermäßigte Einkaufssumme. Als nunmehrige Bürger machten sie in demselben Jahre Anspruch auf die Holzabgabe. Es wurde ihnen diese aber von den Altbürgern verweigert.

Sie erhoben daher Klage und beriefen sich darauf, daß jeder Bürger der Gemeinde Ettingen die fragliche Nutzung aus dem Gemeindegut zu beziehen habe, und daß sie, die Kläger, das Bürgerrecht auf die gesetzlich vorgeschriebene Weise erworben.

4. Die Altbürger erwidern: Die stattgehabte Bürgerrechtserteilung sei ungültig, weil 1) die durch das Gesetz vom 7. April 1817 aufgestellten Erfordernisse nicht erfüllt, namentlich die Zustimmung der Gemeinde nicht eingeholt worden; 2) weil das Gesetz vom 1. Februar 1819 selbst ungültig sei, indem es a) ein besonderes Ausnahmegesetz sei, während doch die Erklärung des Wiener Kongresses vom 19. März 1815, welche die rechtliche Grundlage der Vereinigung des Bezirkes Birseck mit dem Kanton Basel ausmache, in Art. 4 bestimme: *die mit den Kantonen Bern und Basel vereinigten Einwohner des Bistums Basel .. sind in jeder Hinsicht .. der nämlichen bürgerlichen und politischen Rechte teilhaftig, deren die Einwohner der alten Bestandteile der genannten Kantone genießen und werden genießen können;* b) weil in diesem Gesetz und der darin verordneten, fast unentgeltlichen Erwerbung des Mitbesitzes und Mitgenusses am Gemeindegute eine rechtswidrige Verfügung über fremdes Eigentum zu Gunsten dritter Personen liege; 3) weil die Staatsbehörde von der ihr in § 2 eingeräumten Befugnis der Herabsetzung der Gebühren einen übermäßigen Gebrauch gemacht.

V

Hofkapellmeister Thomas gegen den Großherzog Ludwig II. von Hessen wegen Pension.

(1830)

1. Der Kammermusikus Thomas in Darmstadt wurde kurz vor dem Ableben des Großherzogs Ludwig I. von Hessen, der im April 1830 starb, mit einem jährlichen Gehalte von 2200 Gulden zum Hofkapellmeister ernannt. Der Nachfolger, Großherzog

Ludwig II. wollte das Hoftheater nicht in der seitherigen Weise weiter bestehen lassen; infolge dessen wurde Thomas im Juli 1830 mit einem Gnadengehalte von 1000 Gulden pensioniert.

Nun erhob er gegen Ludwig II. Klage vor dem Oberappellationsgericht zu Darmstadt, vor welchem der Großherzog Recht nehmen zu wollen erklärt hatte.[1] Kläger forderte Fortentrichtung des Gehaltes mit 2200 Gulden, eventuell Zahlung einer Pension von 1980 Gulden. Jenes stützte er darauf, daß es sich um einen klagbaren Kontrakt über *operae liberales* handele; für diesen gäbe es nicht die einfache Kündigung und die kurzen Kündigungsfristen des gewöhnlichen Dienstvertrages; auch sei ihm von dem verstorbenen Ludwig I. ausdrücklich bei der Anstellung zugesichert worden, daß er den zugebilligten Gehalt bis an sein Lebensende auch bei Aufhören des Dienstes beziehen solle. Übrigens sei er auch zufrieden, wenn er nur die Pension der Staatsdiener bekomme. Das Amt der Hofdiener stehe diesen der Art nach gleich; wie für Hessen im besonderen aus der Einrichtung der *Civil-Diener-Witwen- und Waisenkasse* folge, der nach der Verordnung vom 2. Oktober 1808 Staats- und Hofdiener ganz gleichmäßig angehören.

2. Von seiten des Beklagten wurde die Anwendbarkeit des Pensionsgesetzes für Staatsbeamte bestritten. Die gleichmäßige Behandlung in der Witwenpension beweise nicht für eine solche in der Pension des Angestellten selbst; vgl. die hessische Verfassung von 1820 Art. 49: *Die gesetzlichen Bestimmungen über die Pensionierung der Staatsdiener und die Rechte derselben aus den bestehenden Instituten der Witwen- und Waisenkassen stehen unter dem Schutze der Verfassung.* An sich stehe die Bildung des Hofstaates im freien Belieben des Fürsten; die Stellung der Staatsbeamten sei eine ganz andere. Unrichtig meine der Kläger, daß aus dem Privatrechtsverhältnisse des Hofamtes lebenslängliche Anstellung folge; vielmehr sei es frei kündbar, da andernfalls eine Bindung *contra bonos mores* vorliegen würde. Die freie Kündigung sei im vorliegenden Fall um so mehr zulässig, als der *wichtige Grund* vorliege, daß der jetzige Regent das Hoftheater nicht, wie bisher, fortführen wolle, und darum der Rücktritt wegen *veränderter Umstände* so wie so Platz greifen würde. Der Kläger sei mit dem Gnadengehalt genügend entschädigt; wolle er mehr, so müsse er sich an die Erben des

[1] Vgl. jetzt EG. z. GVG. 5; EG. z. CPO. 5; Hess. Ges. v. 7. Juni 1879.

ihn Anstellenden halten, nicht an den jetzigen Inhaber der großherzoglichen Würde.

3. In der weiteren Durchführung des Prozesses kam auch der dem Beklagten angetragene Eid zur Sprache. Großherzog Ludwig II. gab folgende eigenhändig vollzogene Urkunde zu den Akten: *Ich versichere hierdurch auf Fürstenwort, daß ich nichts davon weiß und auch nicht glaube, daß mein in Gott ruhender Herr Vater, der Großherzog Ludwig I., dem nunmehr quiescierten Hofkapellmeister Thomas den Dienst als Hofkapellmeister in der Art übertragen habe, daß ihm der dabei bestimmte Gehalt von 2200 Gulden auch dann, wenn er in Ruhestand versetzt werden würde, ausbezahlt werden solle. Mein Minister des Hauses ist beauftragt, die gegenwärtige Urkunde dem Oberappellationsgericht zu übersenden.*

Damit hielt der Beklagte — unter Widerspruch des Klägers — die Eidesleistung für erledigt. Zur Zeit des deutschen Reiches habe der Landesherr einen zugeschobenen Eid leisten müssen, da er einem Oberhaupte, dem Kaiser, untergeordnet war; er konnte sich nur dabei vertreten lassen (Pütter; Erörter. und Beispiele des deutschen Staats- und Fürstenrechts, Bd. I Nr. 10); nach Auflösung des Reiches seien die deutschen Fürsten Souveräne geworden, über welche die Gerichte des Landes keine Gewalt hätten, wenn sie diese nicht anerkennten.

VI
Mißheiraten.

A. Streit über Sponheim zwischen Bayern und Baden.
(1830)

1. Die Familie der Grafen von Sponheim, ein altdeutsches Dynastengeschlecht, bestand seit der Mitte des 13. Jahrhunderts aus zwei Linien. Die eine von diesen Linien, die Starkenburger, besaß die hintere Grafschaft mit dem Schlosse Starkenburg; die andere, die Kreuznacher, die vordere Grafschaft mit dem Schlosse zu Kreuznach. Zur Reichsstandschaft waren die Grafen von Sponheim nie gelangt.

Die Kreuznacher Linie erlosch im Mannsstamme 1415 mit Simon IV. Seine Erbtochter Elisabeth, kinderlose Witwe des pfalzgräfischen Prinzen Ruprecht, hinterließ bei ihrem Ableben 1417 vier Fünftel der vorderen Grafschaft dem Grafen Johann IV. von der Starkenburger Linie. Das übrige Fünftel hatte sie mit

Johanns Einwilligung 1416 ihrem Schwager, dem Kurfürsten Ludwig III. von der Pfalz, mittels einer Schenkung zugewendet. Auch der genannte Graf Johann IV., welcher die ganze hintere Grafschaft und jene $^4/_5$ der vorderen besaß, starb 1437 kinderlos. Er war der letzte des Mannesstammes vom Sponheimschen Grafengeschlechte.

Infolge der von dem Grafen Johann getroffenen Verfügungen fiel nach dessen Tod die Grafschaft zur Hälfte an den Markgrafen Bernhard I. von Baden und zur Hälfte an den Grafen Friedrich III. von Veldenz. Beide waren mit dem Grafen Johann durch die Schwester seines Vaters verwandt. Die jetzt regierenden Könige von Bayern und Großherzoge von Baden sind Nachkommen dieser Vatersschwestern des Grafen Johann IV. von Sponheim.

2. Schon bei Lebzeiten des letzteren waren über die Nachfolge in der Grafschaft Sponheim Streitigkeiten zwischen den Häusern Baden und Veldenz hervorgetreten. Die oben erwähnte Verfügung des Grafen Johann, die diesen ein Ende bereiten wollte, war zu Bainheim im Elsaß am 19. März 1425 ausgefertigt. Diese Urkunde ward von beiden Successoren beschworen. Sie enthält im wesentlichen folgendes: Nach dem kinderlosen Ableben des Grafen Johann sollen seine beiden genannten Vettern in seine gesamten Sponheimschen Besitzungen nachfolgen, jeder zum halben Teile. In beiden Stämmen, dem Badenschen und Veldenzschen, soll jederzeit nur der älteste Sohn zur Succession in die Hälfte seines Stammes gelangen. Die Häuser beider Stämme sollen die Grafschaft Sponheim in rechter Gemeinschaft und unverteilt besitzen und mit gesamter Hand genießen und gebrauchen. Es wurde ferner festgesetzt: *Und soll auch das also fürbaß uff jeden ältesten Suhne der obgenannten Stemme, die darzu gut und tugend sindt, je von einem uff den andern erben und gefallen. Fügte es sich aber, daß ein Stamm unter diesen Vettern oder ihren Erben ohne Mannskünne unseres Blutes abstürbe, so soll dessen Antheil uff den andern Stamm unseres Bluts fallen. Mißhelle oder Zweyung* unter den beiden Stämmen sollen durch hierzu verordnete *zwei Rathlüte und einen Gemeinen* nach Einhelligkeit oder Mehrheit der Stimmen entschieden werden.

3. Im Jahre 1694 fiel Veldenz an die Hauptlinie des pfälzischen Hauses zurück; worauf 1707, entgegen dem Bainheimer Entscheide, die $^4/_5$ der vorderen Grafschaft Sponheim und 1776 die hintere Grafschaft zwischen den Häusern Baden und Pfalz geteilt wurden, jedoch *salvo iure condominii et successionis.*

Durch den Frieden von Luneville kamen sämtliche vormals Sponheimsche Besitzungen an Frankreich. Baden wurde wegen des Verlustes seines Anteils in § 5 des Deputationshauptschlusses von 1803 dahin entschädigt: *Dem Markgrafen von Baden für seinen Teil an der Grafschaft Sponheim . . das Bistum Konstanz, die pfälzischen Ämter Ladenburg, Bretten und Heidelberg etc.* In § 45 heißt es dann noch: *Obige Verfügung vernichten alle Ansprüche auf die durch den Frieden von Luneville an die französische Republik abgetretenen Länder; jedoch versteht sich von selbst, daß Familiensuccessionsrechte von jenseits rheinischen und ausgetauschten Besitzungen auf die Entschädigungs- und eingetauschten Objekte als Surrogate übergehen.*

Inzwischen war nach dem Erlöschen des bayrischen Mannesstammes 1777 Pfalzgraf Karl Theodor von Sulzbach auch in Bayern zur Herrschaft gelangt; er hatte bei seinem Tode 1799 Maximilian Joseph von Zweibrücken zum Nachfolger, der 1806 König von Bayern wurde. Nachdem dieser 1801 den linksrheinischen Teil der Pfalz an Frankreich, den rechtsrheinischen an Baden, Hessen, Nassau und Leiningen hatte abtreten müssen, erhielt er 1815 die bayrische Rheinpfalz auf dem linken Rheinufer zurück, wobei der weitaus größte Teil der alten Grafschaft Veldenz sich befand.

4. Am 24. November 1787 hatte Markgraf Karl Friedrich von Baden, der aus erster Ehe drei Söhne besaß, mit einem Fräulein Geyer von Geyersberg sich vermählt. Die Braut entstammte einem freiherrlichen altadeligen Geschlecht. Vor der Trauung wurde eine sogenannte Versicherungsurkunde über Stand, Rang und Titel errichtet, und darin namentlich bestimmt: 1) daß der künftigen Gemahlin, und wenn sie Töchter aus dieser Ehe erhalte, auch diesen, nicht der Rang und Stand ihres Gemahls und Vaters zukommen, sondern sie den Namen *Freiinnen von Hochberg* führen sollen; daß ferner aus diesem Grunde, nämlich wegen dieser Bedingung, die Ehe zur linken Hand eingegangen werde; dagegen sollen 2) die Successionsrechte der aus dieser Ehe stammenden Söhne vorbehalten sein, worüber eine weitere Erklärung nachfolgen werde.

Das Fräulein von Geyer hat eine gleichlautende Urkunde ausgestellt; und die Söhne des Markgrafen aus erster Ehe, als einzige Agnaten, haben die Übereinkunft förmlich genehmigt.

Die in jenem Reverse angekündigte Erklärung wurde von dem Markgrafen durch eine Urkunde vom 20. Februar 1796 feierlich erlassen. Es wurde darin das Recht der in zweiter Ehe erzeugten Söhne nur Regierungsnachfolge teils wiederholt und anerkannt, teils in Beziehung auf die Successionsordnung genauer bestimmt. Auch diese Urkunde wurde von den Söhnen erster Ehe bestätigt.

Der Markgraf Karl Friedrich starb mit Hinterlassung der drei Söhne erster und dreier Söhne zweiter Ehe.

Im Jahre 1830 starb der letzte jener ersteren, ohne Söhne zu hinterlassen; und der älteste Sohn zweiter Ehe, Markgraf Leopold, gelangte zur Succession als Großherzog von Baden. Der König von Bayern hielt ihn aber nicht für berechtigt, in dem Surrogat der Grafschaft Sponheim zu succedieren und verlangte die Abtretung desselben.

B. Sayn-Wittgenstein-Sayn.
(1876)

1. Der Fürst Ludwig zu Sayn-Wittgenstein-Sayn vermählte sich im Jahre 1867 mit Amalie, geb. Lilienthal, Tochter des Bankiers Lilienthal in Berlin. Die Ehe wurde zu Versoix im Kanton Genf durch Civilakt geschlossen, und es erfolgte dann in Frankreich die kirchliche Trauung. Nachdem 1869 der Fürst Alexander zu Sayn-Wittgenstein-Hohenstein, als Senior des Gesamthauses Sayn-Wittgenstein und Chef des Hauses Sayn-Wittgenstein-Hohenstein, und Fürst Albrecht zu Sayn-Wittgenstein-Berleburg, als Chef dieser Linie, gegen die Ebenbürtigkeit jener Ehe und das Recht der Ehefrau, sich des Fürstentitels und des Wappens der Familie Wittgenstein zu bedienen, protestiert hatten, der Fürst Ludwig jedoch diesen Protest als unberechtigt zurückgewiesen und erklärt hatte, daß seine Gemahlin an seinem Range und Stande teilzunehmen befugt sei, erhob nach dem 1876 erfolgten kinderlosen Ableben des Fürsten Ludwig dessen Bruder, der Fürst Friedrich zu Sayn-Wittgenstein-Sayn, gegen die Witwe seines Bruders Klage, mit dem Antrage: der Beklagten das Recht abzusprechen, den Titel einer Fürstin zu Sayn-Wittgenstein-Sayn ferner zu führen und sich des Fürstlich Wittgensteinschen Geschlechtswappens ferner zu bedienen.

Der Kläger stützte seine Klage im wesentlichen darauf: Sein verstorbener Bruder, wie er selbst, gehörten dem Gesamthause Sayn-Wittgenstein und zwar der Carlsburg-Ludwigsburger Nebenlinie der seit 1792 in den Fürstenstand erhobenen Linie Sayn-Wittgenstein-Berleburg an, also zum hohen Adel und zu den preußischen Standesherren. Die Beklagte sei dagegen aus dem niederen Bürgerstande. Die Ehe seines verstorbenen Bruders mit ihr sei daher nach den Wittgensteiner Hausgesetzen, wie nach den Grundsätzen des deutschen Privatfürstenrechtes eine Mißheirat. Folgeweise sei die Beklagte in den Rang und Stand ihres Mannes nicht eingetreten und habe nicht das, die Zugehörigkeit zur Familie voraussetzende Recht zum Gebrauche des Titels und Wappens der Familie.

2. Die Beklagte bestritt, daß der vom Kläger erhobene Anspruch den Gegenstand einer bürgerlichen Rechtsstreitigkeit überhaupt bilden könne. In jedem Falle sei aber der Kläger nicht befugt, allein für sich gegen sie irgendwie rechtlich aufzutreten; denn die Vertretung der Familie sei ein gemeinschaftliches Recht aller Zugehörigen und könne nicht von jedem einzelnen Mitglied auf eigene Faust unternommen werden, da ja auch sonst durch die möglicherweise ganz verschiedenen und sich widersprechenden Entscheidungen, die die einzelnen erzielen könnten, eine unlösliche Verwirrung in dem Familienstande eintreten müßte.

Einstweilen zur Sache übergehend, führte der Anwalt der Beklagten aus, daß auf den vorliegenden Fall das Recht des Kantons Genf Anwendung finde, in welchem die Neuvermählten nach der Heirat ihren Wohnsitz genommen. Dieses Recht kennt eine Mißheirat überhaupt nicht. Übrigens gehöre sie dem höheren Bürgerstande an, soweit man diesen Unterschied noch heute aufrecht erhalten könne; und es handle sich bei dem Fürstentitel, dessen Ablegung von ihr verlangt werde, um einen vom Könige von Preußen verliehenen Titel (vgl. preuß. Verordn. v. 21. Juni 1815; Instruktion v. 30. Mai 1820; Ges. v. 10. Juni 1854; Verordn. v. 12. November 1855). In dem preußischen Gesetze stehe nichts davon, daß die früheren Beschränkungen der Mitglieder des hohen Adels bezüglich der Eheschließung übernommen werden sollten, sondern nur die Vorrechte der Ebenbürtigkeit. In ihrem Streite handele es sich gar nicht um diese letzteren, sondern um jene erstgenannten; die ja auch schon durch Art. 4 der preußischen Verfassung erledigt seien, der alle Standesunterschiede aufhebt. Endlich haben die Wittgensteiner ihre Hausgesetze und Observanzen keineswegs immer folgerichtig durchgeführt, sondern in mehreren Fällen Ehen ihrer Mitglieder mit Damen des niederen Adels, in dem einen Falle auch mit einer Frau bürgerlicher Herkunft, durch allgemeinen Beschluß der Agnaten als ebenbürtige Ehen anerkannt.

C. Das Haus Salm.

(1886)

1. Ein Angehöriger des fürstlichen Hauses Salm hatte 1810 mit einer Dame bürgerlichen Standes eine Ehe geschlossen, welcher 1819 ein Sohn entsproß. Das Haus Salm war vordem reichsunmittelbar gewesen; bei der Gründung des Rheinbundes am 12. Juli 1806 waren die beiden Fürsten Salm-Salm und Salm-Kyrburg als Souveräne diesem Bunde beigetreten; durch Dekret vom 10. Dezember 1811 wurden die beiden Fürstentümer in Frankreich einverleibt; nach dem Sturze Napoleons kamen sie an Preußen.

Der obenerwähnte Sohn des alten Fürsten Salm verlangt nun von den derzeitigen Häuptern dieses fürstlichen Hauses, daß er als Agnat und als successionsfähig in die Familienstammgüter anerkannt werde. Er stützt dieses darauf, daß durch die Aufrichtung des Rheinbundes das alte Reichsrecht über Ebenbürtigkeit und Sonderstellung der Reichsunmittelbaren überhaupt abgeschafft und durch die Einführung des französischen Rechtes das Institut der Mißheirat mit allen seinen Rechtsfolgen dergestalt beseitigt sei, daß auch eine vorher eingegangene derartige Ehe vom Tage jener Einführung ab zu einer in jeder Beziehung, namentlich auch bezüglich der nachher geborenen Kinder, vollwirksamen geworden sei.

Im besonderen folge dies aus dem zweifellosen Wortlaut des § 2 der Rheinbundsakte: *Toute loi de l'empire germanique, qui a pû jusqu'à présent concerner et obliger les Rois, Princes et Comte (dénommés à l'article premier), leurs sujets, leurs états ou parties de ceux sera à l'avenir nulle et de nul effet.* — Waren aber der Mutter durch diese Rechtsänderung wohlerworbene Rechte zugefallen, so konnten sie ihr nicht ohne weiteres wieder genommen werden, sondern mußten auf die Kinder übergehen (vgl. auch Entsch. des Ober-Tribunals XIX S. 229 ff.).

2. Die Familienhäupter weigern die Erfüllung des erhobenen Anspruches. Das Recht der Ebenbürtigkeit und der Mißheiraten ruhe auf allgemeinem Herkommen der alten reichsständigen Häuser; die Reichsgesetze haben es nur bestätigt, — vgl. Wahlkapitulation Karls VII. von 1742: *Wir wollen und sollen . . § 4. Noch auch denen aus ohnstrittig notorischen Mißheiraten erzeugten Kindern eines Standes des Reiches, oder aus solchem Hause entsprossenen Herrns, zur Verkleinerung des Hauses, die väterliche*

Titul, Ehren und Würden, beilegen; viel weniger dieselbe zum Nachteil der wahren Erbfolgern, und ohne deren besondere Einwilligung für ebenbürtig und successionsfähig erklären. Die Auflösung des Reiches müsse also hier ohne Einfluß auf den überkommenen Rechtszustand geachtet werden. Vollends stehe dem gegnerischen Verlangen die Bundesakte vom 8. Juni 1815 entgegen, welche in Art. 14 ausspreche: *Um den im Jahre 1806 und seitdem mittelbar gewordenen ehemaligen Reichsständen und Reichsangehörigen in Gemäßheit der gegenwärtigen Verhältnisse in allen Bundesstaaten einen gleichförmig bleibenden Rechtszustand zu verschaffen, so vereinigen sich die Bundesstaaten dahin: a) daß diese fürstlichen und gräflichen Häuser fortan nichtsdestoweniger zu dem hohen Adel in Deutschland gerechnet werden und ihnen das Recht der Ebenbürtigkeit in dem bisher damit verbundenen Begriff verbleibt.*

Dieser Artikel ist durch besondere königliche Verordnung vom 21. Juni 1815 für Preußen wiederholt und anerkannt worden.

Dazu komme der allgemeine Rechtssatz aus l. 6 § 2 D. de hered. instit. (28, 5): *Solemus dicere media tempora non nocere;* wonach die Zwischenzeit auch nur für die während ihr geschlossenen Ehen in Betracht kommen könne.

D. Die Familie Fugger.

(1896)

1. Die berühmte Augsburger Kaufmannsfamilie gehört erst seit 1508 dem Adel an.

Obwohl sie demnach selbst dem sogenannten Uradel nicht zugerechnet werden kann, hat sie in ihr Hausgesetz eine Bestimmung aufgenommen, nach welcher die ebenbürtige Gemahlin eines Agnaten aus *uraltem, gräflichem, ritter- und stiftsmäßigem* Geschlechte entsprungen sein muß.

Gegen diese Bestimmung hatte der Chef der ältesten, der *Raymundus*-Linie, Graf Franz zu Fugger-Kirchberg, verstoßen, als er sich 1868 in Chicago mit einer bürgerlichen Dame vermählt hatte. Der Ehe entsproß ein Sohn, Raymund, der lange Zeit unbeanstandet den Grafentitel trug, bis vor einigen Jahren das *Seniorat* der Familie, d. h. der Fürst Karl zu Fugger-Babenhausen, im Einverständnis mit dem Grafen zu Fugger-Glött als Chef der dritten Linie, gegen den jungen Vetter und seinen Vater Klage erhob mit dem Antrage, dem ersteren die Führung des gräflichen Namens zu untersagen und ihn nicht für ebenbürtig und deshalb für nicht erbfolgeberechtigt zu erklären.

Sie drangen mit ihrer Klage durch, zuletzt beim Oberlandesgericht in Stuttgart, und die Beklagten fügten sich zunächst.

2. Der seines Grafentitels entkleidete junge Mann durfte sich zunächst nur Fugger nennen; da aber der Familie Fugger 1535 auch der ungarische Adelstand verliehen war, so wandte sich Graf Franz zu Fugger an die ungarische Regierung und erlangte dort leicht die Anerkennung des ungarischen Adels für seinen Sohn, der sich nun wenigstens in Ungarn wieder von Fugger nennen konnte, im vorigen Jahre aber auch erreichte, daß der König von Württemberg diesen ungarischen Adel anerkannte und dem jungen Fugger gestattete, das Adelsprädikat auch in der Heimat führen zu dürfen, ohne daß er sich der Gefahr aussetzte, wegen unberechtigter Führung des Adelstitels vom Staatsanwalte belangt zu werden.

Freilich bleibt es nun noch immer fraglich, ob er auch in Bayern als Herr von Fugger auftreten darf; und vor allem, ob er durch Weiterverfolgung des Prozesses, in dem Revision rechtzeitig eingelegt gewesen war, Aussicht auf Wiedereintritt in das Erbrecht der gräflichen Standesherrschaft hat?

E. Die Lippesche Rente.

(1899)

1. Diese Sache steht mit der Lippeschen Thronfolge in keinem Zusammenhang, und ist ihre Entscheidung für jene ohne unmittelbare Bedeutung. Es handelt sich hier um das Bezugsrecht einer Rente aus dem Familienvermögen. Die Regelung der Angelegenheit ist durch den *Brüdervergleich* vom 18. August 1749 geschehen.

In dem § 18 dieses Abkommens ist die besondere, allein zwischen den Zweiglinien Lippe-Biesterfeld und Lippe-Weißenfeld vereinbarte Bestimmung getroffen, daß zur Nachfolge in das Rentenrecht nur Nachkommen aus einer Ehe mit einer Dame mindestens freiherrlichen Standes berechtigt sein sollen.

Im Jahre 1899 klagte Graf Erich zur Lippe-Biesterfeld-Weißenfeld gegen den Grafregenten Ernst zur Lippe-Biesterfeld mit dem Antrage, dem Beklagten das Recht zum Genusse der Lippeschen Rente abzusprechen, da dessen Großmutter, Modeste von Unruh, nicht freiherrlichen Standes gewesen sei.

Das Landgericht Detmold und das Oberlandesgericht Celle stellten fest, daß diese Behauptung des Klägers richtig stehe. Durch den in der jüngsten Zeit (nach dem staatsrechtlichen Schiedsspruche über die Regentschaft in Lippe) aufgefundenen Taufschein ihres Vaters Karl Philipp von Unruh vom 8. März 1731 wurde als dessen Vater ein *Ludwig Philipp von Unruh, Leutnant in Diensten S. M. von Preußen,* erwiesen. Ein solcher ist aber in den Listen der preußischen Armee nicht zu finden; und die Taufeintragung entspricht nicht den damals beim Adel üblichen Formen, so daß es Bedenken unterliegt, ob Karl Philipp von Unruh und seine Tochter Modeste überhaupt adelig gewesen sind.

2. Dagegen blieb es näheren rechtlichen Bedenken unterworfen, ob der § 18 des *Brüdervergleiches* von 1749 noch in Geltung stehe?

Die Beklagten behaupteten dessen Aufhebung durch den *Hauptvergleich* vom 22./24. Mai 1762 und den *Dilucidationsrezeß* vom 25. Mai 1762. Dies ist aber nach dem Inhalte dieser Verträge nicht zu erweisen; und erfuhr von dem Oberlandesgerichte rechtskräftige Ablehnung.

Wohl aber mag die Rechtsbeständigkeit der oben angeführten Bestimmung des *Brüdervergleiches* nach folgenden Fragen hin erwogen werden:

1) Bedurfte jener Vertrag nicht damals der kaiserlichen Genehmigung, die für ihn nicht nachgesucht und nicht erteilt worden ist?

2) War nach 1806 zu solchen Bestimmungen die Zustimmung des Landesherrn erforderlich? Wie ist ein derartiges Abkommen überhaupt rechtlich zu konstruieren? Würde es heute in gleicher Weise in das Leben treten können?

3) Würde der Inhalt des angezogenen § 18 nicht dem Art. 4 der preußischen Verfassung widersprechen? Könnte nnter der letzteren Herrschaft heute ein so gearteter *Brüdervergleich* abgeschlossen werden?

4) Sollte BGB. 138 hier von Einfluß sein? Oder ist diese Frage bereits durch EG. 57 erledigt?

VII
Schulden aus der Zeit des Fürstbistums Basel.
(1831)

1. Am 12. Januar 1792 erhielt der damalige Fürstbischof von Basel, Josef von Roggenbach, von der Regierung des Kantons Solothurn ein Darlehen von 16 000 Stück französischer großer Taler (4000 Louisd'or), welches er nach drei Jahren in den nämlichen Sorten wieder abzuzahlen und bis dahin jährlich mit $4^0/_0$ zu verzinsen versprach.

Die am nämlichen Tage ausgestellte Schuldurkunde fängt also an:

Wir Josef von Gottes Gnaden, Bischof zu Basel, des heiligen römischen Reiches Fürst, mit Zuzug und Einwilligung des Hochw. Herren Domprobst, Domdekan, Senioren und Capituls Unseres Domstifts Basel, bekennen hiermit für Uns und alle Unsere Nachfolger, daß Wir zur Bestreitung einer Uns dermal zustoßenden Bedürfnis etc.

Zugleich wurde noch folgende Urkunde ausgestellt:

Wir Dom-Probst, Dom-Dechant, Senior und Capitul des Reichsfürstlichen Domstifts Basel bekennen hiermit, daß wir die in obenangezogener Obligation enthaltene Schuldstipulationes nach ihrem Ausdrucke und Sinne anerkennen, sofort dafür auf die rechtsbeständigste Art und zwar in solidum mithaften. Zu Urkunde etc. (Unterschriften.)

Die Zinsen wurden während dreier Jahre bezahlt; weiter aber nichts. Die bekannten großen öffentlichen Ereignisse traten dazwischen.

2. Am 9. März 1794 starb der Bischof Josef von Roggenbach; und erhielt am 2. Juni desselben Jahres zum Nachfolger den Freiherrn Franz Xaver von Neveu. In der vor seiner Wahl abgeschlossenen Wahlkapitulation heißt es in § 5: .. *daß derjenige, so aus Mitteln des Domkapitels zu einem Bischof gewählt und gesetzt wird, verpflichtet sein solle, daß er wolle genugtun jetzt und inskünftige allen Gläubigern wegen Schulden und Gülten, so etwa noch von seinen Vorfahren hinterlassen, und eines Domkapitels Konsens adhibiert, auch mit desselben Insiegel die Briefe, Obligationen und Verschreibungen aufgerichtet worden, mit diesem ausdrücklichen Beisatz, daß der neu erwählte Bischof die wirklich subsistierenden und wegen der Wahl gemachten Schulden verzinsen, übernehmen und nach und nach abtilgen solle.*

Da im Frühjahr 1792 die Franzosen das Reichsgebiet des Bistums besetzt hatten, so wurde die Wahl des Herrn von Neveu in Freiburg vorgenommen; zugleich aber mit Rücksicht darauf, daß der Bischof von Basel nicht bloß Vorstand einer kirchlichen Diözese, sondern zugleich auch unmittelbarer deutscher Reichsfürst, mit einem weltlichen Gebiete von beiläufig 50000 Seelen war, folgender § 6 in die Wahlkapitulation aufgenommen: *solle aber hauptsächlich gleich beim Wiederantritt und der Besitznehmung ihrer Hochstiftslande ihre Hauptsorge dahin gehen, daß mit denen Landständen ihrer Schulden wegen eine Abrechnung und Liquidation gepflogen werde.*

3. Die Diözese Basel erstreckte sich über die Schweiz hinaus, tief in das Elsaß hinab. Die politischen Grenzen des Territoriums, über welches der Bischof als weltlicher Landesherr und Reichsfürst gebot, fielen mit den kirchlichen nicht zusammen. Das politische Gebiet wurde 1792 in eine *Raurachische Republik* verwandelt, um wenige Monate später der französischen Republik einverleibt zu werden.

Damit ging die weltliche Herrschaft des Fürstbischofs von Basel unter, für immer. Als der erste Pariser Friede Frankreich in seine alten Grenzen zurückwies, gelang es Roggenbachs Nachfolger, Franz Xaver von Neveu, nicht, seine weltlichen Besitzungen zurückzuerlangen. Der Wiener Kongreß sprach das Ländchen neuen Herren, den Kantonen Bern und Basel, zu.

Gleichzeitig mit seinem Staatsgebiet büßte der Bischof den größten Teil seines kirchlichen Sprengels ein. Als das zwischen Napoleon Bonaparte und Papst Pius VII. im Jahre 1801 vereinbarte Konkordat die Kirchenverfassung Frankreichs neu begründete, wurde das ehemalige Fürstbistum, als Teil des französischen Territoriums, in die kirchliche Neuordnung einbezogen und zur Diözese Straßburg geschlagen. Denn das Konkordat war auf dem Gedanken aufgebaut, die staatlichen und die kirchlichen Grenzen müßten zusammenfallen. Dadurch war der Sprengel Neveus auf ein kleines Gebiet in der Schweiz zusammengeschrumpft, das aus einer Anzahl Pfarreien in den Kantonen Aargau, Solothurn und Bern bestand.

4. Nachdem im Jahre 1814 die Gegenden, über welche der Fürstbischof bis zum Ausbruche der Revolution als Landesherr geherrscht hatte, Frankreich entrissen worden waren, beeilte sich der Papst, in ihnen, soweit es an ihm lag, die vorrevolutionären Zustände wieder herzustellen. Er richtete deshalb in jenen Landen die geistliche Gewalt des Basler Bischofs aufs neue auf, indem er das vormalige Fürstbistum seinem alten Diözesanverbande kanonisch einverleibte. Gleichzeitig teilte der Papst dem Bistum Basel den ganzen Kanton Solothurn (1814), und im folgenden Jahre auch jenen kleinen Teil des Bistums Basel zu, welcher bis dahin zur Diözese Konstanz gehört hatte.

5. Alles dieses führte aber nicht zu einer dauernden Ordnung. Von seiten der Kirche, wie der Schweizer Kantone wurden stetig weitere Reorganisationspläne, insbesondere für das Bistum Basel verfolgt; von den vier Kantonen Luzern, Bern, Solothurn und Aargau auf der Grundlage eines Vertrages, der auf der Langenthaler Konferenz am 1. bis 3. März 1820 zustande gekommen und am 28. März 1828, besonders infolge des Abgehens von Aargau, neu gefaßt worden war.

Nach langen, schwierigen Verhandlungen mit der Kurie wurde das Bistum Basel neu gegründet. In seiner schließlichen Feststellung (1830) umfaßte es die Kantone Luzern, Bern, Solothurn, Zug, Thurgau, Aargau und Basel. Sitz des Bischofs wurde Solothurn.

6. Am 23. August 1828 starb der Fürstbischof Franz Xaver von Neveu in Offenburg. Zu seinem Nachfolger wurde am 10. Dezember 1828 Josef Anton Salzmann gewählt, bisher Domdekan und apostolischer Administrator. Damals gehörten nur die vier oben zuerst genannten Kantone zum Bistum. Von einer Klausel in einer Wahlkapitulation, wie bei der Wahl von Neveus, war diesmal keine Rede.

7. Die Regierung von Solothurn wünschte nun (1831) ein Gutachten, an wen sie sich wegen des von ihr gewährten Darlehens rechtlich halten könne: An den Bischof Salzmann oder an die Erben des Herrn von Roggenbach oder an die des Herrn von Neveu oder an das Bistum Basel oder an die vereinigten Kantone oder einzelne von ihnen oder an das Domkapitel oder an die Erben der damaligen Unterzeichner der zweiten Schuldurkunde, u. s. w.?

Wie würde dies nach unserem bürgerlichen Rechte zu lauten haben?

Was müßte dabei insbesondere die Veränderung des Münzfußes in der Zwischenzeit für Einfluß haben?

Welches Recht ist überhaupt als maßgeblich heranzuziehen, sowohl nach dem ursprünglichen Tatbestand, als unter der Voraussetzung, daß einer der Haftenden nun in einem anderen Rechtsgebiete Wohnsitz oder Aufenthalt hätte?

Wann könnte eine Verjährung von Zinsen oder Kapital maßgeblich in Betracht kommen?

VIII

Haftung von Beamten der Fürstlich Thurn und Taxisschen Postverwaltung.

(1842)

1. Das Großherzogtum Hessen gehörte zu den Staaten des Deutschen Bundes, in denen der Fürst von Thurn und Taxis mit dem Postwesen belehnt war.

In der über den Lehnsvertrag erlassenen Verordnung vom 31. März 1818 heißt es in § 3: *Da unserem Herrn Erblandpostmeister das nutzbare Eigentum unserer Posten übertragen worden, so ist von demselben auch der Ersatz der der Post anvertrauten, im Umfang der Fürstlich Thurn und Taxisschen Postverwaltung aber entkommenen oder beschädigten Gegenstände alsbald zu bewirken, vorbehältlich jedoch des Regresses an jeden schuldbaren oder nachlässigen Offizianten oder sonstigen Beteiligten. — Bei angeblich verlorenen Gegenständen ist jedoch erforderlich, daß die Aufgeber binnen einem Vierteljahre, vom Tage der Aufgabe an gerechnet, bei der Postbehörde, bei welcher sie das Paket aufgegeben haben, sich melden und ihre Reklamationen anbringen.*

Unter dem 16. April 1824 brachte das Großherzogliche Ministerium der auswärtigen Angelegenheiten *Bestimmungen, welche bei den Brief- und fahrenden Posten gelten*, zur allgemeinen Kenntnis. Dabei heißt es denn auch in besonderer Beziehung auf Packerei- und Geldsendungen: Die Postanstalt hafte für gute Beförderung und sichere Bestellung der ihr anvertrauten Sendungen und leiste auch den Ersatz für die im Umfange der Fürstlich Thurn- und Taxisschen Postverwaltung entkommenen oder beschädigten Gegenstände, wenn der Verlust oder Schaden nicht durch unabwendbare Gewalt veranlaßt worden. *Sie vergütet daher den Wert so, wie er ausgedrückt ist und . . erwiesen wird, vorbehältlich jedoch des Regresses an jeden schuldbaren oder fahrlässigen Postbeamten oder sonstigen Beteiligten.*

2. Im Jahre 1842 trat der Handelsmann Nikolas Grein zu Hambach bei dem hessischen Städtchen Heppenheim an der Bergstraße gegen die Witwe des Posthalters Werle daselbst mit einer Entschädigungsklage auf, die er auf folgendes stützte: Er habe im März desselben Jahres ein Paket mit 400 Gulden mit der Adresse an einen Einwohner der Stadt Mainz bei der Postexpedition in Heppenheim aufgegeben, welches von dem Postgehilfen Sander angenommen und im Postmanual gebucht worden sei. Erst nach einigen Monaten habe er erfahren, daß das Aufgegebene nicht an die Adresse gelangt sei, sowie er weiter erfahren habe, daß das Paket nicht abgesendet, sondern von dem Postgehilfen unterschlagen worden wäre. Zur Zeit der Aufgabe habe die Beklagte die Expedition der Post für eigene Rechnung und Verantwortlichkeit in der Weise, wie die anderen fürstlichen Postbeamten geführt und den inzwischen verstorbenen Postgehilfen Sander in ihrem Privatdienste gehabt; sie habe für richtige Absendung des Pakets haften müssen, und wenn ihr Gehilfe solche unterlassen, so sei sie so anzusehen, als ob sie es selbst zurückbehalten habe.

3. Die Beklagte setzte der Klage zunächst die Einrede der mangelnden Passivlegitimation entgegen. Die Grundsätze des römischen Rechtes über das *receptum nautarum et stabulariorum* finden richtiger Ansicht nach keine Anwendung (vgl. Glück, Erläuterung der Pandekten VI. Bd. § 493). Jedenfalls sei in erster Linie der besondere Vertrag maßgebend; und der richte sich hier nach den veröffentlichten Bestimmungen, denen sich auch Kläger stillschweigend unterworfen habe. Danach hafte aber die Fürstliche Postverwaltung als solche. Eine Verschuldung der Beklagten habe Kläger gar nicht behaupten können; meine er, sich auf Schuld des Gehilfen Sander berufen zu können, so möge er an dessen Erben gehen. Übrigens erscheine nach den (oben angeführten) Bestimmungen der ganze Anspruch als verjährt.

4. In einer Replik führte der Vertreter des Klägers aus: Durch die Haftung der Gesamtverwaltung werde die einzelne Expedition nicht entlastet; eine richtige Auslegung der angeführten Verordnung von 1818 zeige dies deutlich, namentlich weil sie nur der Gesamtverwaltung, falls diese zahlen müsse, einen Ersatzanspruch gegen ihre Beamten vorbehielte. Die Bekanntmachung des Ministeriums sei für streitige Privatrechte ganz gleichgültig; dies könne nur eine wohlgemeinte Belehrung sein, welcher er, der Kläger, sich durchaus nicht unterworfen habe, denn 1824 sei er noch zur Schule gegangen und habe kaum lesen können. Aus alledem ergebe sich die Haftung der Beklagten, auch ohne Nachweis einer besonderen Schuld; für ihren Gehilfen müsse sie aber unbedingt einstehen. Von Verjährung könne keine Rede sein, weil er erst vier Monate nach der Aufgabe des Pakets von dessen Verschwinden erfahren habe; die Klage sei von da ab innerhalb dreier Monate zugestellt worden.

Der Anwalt der Beklagten brachte einige, von der klägerischen Ansicht abweichende Rechtsausführungen vor; im übrigen *wiederholte er priora und submittierte zum Spruche Rechtens.*

5. Mit vorstehendem kann folgender Rechtsfall aus der neueren Zeit verglichen werden:

Am 1. Juli 1897 traf bei einer Berliner Bank ein in Tempelhof aufgegebenes Telegramm folgenden Inhalts ein: *Erbitte heute noch franco Sendung 1500 ℳ (3 Scheine à 500 ℳ) und Belastungsaufgabe an mich nach Meiningen, Hotel Erbprinz, von Schroeder-Gottberg.* Auf diesen Auftrag übersandte die mit Herrn v. Schroeder in Geschäftsverbindung stehende Bankkasse durch Vermittlung des Postamts 8 in Berlin den geforderten Geldbetrag von 1500 ℳ an die angegebene Adresse. In Wirklichkeit war das Telegramm von einem früheren Diätar der Bank aufgegeben worden. Der Schwindler hatte gleichzeitig an das Hotel *Erbprinz* in Meiningen einen Brief gerichtet, in dem er unter dem Namen des Herrn v. Schroeder bat, den für ihn eingehenden Geldbrief nach Tempelhof postlagernd zu senden, da er verhindert sei, hinzukommen. Der Oberkellner des Hotels sandte auch den Brief nach Tempelhof weiter. Als der Diätar auf besagtem Postamt nach der Sendung fragte, wurde ihm diese nicht ausgehändigt, da er die erforderliche Legitimation nicht hatte. Einige Tage später jedoch kam er mit einem Legitimationspapier wieder und erhielt nun den gewünschten Wertbrief.

Nun verklagte die Bank den Postfiskus auf Schadensersatz von 1500 ℳ nebst Zinsen und Kosten; und berief sich auf § 6 des Reichsgesetzes über das Postwesen vom 28. Oktober 1871. Der Beklagte stellte seine Ersatzpflicht in Abrede. Da die Klägerin selbst eine Fahrlässigkeit treffe, so könne sie einen darauf fußenden Anspruch nicht erheben.

IX

Der letzte Sklavenprozeß auf deutschem Boden.

(1854)

1. Auf einer europäischen Reise kam Dr. med. Ritter aus Rio de Janeiro im Laufe des Jahres 1854 zu längerem Aufenthalte nach Berlin. In seiner Begleitung befand sich der Bediente Marcellino, den Dr. Ritter im März 1852 in Rio als Sklaven für 950 Milreis gekauft hatte.

In Berlin kamen Herr und Diener oftmals in Streit. Letzterer verweigerte den Gehorsam, kam tagelang nicht nach Hause und mietete endlich im Hinterhause ein Zimmer für sich: worauf ihm Dr. Ritter mitteilen ließ, daß er bei seiner Rückkehr nach Brasilien seine wohlerworbenen Rechte an Marcellino als Sklaven geltend machen werde, und dabei in Aussicht stellte, daß er ihn selbst nach preußischen Gesetzen als Sklaven halten, ja unter dem Schutze der Behörden zwangsweise wieder als Sklaven mit nach Brasilien zurücknehmen wolle.

Dies gab Veranlassung zu einer Diffamationsklage, welche Marcellino, vertreten durch den ihm von der Abteilung des K. Stadtgerichts für Vormundschaftssachen bestellten Kurator Justizrat Dr. Straß gegen den Dr. Ritter bei dem genannten Stadtgericht mit dem Antrage anstellte, dem Provokaten aufzugeben, binnen acht Tagen sich darüber zu erklären, ob er des Provokanten Freiheit anerkenne oder aber innerhalb richterlich zu bestimmender Frist eine Klage wegen der sich angemaßten Ansprüche auf das Eigentum an dem Provokanten Marcellino gehörig anzustellen, bei Meidung der Auferlegung ewigen Stillschweigens.

2. Der Beklagte trat in der erstgenannten Frist den Beweis darüber an, daß Marcellino sein Sklave sei. Er legte seinen Paß vor, in dem jener als Sklave des Dr. Ritter aufgeführt war; berief sich auf Zeugen, denen der Kläger in Berlin seine Vergangenheit und insbesondere seinen Ankauf durch den Beklagten erzählt hatte; und verwies auf besondere Akten, in denen der als Zeuge zum ewigen Gedächtnis vernommene Kaufmann Rée aus Rio eidlich bekundet hatte, daß Marcellino im Hause des Dr. Ritter in Rio so gelebt habe und gehalten worden sei, wie nach dortiger Sitte Sklaven zu leben und gehalten zu werden pflegen, in welcher Hinsicht er die Art der Anrede und das Gehen mit nackten Füßen besonders hervorgehoben hat.

3. Seitens des Klägers wurde geleugnet, daß diese Tatsachen geeignet seien, den Beweis des Eigentumes zu erbringen. Zudem sei letzteres dadurch erloschen, daß sie auf einem Hamburger Schiffe die Überfahrt gemacht, durch Holland und dann in Deutschland gereist seien. In diesen Ländern, wie auch in Preußen gebe es keine Sklaverei.

In der Duplik bringt der beklagtische Vertreter die Einrede der Unzuständigkeit des Berliner Stadtgerichtes vor. Der Streit gehöre vor die Polizeiorgane, da ja nach preußischem Rechte sogar Dienstbotenprozesse dort zu erledigen seien. Auch habe er seinen Wohnsitz nicht in Berlin, sondern nach wie vor in Rio de Janeiro. Zur Sache selbst hob er den Widerspruch hervor, der sich darin finde, daß Kläger das Institut der Sklaverei für Preußen überhaupt leugne und doch eine Diffamationsklage für diesen besonderen Fall anstelle. Für die letztere sei weder nach gemeinem noch preußischem Rechte ein Anlaß; denn er, der Beklagte, habe es sich doch nicht gefallen lassen können, daß sein Sklave nun plötzlich als freier Mann auftrete. Er habe diesem Auftreten mit Fug widersprochen, auch wohl zu seinen Hausgenossen und Nachbarn geäußert, daß er den Marcellino noch für seinen Sklaven erachte und den Schutz der Polizeibehörde zur Geltendmachung seiner Rechte in Anspruch nehmen werde oder zugesichert erhalten habe; aber zu allem diesem habe er eben nach dem aktenmäßigen Tatbestande genügenden Anlaß gehabt.

4. Wie würde der Prozeß (nach früherem gemeinen, damaligem preußischen und heutigem bürgerlichen Rechte) zu entscheiden sein?

§ 13 I. de actionibus (4, 6); Dig. tit. de liberali causa (40, 12), praes. l. 7 § 5; 10; 11; 12 pr. — § 3; 24 pr. — L. 5 C. de ingenuis manumissis (7, 14); l. 28 D. de fideiussoribus (46, 1). Vgl. Wetzell, System des ordentlichen Civilprozesses, 3. Aufl. (1878), § 13, bes. N. 27 ff.

Leyser, Meditationes ad pandectas spec. XVI; Schmidt, Joh. Lud., Praktisches Lehrbuch von gerichtlichen Klagen und Einreden § 254; Höpfner, Kommentar über die Institutionen § 70; Kind, Quaestiones forenses tom. II c. 77; — Groenewegen, Tract. de legibus abrogatis et inusitatis in Hollandia ad Inst. lib. I tit. 8; Voet, Comment. ad pand. I, 5 § 3.

Proiectum corporis iuris Fridericiani (1749) I, 5 § 4; Hymmen, Beiträge zu der juristischen Literatur in den preußischen Staaten, Samml. 6 S. 296 ff.: *Rechtsgeschichte eines verkauften Mohren.*

ALR. I, 7 § 180—182; II, 5 § 196 ff.; II, 8 § 2048, 2227; — Edikt v. 8. Oktober 1807 (Ges.-Samml. S. 171); Ver. v. 8. Juli 1844 (Ges.-Samml. S. 371); Ges. v. 9. März 1857 (Ges.-Samml. S. 160).

AGO. I, 32: Von Diffamations- und Provokationsprozessen; — I, 2 § 22 ff.; 160.

StGB. 234; Reichs-Ges. betr. die Rechtsverhältnisse der deutschen Schutzgebiete v. 19. März 1888; Ver. für Ostafrika v. 1. September 1891; Ver. für Togo v. 15. Januar 1893; Reichs-Ges. v. 28. Juli 1895.

CPO. 12 ff.; 274; — 256; 926.

X

Der Lucca-Pistoja-Aktien-Streit.

(1855)

1. Im Jahre 1846 wurde die Erbauung einer Eisenbahn von Lucca nach Pistoja geplant. Das Unternehmen bot insofern günstige Aussichten, als die beabsichtigte Bahn eine Verbindung von Livorno und Pisa mit der mittelitalienischen Bahnlinie herstellte und zugleich mit den Eisenbahnen nach Florenz und Siena zusammenhing. Es bildete sich eine Aktiengesellschaft mit einem Kapital von 8400000 Lire. Diese erhielt von der Großh. toskanischen Regierung am 16. Mai 1846 eine Konzession für den Bahnbau auf 99 Jahre; zugleich eine Dividendengarantie für 5 % für die gleiche Zeit, beginnend mit der Eröffnung des Betriebes auf der Strecke von Lucca nach Pescia.

Diese Strecke wurde Ende 1852 in Betrieb gesetzt, so daß an der Gesamtvollendung nur noch $20\frac{1}{2}$ Kilometer von Pescia nach Pistoja fehlten. Aber dies war die technisch schwierigste Strecke, besonders wegen des bei Serravalla zu erbauenden Tunnels. Da die vorhandenen Mittel der Gesellschaft sich hierfür nicht als ausreichend erwiesen, so genehmigte die toskanische Regierung, auf Grund eines zwischen der Gesellschaft und den Ingenieurs Gebrüder Gandell zu London getroffenen Abkommens, die Ausgabe einer zweiten Aktienreihe, im Gesamtbetrage von 5250000 Lire; diese Prioritätsaktien sollten gleiches Stimmrecht mit den Stammaktien haben, jedoch die garantierten 5 % Zinsen vorweg beziehen und an dem weiteren Reinertrage mit den Stammaktien zu gleichen Teilen Genuß haben, nachdem die Besitzer der ersteren $2^1/_2\,^0/_0$ Dividenden vorweg erhalten hatten — alles dieses jedoch nur unter der Bedingung, daß die noch fehlende Bahnstrecke bis zum 1. Januar 1855 vollendet sein würde; während bei dessen fruchtlosem Ablaufen die Gesellschaft *ipso iure* in das Erlöschen der Konzession für die ganze Bahn und der mit solcher verbundenen Vorteile verfallen solle.

Die Emission der Prioritätsaktien bewirkten die Gebrüder Gandell teils in London, teils durch das Bankhaus B. H. Goldschmidt in Frankfurt a. M., welches für 3000000 Lire, mit mehreren anderen Bankhäusern, als stillen Gesellschaftern, von Gandells teils käuflich, teils kommissionsweise übernommen hatte.

Ungeachtet so die Mittel zur Vollendung der Bahn gegeben waren, rückte das Unternehmen nicht vor; und die finanzielle Lage der Gesellschaft verschlechterte sich so, daß sie Anfang 1855 vor dem Bankrott stand. Wesentlich war dies auf die Treulosigkeit und Beutegier der Engländer zurückzuführen, die das Unternehmen in der Hand hatten, aber ihren Pflichten in nichts nachkamen. Sowohl Gebrüder Gandell, als das bei der Emission besonders beteiligte Haus Strahan, Paul & Comp. in London fallierten Anfang 1855; die Chefs des letzteren wurden wegen betrügerischen Bankrottes verurteilt.

Die Fortführung des Unternehmens ließ sich nur unter den größten Schwierigkeiten bewirken. Statt der in Aussicht genommenen Frist von zwei Jahren waren deren sechs zur Vollendung der Bahn nötig, die endlich im Frühjahr 1857 auf beiden Seiten des Tunnels von Serravalla und Ende Januar 1859 auch durch diesen eröffnet und dem Betriebe übergeben wurde. Auch waren noch zwei große Anleihen im Nominalbetrage von 7200000 und 3500000 Lire (effektiv etwas über 6000000) erforderlich.

Doch interessieren hier diese weiteren Schicksale nicht, da schon 1855 eine große Reihe von Civilprozessen gegen das Bankhaus B. H. Goldschmidt in Frankfurt a. M. erhoben wurde; zu dessen Emissionstätigkeit daher zunächst zurückzukehren ist.

2. Am Vormittage des 18. April 1853 ließ B. H. Goldschmidt in Frankfurt a. M. durch dortige Sensale die folgende Ankündigung verbreiten:

Zur Vollendung der Eisenbahn von Lucca nach Pistoja, von welcher die größte Strecke von Lucca nach Pescia bereits in Exploitation ist, wurde die Gesellschaft dieser Eisenbahn er-

mächtigt, eine Anleihe von Lire 5250000 Prioritätsaktien aufzunehmen.

Diesen Prioritätsaktien sind laut großherzoglichen Dekreten vom 8. Dezember 1852 und 4. März 1853 von der toskanischen Regierung 5 % Zinsen pro anno auf 99 Jahre garantiert; außerdem werden diese Prioritätsaktien gleichmäßig mit den Stammaktien (im Betrage von Lire 8400000) an dem Mehrertrage der Gesamtstrecke von Lucca nach Pistoja partizipieren, nachdem die Besitzer der Stammaktien $2^1/_2$ % Zinsen erhalten haben werden.

Nach den mit großer Genauigkeit aufgenommenen Daten dürfte auf eine Rentabilität bei dieser Bahn von bedeutend mehr als 10 % zu rechnen sein, da solcher durch den Anschluß an die Bahn von Pistoja nach Florenz, von Lucca nach Pisa, und an die große italienische Centralbahn eine große Zukunft bevorsteht.

Von diesen 5250000 Lire Prioritätsaktien sind nun für den hiesigen Platz 3000000 Lire reserviert worden, auf welche das Haus B. H. Goldschmidt in Frankfurt a. M. Einzeichnungen entgegennimmt und zwar zum Kurse von 93 % . . . . . .

In kürzester Frist erfolgten Zeichnungen auf den drei- bis vierfachen Betrag der angegebenen Summe, so daß bereits an der Börse desselben Tages die Subskription geschlossen werden mußte.

Der Kurs dieser Aktien, für welche die garantierten Zinsen mit $2^1/_2$ % halbjährlich bis zum 31. Januar 1855 regelmäßig gezahlt wurden, erreichte seinen Höhepunkt am 29. April 1853 mit $95^3/_4$ und fiel dann in kurzen Schwankungen bis Ende 1854 auf $67^1/_2$. In der Folge ist er bis auf 40, einigemal auch darunter gegangen.

3. Den gerichtlichen Reigen eröffnete Kaufmann Karl Küchler zu Frankfurt a. M. Er stellte 1855 gegen B. H. Goldschmidt Klage an, mit dem Antrage: *denselben zu verurteilen, gegen Rückgabe der vom Kläger erworbenen Prioritätsaktien, den Nominalwert derselben samt Zinsen von 5 % v. 1. Februar 1855 an, nebst sonstigen Unkosten, zu erstatten; eventuell: den vom Kläger gezahlten Kaufpreis mit Zinsen (wie vorhin) zu bezahlen; eventuell: dem Beklagten aufzugeben, den durch Versteigerung festzustellenden Mindestwert der gekauften Aktien samt Interesse und Zinsen zu vergüten.*

Die Klage war auf den Vortrag der oben berichteten Tatsachen gestützt und damit begründet worden, daß Kläger sich an der Subskription vom 18. April 1853 beteiligt und die Prioritätsaktien Nr. 13851 bis 13950 erhalten habe, nach vollständiger Einzahlung seinerseits. Dieser Kauf wurde nun angefochten, weil wesentliche Bedingungen von dem Verkäufer arglistig verschwiegen worden (nämlich die Bedingungen, an welche die Garantie von der toskanischen Regierung geknüpft gewesen war); und bestimmt gemachte Zusicherungen (sicherer Gewinn von 10 %) unrichtig gewesen seien; und weil er auch ein ganz anderes Kaufobjekt, als versprochen worden sei, erhalten habe. Er sei berechtigt gewesen, Prioritäts-*Obligationen* zu erwarten, nicht aber Prioritäts-*Aktien*, durch die er nicht zum *Gläubiger*, sondern zum *Mitunternehmer* gemacht werde; dies sei aber nicht mehr eine *Anleihe*, zu der eingeladen gewesen war. Nur das letztere konnte aber von den Subskribenten verstanden werden, da der Beklagte durch die Bemerkung, es seien 3000000 Lire für Frankfurt a. M. *reserviert*, die falsche Vermutung berechnend wach rief, daß er Bankier der Gesellschaft gewesen, während er eine gewöhnliche Privatspekulation mit Aktien betrieb, die er von Gebrüder Gandell erhandelt hatte.

4. Der Beklagte behauptet Verjährung der ädilizischen Klagen; ebenso der angestellten *actio doli*. Auch den angeblichen Irrtum, in dem sich Kläger befunden haben wolle, hätte dieser doch unverzüglich rügen müssen; statt dessen habe er die Aktien angenommen und bis jetzt Zinsen ruhig bezogen, also das Geschäft genehmigt.

Mit Unrecht behaupte der Kläger, daß der Beklagte *dicta et promissa* verletzt habe; denn die Bemerkung mit der Rentabilität sei eine gewöhnliche und unverpflichtende, nicht so ernst zu nehmende Anpreisung (l. 19 pr. D. aedil. ed. 21, 1). Daß er, der Beklagte, Privatspekulation betrieben, habe er niemandem zu eröffnen Pflicht gehabt.

Daß es sich um *Aktien* handle, stehe im Prospekte ausdrücklich. Wenn bei preußischen Eisenbahnen der Sprachgebrauch herrsche, unter *Prioritäten* nur Anlehensscheine zu verstehen, so sei das lokale Gepflogenheit; er, Beklagter, habe ausdrücklich in der Ankündigung auf die großherzoglich toskanischen Dekrete hingewiesen, die jedermann im *Monitore Toscana* hätte nachlesen können. Auch stehe auf der Rückseite der Aktien, die Kläger auf Grund seiner Zeichnung erhalten habe, ganz deutlich angegeben, daß es sich um *Aktien* handele.

Wenn Kläger das Verschweigen der Bedingung rüge, an

welche die toskanische Regierung ihre Bewilligungen verknüpft hatte, so hätte er sich doch selbst sagen können, daß eine Dividendengarantie ohne Beifügung einer Baufrist niemals gewährt werde. Auch müsse bestritten werden, daß gerade die Aussicht auf jene Garantie zur Beteiligung am Unternehmen verführt habe. Und der Schaden sei jedenfalls nicht durch das Benehmen des B. H. Goldschmidt eingetreten, sondern durch die hinterherigen Treulosigkeiten der englischen Unternehmer.

5. Einige Besonderheiten traten dadurch ein, daß viele jetzige Besitzer der fraglichen Prioritätsaktien sie erst später von den ursprünglichen Zeichnern oder auch von deren Rechtsnachfolgern erworben hatten. Ja, das Bankhaus B. H. Goldschmidt hat in den hier kritischen Zeiten selbst eine große Zahl solcher Aktien wieder gekauft und dann abermals an Dritte verkauft.

Hier erhob sich die Frage: Ob solche Käufer berechtigt waren, in gleicher Weise, wie oben Karl Küchler, ihre Ansprüche geprüft zu erhalten, oder ob sie in ganz anderer Art zur Erwägung zu stellen, vielleicht *a limine* mit ihrem Vorgehen gegen B. H. Goldschmidt abzuweisen waren?

Die Frage bereitete um so mehr Zweifel, als der springende Regreß an sich bei der Cession Bedenken unterworfen worden ist; insbesondere aber auch der Umstand, daß es sich um Inhaberpapiere handelte, hier von Bedeutung sein kann.

6. An dem Unternehmen des B. H. Goldschmidt in Bezug auf die obige Aktienemission nahmen noch andere Frankfurter Bankhäuser teil, ohne aber als solche im Programm hervorzutreten. Einer derselben, M. Königswärter, hatte auswärtigen Geschäftsfreunden kurz vor der bevorstehenden Emission von ihr Nachricht gegeben und sie unter Beilegung des Programms zur Beteiligung aufgefordert. Er richtete insbesondere auch an den Kaufmann D. M. Berolzheimer in Fürth folgendes Schreiben:

Frankfurt a. M., den 15. April 1853.

Mit Gegenwärtigem erlaube ich mir, Ihnen einen Prospektus über eine am 18. dieses hier zu emittierende, von Toskana mit 5 Proz. garantierte Prioritäts-Anleihe zu begleiten, und wird solche nach meinem Erachten bei unseren Kapitalisten starken Anklang finden, da die 5prozentigen Toskanischen 103 stehen, und diese Prioritäten noch eine Dividende in Aussicht stellen.

Da ich mich selbst bei der Anleihe beteiligt habe, so kann ich Ihnen wahrscheinlich eine mäßige Summe zu dem Emissions-

preise von 93 Proz. zusichern, falls Sie mich per Telegraph hierzu ermächtigen.

Ihren werten Aufträgen entgegensehend, zeichne

achtungsvoll

M. Königswärter.

Der Brief traf am 17. in Fürth ein, und Berolzheimer erteilte am 18. dem Königswärter auf telegraphischem Wege den Auftrag zur Zeichnung von 60000 Lire, worauf er einige Stunden nachher telegraphisch und später auch noch brieflich die Mitteilung der geschehenen Zeichnung erhielt.

Die von Berolzheimer erhobene Klage war im Petitum der von Küchler angestellten ganz gleich; aber sie ging gegen die Bankhäuser B. H. Goldschmidt und M. Königswärter als Gesamtschuldner; wobei gegen den zweiten Beklagten, neben der der Küchlerschen Klage entsprechenden Begründung, noch dolose Anempfehlung eines ihm als höchst unvorteilhaft bekannten Geschäftes angegeben war.

Auch die Verteidigung der Beklagten entsprach dem oben in dem erstangeführten Prozesse Vorgebrachten.

Trotzdem dürften der juristischen Analyse bedeutsame Unterschiede in den berichteten Rechtsstreitigkeiten begegnen.

XI

Erbrechtsfall Matschke: Testament eines Preußen in Amerika.

(1856)

1. Robert Matschke, zu Neiße geboren, war im Jahre 1851 mit obervormundschaftlicher Genehmigung nach Nord-Amerika ausgewandert. Er starb am 11. September 1856 zu New York, ehe er den bei der Regierung zu Oppeln nachgesuchten Auswanderungs-Konsens erhalten hatte.

In dem Nachlasse des Matschke fand sich eine, seinen letzten Willen enthaltende, in der Stadt New York aufgenommene Privatschrift vom 8. September 1856, welche durch Beifügung seines Vor- und Zunamens in Gegenwart zweier Zeugen vollzogen und dabei ausdrücklich als *Testament* bezeichnet worden war.

Hierin hatte Matschke unter Nr. 1—6 die Bezahlung seiner

Schulden angeordnet; alle seine Rechte aus dem Sozietätsgeschäft zu New York und die in seiner dortigen Wohnung befindlichen Gegenstände seinem Kompagnon J. B. Eckel beschieden; dessen Ehefrau, sowie den Kindern seines Freundes Friedrich Wienandt und diesem selbst Vermächtnisse ausgesetzt. Nachdem er sodann angeführt, wie er aus seinem Geburtsorte Neiße noch mehrere Mobilien, sowie 2500 Taler als den Kaufgelderrest für sein Grundeigentum zu Neiße erwarte, so bestimmte er, daß hieraus zunächst eine Forderung des J. S. Röckel zu New York berichtigt werde, und fuhr in Nr. 9 fort (in deutscher Übersetzung):

Den Rest und das Übrige meines persönlichen Vermögens (personal estate), *meines Geldes und Eigentums* (property) *gebe, hinterlasse und vermache ich nach geschehener Zahlung der obigen Posten den besagten vorerwähnten Personen und Freunden, weil ich keine verwandtschaftlichen Beziehungen, noch nächste hier lebende Verwandte habe, nämlich J. B. Eckel, J. S. Röckel, Friedrich Wienand und Lewis Silberrad, zu gleichmäßiger Teilung unter ihnen dergestalt, daß jeder den vierten Teil empfängt;*

mit dem Hinzufügen einer Nr. 10:

letztlich verordne, bestelle und ernenne ich den besagten Lewis Silberrad zum alleinigen Vollstrecker dieses meines Testamentes.

2. Bei näherem Nachsehen fand sich, daß in Neiße verschiedene Gold- und Silbersachen im Werte von 36 Talern von Matschke zurückgelassen waren, und daß die im Testamente erwähnten Kaufgelder 2612 Taler ausmachten, welche zum Depositum des Kreisgerichtes in Neiße genommen worden.

Bei diesem hat sich als nächste Verwandte des Erblassers eine Tante desselben, verehelichte Kalke, legitimiert. Diese und der vom Gerichte bestellte Nachlaßpfleger erkannten das oben gedachte Testament nicht an und machten Ansprüche an den Nachlaß und vor allem an die Depositalsumme.

Deshalb wurden die vier Testamentserben mit dem Antrage gegen sie klagbar, *das mehrgedachte Testament für rechtsgültig zu erklären und demnach die Beklagten zu verurteilen, darein zu willigen, daß der im Depositorium des Kreisgerichts zu Neiße befindliche, sowie der sonstige Nachlaß des Robert Matschke an die Kläger als dessen Testamentserben verabfolgt werde.*

3. Die Beklagten erklärten das Testament für ungültig, weil bei dessen Errichtung nicht die im ALR. vorgeschriebenen Förmlichkeiten beobachtet worden. Auch fehle es in dem letzten

Willen des Matschke an einer Erbeseinsetzung; denn sie enthalte nur Bestimmungen über einzelne, insbesondere bewegliche Vermögensstücke. Die Hauskaufgelder gehörten hierzu nicht; denn das Haus sei, nachdem Matschke den Verkauf im Sommer 1856 angeordnet, erst am 4. Oktober, also nach dem Tode des Erblassers verkauft worden. Der Ausdruck *personal estate* sei Gegensatz zu *real estate* und bezeichne zweifellos nur *das bewegliche Vermögen*. Da der Klagantrag auf Erbrecht gehe, so komme jetzt nichts darauf an, ob der Erblasser mit dem in Neiße zurückgelassenen Vermögen etwa ein Vermächtnis ausgesetzt habe.

4. Von der klägerischen Seite wurde behauptet, daß für das Testament in formeller und sachlicher Hinsicht das Recht von New York in Betracht käme. Der Erblasser habe in New York seinen Wohnsitz gehabt; dort in Sozietät ein Drogerie- und Spezereigeschäft betrieben und die Absicht, seinen Geburtsort Neiße, ebenso wie seine preußische Staatsangehörigkeit aufzugeben, genügend an den Tag gelegt.

Nach dem New Yorker Gesetzbuch hat der zuständige Nachlaßrichter nach dem Ableben eines Testators auf Antrag des ernannten Testamentsvollstreckers, der Erben oder Vermächtnisnehmer die letztwillige Verordnung in Ansehung ihrer Echtheit und des bei der Aufnahme stattgehabten Herganges, sowie dessen Übereinstimmung mit dem Gesetze im Wege eines genau vorgeschriebenen Probationsverfahrens zu prüfen, sich danach über die Gültigkeit zu entscheiden und im Bejahungsfalle das Testament im Archiv des Gerichtes einzutragen und mit der Bescheinigung der Identität der geschehenen Prüfung und Eintragung zu versehen.

Alles dies war von dem zuständigen Richter Alexander Wilhelm Bradford geschehen; wie durch Gutachten und Zeugnis des Notars Zitz in New York festgestellt wurde. Es befand sich danach auf dem Testamente das Attest: *daß der letzte Wille des R. Matschke, welcher das vorstehend geschriebene Instrument ist, von mir, dem Abgeordneten* (Surrogate) *der Herrschaft New York, als der letzte Wille des genannten Verstorbenen gehörig laut Gesetz eröffnet worden, und daß dieses Testament und die Eröffnung desselben auf diesem Amte lib. 119 der Testamente pag. 94 eingetragen worden.*

XII
Fischereigerechtigkeit in der Lostauer alten Elbe.

(1858)

1. Der Elbstrom floß bei dem Dorfe Lostau früher in einem starken, nach Westen gekrümmten Bogen dicht vorbei.

Im Jahre 1740 hat Friedrich II hier einen Durchstich machen und den Elbstrom in das jetzige gerade von Süden nach Norden führende Flußbett leiten lassen. Das alte Flußbett (die jetzt sogenannte Lostauer alte Elbe) wurde aber nur südlich ganz von dem Hauptstrom abgedämmt. Nördlich bei dem Dorf Lostau blieb es mit ihm in Verbindung, so daß es auch jetzt noch in der kleineren Hälfte des Jahres, sobald hoher Wasserstand ist, von den Sachverständigen *schiffbar* genannt wird.

In dieser alten Elbe wurde im Jahre 1858 die Fischereigerechtigkeit zwischen der Gemeinde Lostau und 17 Fischern in Magdeburg streitig. Die erstere klagte, mit dem Antrage, die 17 Fischer zu verurteilen, *das Eigentum der Gemeinde Lostau an der alten Elbe anzuerkennen und sich aller Eingriffe in dasselbe, insbesondere des Fischens in der alten Elbe zu enthalten.*

Gegründet wurde dieser Antrag auf einen Erbzinsvertrag vom 10. Dezember 1754; durch den die prinzliche Gesamtkammer zu Magdeburg die sämtlichen Pertinenzen des ehemaligen dompropstlichen Herrenhofes zu Lostau an die Gemeinde Lostau in Erbzins getan und übergeben. Unser diesen Pertinenzen ist die *alte Elbe bei Lostau mit allen Nutzungen* ausdrücklich aufgeführt; und der Gemeinde die Verbindlichkeit auferlegt, die Ufer und Dämme an der alten Elbe in gutem baulichen Zustande zu erhalten. Die Gemeinde ist seitdem stets im Besitz gewesen.

Die Beklagten behaupten dagegen, daß die Elbe ein öffentlicher Fluß sei; daß die Magdeburger Fischerinnung schon 1758 die Fischerei mit Netzen und auf dem Kahne herumfahrend in der alten Elbe ausgeübt, und daß seitdem alljährlich sie, die Beklagten, und ihre Vorfahren die Ausübung dieses Rechtes fortgesetzt haben. Sie wollten sonach die ausschließliche Fischereigerechtigkeit in der alten Elbe durch Ersitzung erworben haben; und beantragten deshalb widerklagend, die Kläger zu verurteilen, *anzuerkennen, daß den Widerklägern das ausschließliche Recht, in der alten Elbe bei Lostau die Fischerei vom Wasser aus und mit dem Kahne herumfahrend auszuüben, zustehe.*

Die Widerbeklagten bestritten den behaupteten Erwerb durch Ersitzung und beantragten Abweisung der Widerklage.

2. Quellen.

Da die der richterlichen Beurteilung unterliegenden Tatsachen sich bis auf 1740 zurückerstrecken, so ist ein Zurückgehen auf das gemeine Recht erforderlich, einschließlich des Sachsenrechtes. Sodann auf das ALR. und die preußische Sondergesetzgebung.

Das Provinzialrecht des Herzogtums Magdeburg hat über diese Materien nur die eine besondere Bestimmung: *In der Elbe mit Angeln und Senken zu fischen, ist jedermann erlaubt, jedoch muß solches vom Lande aus, insbesondere nicht mit einem Kahne herumfahrend, geschehen.* Dieser Satz war altes Gewohnheitsrecht, das neben der Magdeburger Polizeiordnung vom 3. Januar 1688 galt. Kap. XI der letzteren, der vom Krebsen, Fischen und Vogelstellen handelt, ist durch K. Erlaß v. 1. März 1858 (G.-S. S. 287) aufgehoben worden.

3. Aus beigelegten Akten.

a) Ob und wie die prinzliche Gesamtkammer zum Besitz und Eigentum der alten Elbe gelangt ist, läßt sich aus früheren Akten der Hofkammer der königlichen Familiengüter, der Regierung zu Magdeburg und der preußischen Archive nicht mehr ermitteln. Das älteste Dokument ist eine *Königliche Bestätigungsorder* v. 17. Februar 1755. Hierin hat Friedrich II. sowohl für die Dompropste von Oberaufsichts wegen *qua summus episcopus,* als auch von Staats wegen *aus landesherrlicher Macht* obigen Erbzinsvertrag *ratihabiret und konfirmirt.*

b) Aus den Akten des Magistrats zu Magdeburg.

— Die Fischer-Innung zu Magdeburg, die nach Zerstörung der Stadt zuerst am 16. Januar 1647 ihre Artikel erhalten, hat seit dieser Zeit nicht sowohl in dem Elbstrom von Frohse bis Hohenwarthe, sondern auch bei hohem Wasserstande in den Laken, Seen und geschlossenen Gewässern, soweit die Fischer solche von dem Elbstrom aus mit ihren Kähnen befahren konnten, die Fischerei öffentlich und unangefochten ausschließlich geübt; jedoch unbeschadet der provinzialrechtlich *jedermann* zustehenden Befugnis, vom Lande aus mit Angeln und Senken zu fischen.

— Als am 19. Juni 1758 die Gemeinde Lostau bei ihrem Dorfe einen *Damm von Waasholz* durch die alte Elbe gezogen hatte, um die Fischer-Innung an dem Fischen in der alten Elbe zu hindern, hat letztere Beschwerde geführt, *da in der alten Elbe bei hohem Wasserstande ein unvergleichlicher Störfang, bei kleinem Wasser aber dort ihre einzige Retirade sei, um die sogenannten Speisefische, insbesondere die Kaulbarsche zu fangen.* Sie nahmen die Fischerei als ihr Recht in Anspruch; nur ein *jährliches don gratuit* von 140 Pfund frischem Lachs lieferten sie an die königlichen Hofküchen. — Die prinzliche Gesamtkammer veranlaßte hierauf das Unterlassen des Dammes; unklar, ob als Polizeibehörde oder als Patrimonialgericht.

— Durch die Konstitution des Königreichs Westfalen v. 7. Dezember 1807 wurden die Zünfte und Innnungen aufgehoben; und durch das Dekret v. 22. Januar 1809 wurde unter Bezugnahme auf das Patentsteuergesetz v. 5. August 1808 das Vermögen der Zünfte für Staatseigentum erklärt. Das Vermögen der Magdeburger Fischerinnung, wozu neben der Fischereigerechtigkeit auch 38 Morgen Landes gehörten, ward zu Gunsten des westphälischen Fiskus konfisziert.

— In der Konvention zwischen den Königreichen Preußen und Westfalen v. 14 Mai 1811 wurde ausdrücklich bestimmt, *daß die Fischerei im Elbstrome zur rechten Seite des Talwegs dem preußischen, zur linken Seite dem westfälischen Fiskus zustehe.*

— Im Jahre 1830 hat der preußische Fiskus, als Nachfolger des westfälischen, die Fischerei laut Vertrag vom 8. April 1830 mehreren Fischern in Magdeburg auf 12 Jahre für 20 Tlr. jährlichen Zins verpachtet. Dieser Vertrag ist später bis 1858 verlängert worden.

— Auf Grund der neuen Gewerbegesetze hat sich 1857 in Magdeburg eine neue Fischerinnung gebildet, welcher der Fiskus durch Vertrag v. 16. August 1858 wieder die Fischerei im Elbstrome bis 1871 für 25 Tlr. jährlich verpachtet hat.

4. Fragen:

a) Wie ist die erhobene Klage rechtlich zu charakterisieren? Und was gilt in diesem Sinne für die Widerklage?

b) Was hat danach jeder der beiden Teile für sich zu behaupten und zu beweisen, um zum Siege zu gelangen?

c) Was bestimmen die oben angegebenen Rechtsquellen über:

α) das Eigentum an öffentlichen und Privatflüssen; β) das verlassene Flußbett; γ) die Fischereigerechtigkeit in jenen?

d) In welcher Rechtsstellung befand sich danach die prinzliche Gesamtkammer bezüglich der alten Elbe? Was für eine Rechtswirkung hatte der Erbzinsvertrag von 1754? Wie ist die juristische Bedeutung der königlichen Order von 1755?

e) Was folgt aus den mitgeteilten Aktenauszügen für das Fischereirecht der Innung oder der einzelnen Fischer? Welchen Einfluß hatte insbesondere die westfälische Gesetzgebung, sei es für jenes Recht überhaupt oder doch für es auf der einen Seite der Elbe?

XIII

Der Baseler Festungsstreit.

(1859)

1. Der Kanton Basel unterlag 1831 der Revolution; es trennte sich von dem Kanton die Landschaft, und diese wurde von der Tagsatzung als besonderer Kanton anerkannt.

Hierauf wurde ein eidgenössisches Schiedsgericht angeordnet, welches das gesamte Staatsvermögen unter beide Kantone zu verteilen hatte, und welches hinsichtlich der um die Stadt Basel befindlichen Festungswerke, Schanzen und Gräben durch Urteil vom 19. November 1833 entschied: 1. *Es stehe die Verfügung über die fraglichen Festungswerke fortan einzig dem Kanton Basel-Stadtteil zu, und seien dieselben sonach ihrer Substanz nach von dem Inventar des in Teilung fallenden Staatsvermögens ausgeschlossen; . . . 3. Sei auf den Fall, daß durch die zuständige Behörde des Kantons Basel-Stadtteil die Schleifung der Festungswerke verfügt und dadurch nach Abzug der Kosten wirkliches Staatsvermögen begründet werden sollte, dem Kanton Basel-Landschaft sein Recht, daran in gleichem Verhältnis, wie bei der gegenwärtigen Teilung des Staatsgutes Anteil zu nehmen, vorbehalten . . .*

2. In den Entscheidungsgründen des Urteils wird dieses in folgender Weise gerechtfertigt: Unter den Gegenständen, über welche dem Staate das Recht der Verfügung und des Gebrauches zusteht, besteht ein wesentlicher Unterschied zwischen solchen, welche als einfaches fiskalisches Eigentum erscheinen und in dieser

Eigenschaft gleich jedem Eigentum dem bürgerlichen Verkehr unterliegen oder desselben wenigstens fähig sind, wohin z. B. das dem Staate gehörende bare Geld und alle gewöhnlichen Vermögensstücke zu zählen sind, und solchen, welche nach Wesen und Individualität in Rücksicht auf Verfügung, Veräußerung, Nutzung, kurz in jeder Beziehung dem bürgerlichen Verkehre entzogen und desselben unfähig sind und nur durch Aufhebung ihres Wesens und ihrer Individualität zum Gegenstand desselben gemacht werden können, wohin z. B. die öffentlichen Gewässer, Straßen, Brücken u. dergl. gehören. Nur die Gegenstände der ersten Art können dem eigentlichen Eigentum oder Vermögen des Staates beigezählt werden, während bei denen der letzten Art sich das Recht des Staates zu einem Hoheitsrecht gestaltet. Eben aus diesem Grunde können bei einer Teilung des Staatsvermögens letztere nicht in Betracht kommen, dieselben gehen vielmehr mit allen anderen dem Staate zukommenden Hoheitsrechten von selbst an denjenigen Teil über, in dessen Gebiet sie sich befinden. Zu ihnen gehören auch Schanzen und andere Festungswerke, indem sie ohne ihre ganze Natur und ihr ganzes Wesen, wonach sie zunächst zum Schutze der anliegenden Örtlichkeit bestimmt sind, abzulegen, nicht als Gegenstand des bürgerlichen Verkehrs, weder in Beziehung auf Teilung, noch auf anderweite Veräußerung, noch auf Benutzung gedacht, folglich auch nicht in einem Geld- oder Tauschwert ausgedrückt werden können.

3. Der zu Gunsten von Basel-Land gemachte Vorbehalt im Falle der angegebenen Veränderung der Festungswerke wurde damit gerechtfertigt, daß es nicht bloß als denkbar, sondern nach vielfachen Erfahrungen der neueren Zeit als eine naheliegende Möglichkeit erscheine, daß Festungswerke geschleift und die dazu gewidmeten Grundstücke in gewöhnliche Vermögensstücke verwandelt und zum Gegenstande des bürgerlichen Verkehrs gemacht würden; der Grad der Wahrscheinlichkeit jener Veränderung sich jedoch nicht in der Art berechnen lasse, daß daraus ein einen bestimmten Geldwert ausdrückendes Resultat sich ziehen lasse, in dieser Beziehung folglich nichts anderes übrig bleibe, als dem Kanton Basel-Land auf jenen möglichen Fall hin seine Rechte so, wie wenn derselbe schon eingetreten wäre, vorzubehalten.

4. Bis 1858 wurden an den Baseler Festungswerken nur unbedeutende Änderungen vorgenommen. Im Jahre 1859 erließ aber der Große Rat des Kantons ein Gesetz über die Erweiterung der Stadt, welches die vollziehende Behörde ermächtigte, zur Herstellung besserer Verbindungen zwischen den äußeren neuen Quartieren und der inneren Stadt durch Straßen und öffentliche Plätze, je nach Ermessen die Stadtgraben auszufüllen und neue Stadteingänge herzustellen, *auch die bisherigen Stadtmauern nebst den daran liegenden Schanzen ganz oder teilweise zu beseitigen.*

Nun erhob Basel-Land Ansprüche aus seinem Mitverfügungsrecht, das in dem Zeitpunkt wirksam werde, wo die Festungswerke als solche aufhörten. Dies sei jetzt eingetreten, nachdem die Festungswerke zum Teil geschleift, die noch übrigen Reste aber jede Bedeutung als Festungswerke verloren hätten. Die Frage, ob über die Schleifungskosten hinaus ein reeller Wert sich ergebe, sei nun gleichgültig; und ebenso könne man in Basel-Stadt dem Recht der Landschaft nicht dadurch ausweichen, daß man das gewonnene Terrain zu öffentlichen Anlagen u. s. w. verwende.

Dagegen wandte Basel-Stadt ein, daß durch die Schleifung der Festungswerke so lange *wirkliches Staatsvermögen* nicht erzielt sei, als durch Akte der staatlichen Hoheitsgewalt jenes Terrain zu einem anderen Zwecke des öffentlichen Gebrauches verwandt worden; daß die dahin gehende Verfügungsmacht aber ausschließlich dem Kanton Basel-Stadt zustehe; und der bedingt-obligatorische Anspruch von Basel-Land nur insoweit in Betracht komme, als nach wirklich vollzogener Schleifung der Festungswerke *gewöhnliche Vermögensstücke* erlangt worden und der Bruttowert des gewonnenen Terrains die Gewinnungskosten übersteige.

XIV

L. F. A. v. Metzsch gegen Herzog von Anhalt wegen Herausgabe des Rittergutes Gollmenglin.

(1861)

1. Am 25. August 1765 starb im Bade Gießhübel in Sachsen der Graf Karl Ernst v. Metzsch mit Hinterlassung eines Testamentes vom 1. August 1755 und eines Kodizills vom 1. Oktober 1755, die beide zusammen von ihm am 17. Oktober 1755 dem Stadtgerichte zu Dresden übergeben waren. In dem Testamente waren folgende Hauptbestimmungen enthalten:

§ 1. *Was mein zeitliches Vermögen betrifft, so setze ich, da ich mich wieder zu verehelichen gemeynet, meine aus dieser und denen folgenden Ehen zu erzeugende Kinder . . zu meinen Universalerben . . ein, jedoch nicht höher als zum Pflichtteil.*

§ 7. *Alle mein übriges Allodialvermögen, und wenn ich keine Söhne bekommen sollte, auch die Übermasse meiner Lehn, . . soll zu einem ewigen, einfolglich auf keine Art und Weise aufzuhebenden, Fideikommiß zur Konservirung der gräflich und freiherrlich Metzschschen Würde, Namens und Wappens ausgesetzt sein.*

§ 8. *In das Fideikommiß succediren nun zuvörderst meine etwa noch zu erzeugenden Söhne, in der Weise, daß das Recht der Erstgeburt unter ihnen observirt werde.*

§ 9. *Sollte ich aber keine Söhne hinterlassen, sondern nur Töchter, so fällt dieses Fideikommiß auf die älteste Tochter und deren Leibeserben.*

§ 12. *Nach Abgang meiner Descendenten . . soll das Fideikommiß auf meinen Vetter C. W. v. Metzsch und dessen männliche Descendenz, . . sodann aber nach deren Ableben auf dessen Agnaten transferirt werden, also daß . .*

2. Der Testator hatte von näheren Verwandten nur eine Schwester, die an den Landrat v. Wülknitz verheiratet war und in Krücheln, einem Gute zwischen Bernburg und Köthen, wohnte. Die beiden Geschwister waren seit längerem ganz verfeindet; auch in Prozesse über die Erbschaft ihrer Mutter verstrickt.

Hieraus erklären sich folgende Bestimmungen des oben erwähnten Kodizills:

§ 1. *Obschon mir nicht unbekannt ist, daß nach meinem Tode sich verschiedene finden werden, welche das Fideikommiß unter allerhand nichtigen Ausflüchten und Distinctionskrämereien zu untergraben sich bemühen werden, nachdem aber ich meinen . . Kindern . . präjudizirt, meinen übrigen Verwandten aber . . nichts schuldig bin, sie sich auch gegen mich nicht also aufgeführt haben, um ihnen etwas zufließen zu lassen, als haben sie den dadurch zugezogenen Schaden sich selbst zuzuschreiben.*

§ 2. *Aus dieser Ursache disponire ich, daß . . den Prozeß wegen des fälschlich von der v. Wülknitz und Konsorten produzierten Testamentes [meiner Mutter] . . . wenn ich den Ausgang nicht erleben sollte, meine Kinder diese gerechte Sache ohne Ausnahme eifrigst fortstellen sollen.*

In den 10 Jahren, da der Graf nach Errichtung seines

Testamentes noch lebte, kam die beabsichtigte Wiederverheiratung nicht zu stande. Er änderte aber das Testament nicht ab. Jedoch verkaufte er 1763 sein Haus in Dresden; und behielt sich zwar an diesem lebenslänglichen Nießbrauch vor, befreite es aber von seiner Eigenschaft als Fideikommißsache.

Bei seinem Tode bestand daher sein Vermögen fast nur noch aus dem im Fürstentum Anhalt-Zerbst belegenen Rittergute Gollmenglin nebst zwei Hufen auf einer benachbarten Mark.

3. Der Graf starb am 25. August; schon am 27. mittags gab in Zerbst der Advokat der Frau v. Wülknitz einem dortigen Notar den Auftrag, schleunigst nach dem 2 Stunden entfernten Gollmenglin zu fahren, um dort für Frau v. Wülknitz einen förmlichen Besitzergreifungsakt vorzunehmen; was auch geschah.

Am folgenden Tage reichte Frau v. Wülknitz bei der Regierung in Zerbst eine Erklärung ein, daß sie *nicht allein* wegen ihres Intestaterbrechtes gegen ihren Bruder, *sondern auch* wegen Ansprüche gegen denselben aus ihrer mütterlichen Erbschaft sich zu dem übrigen Allodialnachlaß ihres Bruders *salvo beneficio inventarii* melden wolle und bitte, ihr die Besitznahme *angedeihen zu lassen.*

Gleichzeitig richtete sie an das Stadtgericht zu Dresden den Antrag auf Publikation des Testamentes des Grafen. Diese geschah am 31. August 1765 in Gegenwart ihres Bevollmächtigten, des Advokaten Johann August Otto.

Sechs Tage nachher ließ sie durch den letzteren bei dem Dresdener Gericht die Erklärung abgeben, daß sie sich wegen Antretung der Erbschaft noch besinnen wolle.

Zugleich erhob sie Einsprache gegen die Gültigkeit der Veräußerung des Dresdener Hauses, die ihr Bruder 1763 vorgenommen; weil der verstorbene Graf damals bereits geistesschwach gewesen wäre. Der daraus sich entwickelnde Prozeß wurde aber im Jahre 1767 durch ein von der Fakultät Leipzig abgefaßtes Urteil beendet, worin die Frau v. Wülknitz mit ihren Ansprüchen vorläufig (sie hatte *in possessorio* und wegen Sequestration jenes Hauses geklagt) abgewiesen wurde, aber unter Vorbehalt der definitiven Erbschaftsklage. In den Gründen hieß es, daß das Testament gültig und der darin genannte C. W. v. Metzsch erster *heres fiduciarius* sei, die Klägerin somit gar kein Erbrecht habe.

4. Der Hauptstreit entwickelte sich über die in Anhalt gelegenen Güter.

Die Erbprätendenten waren:

1) *ab intestato* nur Frau v. Wülknitz, als einzige nahe Verwandte des Verstorbenen;

2) *ex testamento* die Agnaten, nämlich a) C. W. v. Metzsch, der zwar als preußischer Offizier in der Schlacht von Kunersdorf (1759) gefallen sein sollte, dessen Leben aber von seinem Vater, dem Hauptmann v. Metzsch, fortwährend behauptet und in Vertretung geltend gemacht wurde, und b) hinter ihm F. C. v. Metzsch, der gleichfalls preußischer Leutnant, aber noch minderjährig war.

Erst 1780 wurde die unter a) erwähnte Frage durch Todeserklärung des C. W. v. Metzsch seitens des Dresdener Stadtgerichtes erledigt; wobei F. C. v. Metzsch ausdrücklich *pro herede fiduciario* aus dem Testamente erklärt wurde.

Inzwischen hatte F. C. v. Metzsch sich damit begnügt, gegen die Anträge der Frau v. Wülknitz auf Überweisung des dortigen Allodialvermögens einen Protest bei der Zerbster Regierung einzureichen.

Durch alles dieses wurde Frau v. Wülknitz veranlaßt, von der Göttinger Juristenfakultät sich ein Rechtsgutachten über die Gültigkeit des Testamentes ihres Bruders zu erbitten. Die Fakultät antwortete, daß nach ihrer Ansicht das Testament ungültig und nicht wirksam sei. Das Gutachten war 1766 erstattet; doch machte Frau v. Wülknitz es gegen das Leipziger Erkenntnis (von 1767) in dem oben erwähnten Dresdener Prozesse nicht geltend; sie ließ vielmehr ihre Ansprüche auf das in Sachsen befindliche Vermögen ihres Bruders ganz fallen und begnügte sich mit dem Besitze von Gollmenglin.

Der Leutnant F. C. v. Metzsch stellte auch auf diesen Besitz (aus unbekannten Gründen) weder bei ihren Lebzeiten, noch nach ihrem Tode (1772) gegen ihre Erben einen Prozeß an; vielmehr wurde erst nach seinem Tode (1804) von seinen drei Kindern 1811 eine gemeinschaftliche Klage erhoben, die aber liegen geblieben ist.

Von den Erben der Frau v. Wülknitz wurde das Gut Gollmenglin später weiter vererbt; dann kaufte es 1843 der Herzog von Anhalt.

Gegen diesen erhob 1861 der Premierleutnannt a. D. L. F. A. v. Metzsch Klage anf Herausgabe jenes Gutes.

5. Die Klage gründet sich auf das Testament und die Fideikommißstiftung desselben. Die letztere gehe auf die ganze Erbschaft; und darum sei in der Berufung dazu nicht nur eine

Substitution im Fideikommisse, sondern auch eine Vulgarsubstitution für die Erbeinsetzungen der Kinder enthalten.

6. Die Verteidigung hiergegen geht dahin: Der Erblasser habe zu wirklichen Erben nur seine zu erwartenden Kinder eingesetzt, diese aber dem Erfolge nach auf ihre Pflichtteile beschränkt, und ihnen die Herausgabe der übrigen Erbschaft als ein Fideikommiß auferlegt, was also gar nicht die ganze Erbschaft umfasse; nur zu diesem Fideikommisse habe er dann eventuell auch die Vettern berufen, und es sei daher bei Ermangelung von Kindern das Testament hinfällig geworden, da eine Vulgarsubstitution für die Kinder nicht angeordnet wäre. Es sei daher gesetzliche Erbfolge eingetreten, und das Fideikommiß könne höchstens aus der Kodizillarklausel aufrecht erhalten werden. Von einer Berufung der Vettern zur *Erbschaft* als Vulgarsubstituten der Kinder könne keine Rede sein, da sie sogar in das Fideikommiß nur *nach Abgang* der Kinder berufen seien, also nur, wenn Kinder *gekommen*, d. h. geboren und in die Erbschaft und das Fideikommiß eingetreten, und *wieder abgegangen*, d. h. gestorben wären.

Wollte man aber die Berufung der Vettern zu dem Fideikommisse auch auf den Fall der Kinderlosigkeit des Erlassers beziehen, so folge aus jener Berufung noch nicht eine solche zur Erbschaft als wirkliche Erben.

Würde dagegen der nächstberufene Vetter als Vulgarsubstitut der eingesetzten Kinder zu betrachten sein, so würde ihm der Betrag der Pflichtteile dieser Kinder in das freie Eigentum zufallen, ein Ergebnis, das im vorliegenden Falle schwerlich im Sinne des Testators gelegen sein kann.

In jedem Falle müsse der Beklagte die Verjährung, sowie ordentliche und außerordentliche Ersitzung für sich geltend machen.

7. In der Replik heißt es:

Die beklagte Seite übersieht die eigene rechtliche Natur der vorliegenden Fideikommißstiftung. Sie sei nicht, wie im römischen Recht zu konstruieren; also eine Reihe successiver Vermächtnisse, wobei der erste Fideikommissar immer noch einen Erben vor sich haben muß; — sondern als Vermögensstiftung für eine *Familie*, so daß ein Fiduziar gar nicht erforderlich ist. Könne dies doch auch durch Verfügung unter Lebenden bewirkt werden.

Dadurch wird die Erwägung überflüssig, ob in der Einsetzung der Vettern *nach* den Kindern auch eine solche *statt* derselben liege. Der zu erwartende Sohn war doppelt eingesetzt: als gewöhnlicher Erbe auf seinen Pflichtteil, und dann als erster Fideikommißberechtigter in die obige Erbschaft, sofern sie zu einem Fideikommisse ausgesetzt war. Diesem Erstgeborenen war dann die weitere Deszendenz fideikommissarisch für den Fall des Absterbens und vulgär für den Fall des gar nicht Erscheinens substituiert. Wenn nun der Deszendenz weiter die Agnaten substituiert, und dazu die Worte *nach Abgang meiner Descendenten* gewählt waren, so muß dies auf beide Arten der genannten Substitution bezogen werden. Damit ist die Gültigkeit des Testamentes erwiesen; denn sobald man den ersten Fideikommißberechtigten als wirklichen *heres fiduciarius* ansieht, so ist durch eine Vulgarsubstitution für diesen das Testament vor Unwirksamkeit gesichert.

Wenn aber der erste Fideikommißberechtigte selber wirklicher Erbe, also Fiduziar und Fideikommissar zugleich ist, so versteht sich von selbst, daß, wenn die Vettern für den Fall der Kinderlosigkeit des Erblassers zum *Fideikommisse* berufen sind, sie damit auch zur *Erbschaft* als wirkliche Erben berufen sind.

Die Substitution der Vettern ist also nicht hinsichtlich der Pflichtteile der Kinder gemeint, sondern nur für die Erbschaft, sofern sie zum Fideikommisse gehört. Daß die ausgesetzten Pflichtteile bei völligem Wegfallen der Kinder auch wegfallen, ist allerdings richtig; sie wachsen der Erbmasse an und fallen unter das Fideikommiß. Aber das geschieht aus *ergänzendem* Rechtssatz über das Anwachsungsrecht, wofür der Wille des Erblassers gleichgültig ist. Daß er aber wirklich nicht so beabsichtigt habe, ist keineswegs wahrscheinlich, im Gegenteil ist kaum zu zweifeln, daß er für den Fall, daß er keine Kinder bekäme, gar keine andere Absicht gehabt habe.

Was endlich die Verjährung und Ersitzung anlange, so fehle es an der *bona fides* der ersten Besitzerin, der Frau v. Wülknitz, in deren Lage dann die Nachfolger eingetreten wären. Daß diese bei der Besitzergreifung von Gollmenglin und den ersten Schritten der Erbschaftsfrage nicht guten Glaubens gewesen sei, verstehe sich nach dem Thatbestande von selbst. Daß sie über ihr Recht ganz zweifelhaft war, geht aus ihrer Anfrage bei der Göttinger Fakultät hervor. Diese habe, nach obigem, ein juristisch unrichtiges Gutachten abgegeben; und wenn sich Frau v. Wülknitz darauf verließ, so gilt einfach der zwingende Satz: *In iure erranti non procedit usucapio.*

8. Aus der Schlußerwiderung des Beklagten verdient hervorgehoben zu werden:

Ein Familienfideikommiß kann überhaupt nicht *durch Erb-*

einsetzung errichtet werden. Im vorliegenden Falle sei davon aber auch keine Rede; die Ausführungen der Gegner hätten weder jene Möglichkeit, noch deren Anwendung auf unseren Rechtsstreit dargetan.

Es könne aber auch eine fideikommissarische Substitution durchaus nicht einfach als vulgäre aufrecht erhalten werden. Auch bei den deutschen Familienfideikommissen würde das ganz unzulässig sein; und daß im vorliegenden Testamente das Gegenteil angestrebt worden, sei von der Jenseite nicht bewiesen.

Den guten Glauben der Frau v. Wülknitz könne man mit Fug nicht in Abrede stellen. Es handelte sich bei dem Testamente um schwierige Rechtsfragen, um Zulassung der Errichtung des Fideikommisses durch Erbeseinsetzung, über das Verhältnis der direkten und der indirekten Substitution u. a. m. Diese konnte sie gar nicht übersehen; und daß sie Bedenken hatte und sich durch ein Gutachten von autoritativer Seite beruhigen wollte, könne man doch nicht als bösen Glauben bezeichnen. Der Zweifel an seinem Rechte schließe bei niemandem die *bona fides* aus. Das Gesetz könne unmöglich *absolute* Gewißheit fordern; denn die gibt es im menschlichen Leben überhaupt nicht. Redliches Bewußtsein müsse angenommen werden, solange die Zweifelsgründe an Stärke den Gründen für den Glauben an das Recht nachstehen.

XV

Die Rechtsverhältnisse am Stadtschießgraben zu Halle a. S.

(1865)

1. Vor dem alten Galgtore in Halle a. S., von dessen ehemaligen Befestigungen an dieser Stelle heute noch *der Leipziger Turm* steht, befand sich seit langen Zeiten *der Stadtschießgraben.* Er dehnte sich an den alten Befestigungen im äußeren Zwinger an der Stelle der heutigen *Poststraße* aus; als ein Überrest ist in den jetzigen städtischen Promenaden der *Kugelfang* erhalten geblieben, ein kleiner Hügel, der jetzt das Denkmal Kaiser Wilhelms I. trägt.

Der von den Schützen benutzte Teil des Zwingers begann von der Straße am Turm und erstreckte sich bis zu dem oben erwähnten Kugelfang etwa 300 Schritt weit, in der Art, daß er rechts von der Stadtmauer am Martinsberg begrenzt wurde. Links bestand in alten Zeiten der Schießbahn entlang ein Erdwall, so daß der Schützengraben ein in sich abgegrenzter Landstreifen *im* Stadtgraben war. Dessen übriger Teil links von dem Erdwall und hinter der Schießbahn bis zum Steintor blieb lange Zeit wüst und unbenutzt liegen, bis eine geordnetere städtische Verwaltung zu dessen Verpachtung führte.

Wo sich der längst abgetragene, die Schießbahn abgrenzende

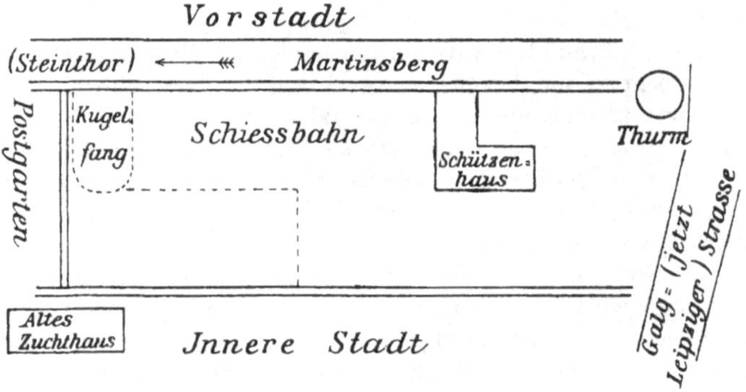

Wall befunden, läßt sich mit Sicherheit nicht bestimmen. Nur so viel ist unzweifelhaft, daß der links davon belegene Zwingerteil, der nach dem Kugelfang zu liegt, bis 1796 von den Schützen nicht benutzt worden ist.

Als 1866 die Anlegung der jetzigen *Poststraße* durch den ehemaligen Zwinger von der Leipziger bis zur Steintorstraße in Frage kam, entstand zwischen der Stadt Halle und der Schützengesellschaft ein Rechtsstreit über das Eigentum am Stadtschießgraben; bei dessen Erörterung es auf folgende geschichtliche Tatsachen ankommt.

2. Der erwähnte *Zwinger im Galgtor* ist 1454 im Bau begonnen worden. Im 16. Jahrhundert wurde in demselben den Büchsenschützen ein Schießplatz angewiesen. Diese waren seit jener Zeit in einer Schützengesellschaft vereinigt, der in alten Zeiten verschiedene Privilegien zukamen: Freie Einführung von 6 Kufen Merseburger Bieres; Bierverschank im Hause der *Compagnie,* wogegen die Schützengilde durch Unterschrift des Hauptmanns und der anderen Vertreter gewisse Verpflichtungen dem

Rate gegenüber übernahmen; Freiheit des jeweiligen Schützenkönigs von Einquartierungslasten; Erhebung des Schützentalers von jedem neuen Bürger der Stadt Halle zur *Lade der Schützen-Compagnie* u. a. m. Auch wurden der Schützengesellschaft durch kurfürstliches Reskript von 1691 aus der Acciskasse 61 Taler jährlich bewilligt.

In dem Zwinger wurde auch im 17. Jahrhundert ein Schießhaus errichtet, zu dem Kurfürst Friedrich ebenfalls 40 Taler als einmaligen Beitrag zusteuerte. Das Schießen stand aber dort nicht nur den Mitgliedern der Schützengesellschaft zu, sondern war jedem Halleschen Bürger freigegeben.

Im 18. Jahrhundert verschlechterte sich die Lage der Schützen. 1734 berichtete der Rat an die Kgl. Kriegs- und Domänenkammer, die Schützenkompagnie sei in Schulden geraten; was übel sei, denn *es gereiche zum lustro eines Ortes, wenn eine Schützen-Compagnie in florissantem Stande sich befinde, besonders aber hiesiges Orts, wo auswärtige studiosi sich in dem exercitio des schießens mit zu habilitiren und zu perfektioniren suchen.*

Da aber genügende Beihilfe ausblieb, wurde die Schützenkompagnie wiederholt verklagt und *von Gerichts wegen citiert und geladen.* Ja, es machte 1749 der erste Hauptmann, Paul Meyer, wegen einer Forderung an die Schützenkompagnie ein Retentionsrecht an der der Gesellschaft gehörigen Fahne, Königsschild u. a. geltend; worauf auch wirklich vom Rate verfügt wurde, daß diese Sachen *so lange zu extradiren seien, bis derselbe seinen getanen liquiden Vorschuß restituirt erhalten.*

Nach 1796 wurde die Aufnahme eines Kapitals von 2000 Talern nötig; worüber die Schützengesellschaft, mit einer vom Rate ausgefertigten *Confirmation*, eine auf ihren Namen gestellte *Obligation* ausgab.

Ende des 18. Jahrhunderts bildete sich innerhalb der Schützengesellschaft eine engere Vereinigung als *Stadtschützen-Ressource*; lediglich geselligen Zwecken gewidmet, unter der Aufnahmebedingung durch Ballotage. Beide Vereine bestanden zunächst nebeneinander; der jüngere zahlte dem früheren 40 Taler Miete für Räume im Schützenhause.

Als in der westfälischen Zeit eine allgemeine Entwaffnung der Bürger angeordnet war, gelang es nur mit Mühe, die Auflösung der Gesellschaft zu verhüten und ihr Besitz und Gebrauch von zehn Büchsen zu erwirken. Aber schon 1813 wurde als (aktenmäßig nicht verbürgte) königliche Deklaration kund gegeben, daß die Schützengesellschaft fortbestehen und die nämlichen Rechte, wie vor der Fremdherrschaft, haben solle. Worauf 1822 eine endgültige Vereinigung von Schützengesellschaft und Ressource eintrat; und das hierüber ausgearbeitete Statut, mit wenigen Änderungen der Folgezeit, von den königlichen Behörden genehmigt wurde.

Nachdem 1857 das Schießen im alten Schießgraben von seiten des Staates wegen Gemeingefährlichkeit verboten worden, hat die Stadtschützengesellschaft vollständig den schon früher vorwiegenden Charakter eines rein geselligen Zwecken dienenden Klubs angenommen.

3. Seit 1718 wurde der Stadtgraben an der oben beschriebenen Stelle von der Stadt Halle auf kurze Fristen verpachtet; nicht ohne mancherlei Reibereien und Konflikte, die infolge der stets nebenher laufenden Benutzung des Schießplatzes sich einstellten. Als 1796 wieder eine Pacht ablief, bewarb sich die Schützengesellschaft um eine Erpachtung auf längere Zeit. Und es wurde mit Genehmigung der vorgesetzten Behörde am 3. September 1796 ein Pachtvertrag zwischen der Stadt und der Schützengesellschaft abgeschlossen; Gegenstand war *der Stadtgraben oder Zwinger, so vom Galgtor bis an das Steintor gehet, mit darinn befindlichen Obst- und anderen Bäumen, auch Weinwachs und Gräserei, nichts überall davon ausgeschlossen.*

Beigegeben war als wesentlicher Teil des Pachtvertrages, wie seit alten Zeiten, ein *Inventarium über den Zwinger am Galgtor linker Hand, darin das Schützenhaus.* Aufgezählt ist: ein Torweg mit zwei Flügeln etc., das Lusthaus, eine bis zum Schießhause laufende Wellerwand, hinter derselben gehet der Graben; hiernächst ein Geländer längs dem Schießgraben bis zum Berg; . . endlich die Obst- und anderen Bäume, welche 1) im Schießgange, 2) auf dem Berge, daran die Vogelstange steht, 3) hinter dem Scheibenpfahle rechter Hand nach dem Steintore zu, 4) rechter Hand beim Steintor herunter . . und sonst im Garten zu der Zeit sich befanden.

4. Der Schützengesellschaft war es bei dem Eintritte in die Pachtung vorzugsweise um das Stück links von ihrem Schießgang und um den dahinter belegenen Berg als Kugelfang zu tun. Sie war deshalb im Jahre 1813 gern bereit, dem Mairie-Adjunkten Mellin auf dessen Ansuchen die Pachtung an dem hinter dem Berg belegenen Teil des Zwingers bis zum Steintor zu überlassen.

Dies geschah durch folgenden notariellen *Cessionskontrakt* vom 8. Juli 1813:

Es tritt die Stadtschützengesellschaft . . das ihr in Gemäßheit des im Jahre 1796 abgeschlossenen Pachtkontraktes über den hiesigen Stadtgraben oder Zwinger, der vom Galgtor bis an das Steintor gehet, noch bis Reminiscere 1826 zustehende Pachtrecht . . an den Mairie-Adjunkten Mellin dergestalt ab, daß derselbe zwar alle der Stadtschützengesellschaft aus jenem Pachtkontrakt zustehenden Rechte mit Ausnahme des unten gedachten Vorbehaltes genießen und ausüben, dagegen auch alle und jede Verbindlichkeiten, welche der Stadtschützengesellschaft in jenem Pachtkontrakt zur Bedingung gemacht und von ihr zu erfüllen ausdrücklich übernommen worden, mit übernehme und erfülle. . . — Es reserviert sich nämlich die Stadtschützengesellschaft denjenigen Teil des Grabens, der vom Galgtor an bis an die Vorlage des Zuchthauses geht und nicht schon ihr Eigentum ist, bis zu Ende der Pachtzeit, nämlich bis Reminiscere 1826 zu ihrem uneingeschränkten Gebrauch, soweit solcher ihr bisher nach dem Pachtkontrakt zugestanden hat.

Dieser Vertrag wurde unter Zustimmung des Unterpräfekten von dem Maire der Stadt Halle amtlich genehmigt.

5. Das Gesetz vom 22. Mai 1815 verpflichtete jeden Grundbesitzer bei Strafe, den Besitztitel von seinem Besitztum berichtigen zu lassen. Die Stadtschützengesellschaft, die vom Gericht mehrfach zur Erfüllung dieser Pflicht aufgefordert wurde, beantragte beim Magistrat, er möge ihr in Ermangelung eines urkundlichen Beweises ihres Eigentums ein Attest darüber ausstellen, daß sie den Schießgraben seit rechtsverjährter Zeit eigentümlich besitze.

Darauf verfaßte der Referent im Magistratskollegium ein Attest dahin, daß der Stadtschützengesellschaft *die Gebäude* im Stadtgraben *eigentümlich zugehören*, und daß sie *zur fortwährenden Benutzung* jenes Teiles des Grabens *berechtigt ist.*

Dieser Entwurf liegt jedoch durchgestrichen bei den Akten. Es fand vielmehr eine Konferenz zwischen Magistrat und Vorstand der Schützengesellschaft statt; ersterer machte den Vorschlag, daß die letztere das noch freie Stück links des Schießplatzes gegen die Verpflichtung der Unterhaltung der Stadtmauer übernehme. Zugleich wurde am 13. Oktober 1822 vom Magistrate bezeugt:

Der löblichen Stadtschützengesellschaft wird hierdurch verlangtermaßen auf den Grund der Akten attestiert: daß derselben die Gebäude in dem Zwingergraben links am Galgtore nebst dem Flecke, worauf solche erbauet sind, auch der Platz vor dem Schützenhause vom Eingange am Galgtore her, eigentümlich zugehören, auch daß sich dieselbe seit länger als 44 Jahren im Besitze und in der Benutzung der Schießbahn, d. h. des Übungsplatzes bis zur äußersten Schuß- und Zielweite befinde.

Nachdem das Attest am 23. Januar 1825 wiederholt war, wurde in dem für Halle neu angelegten Hypothekenbuche sub Nr. 303 b für die im Atteste bezeichneten Grundflächen die Stadtschützengesellschaft am 31. Juli 1827 eingetragen.

6. Inzwischen hatten weitere Verhandlungen wegen endgültiger Überlassung des zweifellos nur erpachteten Stückes des Stadtgrabens an die Schützengesellschaft stattgefunden; und zu dem Entwurfe eines Erbpachtvertrages geführt, über den das Nähere aus folgendem Berichte des Magistrates v. 12. März 1823 an die Kgl. Regierung zu Merseburg zu entnehmen ist:

Die hiesige Stadtschützengesellschaft befindet sich schon seit einigen hundert Jahren in dem eigentümlichen Besitz und resp. in der Berechtigung zur immerwährenden Benutzung des Schützenhauses, des Platzes vor demselben, vom Eingange vom Galgtor her und der Schießbahn. — Für diese Gesellschaft ist es wünschenswert, auch denjenigen auf der linken Seite der Schießbahn belegenen Teil des Galgtorschen Zwingergrabens bis an die Mauer des Gartens des Bürgermeisters Dr. Mellin hin zu besitzen, und da dieser Teil als ein öffentlicher Platz überdem für die Stadt nicht von besonderem Nutzen ist, so haben wir uns zur Abtretung desselben in Erbpacht an die Stadtschützengesellschaft auch bereit erklärt, wenn die Gesellschaft die Herstellung und Erhaltung der Stadtmauer am Martinsberg übernehmen wolle, jedoch unter den ausdrücklichen Bedingungen, daß die Gesellschaft das Erbpachtgrundstück weder verpfänden noch veräußern dürfe, und daß das Grundstück im Fall einer Auflösung der Gesellschaft an die Stadt zurückfalle.

Die Regierung ordnete erst noch verschiedene Erhebungen an; gab dann aber ihr Einverständnis mit dem geplanten Vertrage kund, *da die Kommune bei Überlassung dieses Stückes des Zwingergrabens an die Schützengesellschaft in Erbpacht unter den angesetzten Bedingungen keinen Schaden erleiden möchte, . . überdies nach der Zeichnung man nur durch fremde Gehöfte zu diesem Zwingerteile gelangen kann, und wir voraussetzen, daß die Nachbarn diesen Durchgang zu gestatten nicht gehalten sind . .*

Der Erbpachtvertrag wurde nun am 28. Mai 1823 abgeschlossen und bald darauf von der Regierung bestätigt.

Über seinen Inhalt ist nur noch zu bemerken, daß die Größe des abgetretenen Grundstückes auf $1^1/_2$ Morgen Magdeburgisch angegeben wird; und daß als Leistung der Gesellschaft (abgesehen von den oben genannten Einschränkungen) es nur heißt, daß sie *dafür* die Stadtmauer zwischen Schießbahn und Martinsberg *als Eigentum mit übernimmt und diesen Teil der Stadtmauer, soweit es zur Sicherung der Schußlinie notwendig ist, im baulichen Stande hält.*

Im Hypothekenbuche wurde nun der Besitztitel für die Stadtschützengesellschaft berichtigt und unter Nr. 303c vermerkt, daß diese das Erbpachtrecht an dem beschriebenen Teile des Zwingergrabens besitzt.

Die fragliche Angelegenheit hat hierauf 43 Jahre geruht.

7. Für die Erwägung des im Eingange erwähnten Rechtsstreites zwischen der Stadt Halle und der Schützengesellschaft kommt es vor allem auf die juristische Natur der letzteren an.

Es ist das mitgeteilte geschichtliche Material daraufhin zu prüfen; insbesondere zu erörtern, ob die Änderung der Gesetzgebungen, die in den fraglichen Zeiträumen in Halle für das bürgerliche Recht gegolten haben, von Einfluß ist; und welche Bedeutung das Auftauchen der *Schützen-Ressource* und deren nachmalige Einschmelzung in die *Schützen-Gesellschaft* besessen hat.

8. Zur Sache brachte die klagende Stadtgemeinde vor:

Sie fordere den ganzen Zwinger zurück, den die Beklagte seither besessen. Und zwar mit *actio locati*, auf Grund des Pachtvertrages von 1796. Dieser habe sich auf den gesamten Stadtschießgraben erstreckt, wie der Wortlaut jenes Kontraktes zeige und durch das Inventarium bestätigt werde. Diese Klage sei nicht verjährt, weil gegen Stadtgemeinden nach ALR. I, 9 § 632 nur 44jährige Verjährung laufe.

Ganz unzweifelhaft könne aber die Stadt die Eigentumsklage anstellen, da diese so lange nicht verjähre, als sich die betreffende Sache im Besitze des Eigentümers befinde; und dies sei hier mit dem Zwinger für die Stadt der Fall. Das gedachte Grundstück ist Teil des vormaligen Stadtgrabens, war zweifelloses Eigentum der Stadt und im 18. Jahrhundert stets von dieser als Eigentümerin verpachtet. In jener Zeit konnten durch Verjährung Eigentum oder sonstige Privatrechte am Zwinger nicht erworben werden, da dieser zu den Festungswerken und damit zu *res extra commercium* gehörte.

Die Atteste von 1822 und 1825 und die Eintragung in das Grundbuch seien gleichgültig; denn die dadurch begründete *Vermutung* für das Eigentum werde durch den Gegenbeweis entkräftet, der schon durch den Hinweis auf das über die Verpachtung von 1796 und über die Festungswerke Gesagte erbracht werde.

Aber auch der Erbpachtvertrag von 1823 stehe der Vindikation nicht entgegen; denn er erweise sich bei genauerer Prüfung nur als eine verkappte Schenkung. Diese aber sei ungültig, weil sie *als solche* von der Regierung nicht genehmigt sei, und die von der letzteren ausdrücklich gemachten Voraussetzungen nicht gegeben waren; denn über den Kugelfang sei von der historischen öffentlichen Straße des Martinsberges aus allerdings freier Zugang zu dem fraglichen Grundstock. Nach den Regeln der Subreption und der Obreption sei also der Vertrag ungültig.

Folglich sei nach 1826 die Schützengesellschaft im Besitze verblieben, ohne Verlängerung der Pacht, also nur in Stellung eines Verwalters fremder Sachen. Die Stadt habe das Recht, gegen Ersatz der notwendigen Auslagen das Grundstück jederzeit zurückzufordern.

Ganz unbegründet sei auch das behauptete Eigentum der Gesellschaft am Schießhause. Durch Einbauen auf fremdem Grund und Boden werde man nicht Eigentümer. Selbst wenn man in den vagen Privilegien der alten Zeit die Zustimmung der Stadt zur Errichtung des Hauses sehen wollte, so war es doch nur als *Schießhaus* bestimmt; mit dem Verbot des Schießens im Stadtgraben fiel die Bewilligung also von selbst. Seit 1796 sei eine stillschweigende Einwilligung der Stadtgemeinde ohne Belang, da hierdurch eine Veräußerung von städtischem Grund und Boden nicht zulässig, sondern immer Genehmigung der Verwaltungsbehörde erforderlich ist.

9. Von der beklagtischen Seite wird entgegnet:

Der Vertrag von 1813 war nicht Afterpacht, sondern Abtretung des Pachtverhältnisses; da die Verpächterin dem zugestimmt habe, sei die *actio locati* der Beklagten gegenüber erledigt.

Daß am Stadtgraben kein Privatrecht hätte bestehen können, sei irrtümliche Rechtsansicht. Jedenfalls sei aber auch 1823 Halle keine befestigte Stadt mehr gewesen; und auch in stillschweigender Weise könnten seitherige Wälle, Gräben und andere Festungswerke zu gewöhnlichen Grundstücken werden.

Die Gründe der Klägerin gegen die Rechtsgültigkeit des Erbpachtvertrages von 1823 seien nicht überzeugend. Klägerin deute ein pflichtwidriges Verhalten des damaligen Magistrates an; aber das sei aus den vorliegenden Akten nicht zu erweisen. Daß die städtischen Behörden damals die Schützengesellschaft begünstigt hätten, sei richtig; sie taten es, weil es ein billigenswerter Zweck erschien und erscheinen mußte (wie die Magistratsakten sagen): *die Schießübungen der Bürgerschaft der Stadt Halle anzuordnen und zu leiten und zu einem anständigen und geselligen Verkehr der Mitglieder untereinander Gelegenheit zu geben.*

Der Vertrag von 1823 sei keine Schenkung. Der Wert der Grundstücke war damals überhaupt sehr niedrig. Die Kosten zur Herstellung der Stadtmauer betrugen über 400 Taler. Und die Gesellschaft bekam nur ein sehr beschränktes Recht. Eine Gegenleistung ihrerseits lag aber schon deshalb vor, weil ja die Stadt die Mauer sonst hätte unterhalten müssen.

Wenn auch der Bericht vom 12. März 1823 nicht mit gewissenhafter Genauigkeit abgefaßt war, so sei die Genehmigung der Regierung doch deshalb nicht anfechtbar; und sei zu berücksichtigen, daß in damaliger Zeit man überhaupt nicht so peinlich zu verfahren pflegte, wie wohl richtig gewesen wäre.

Danach war die Gesellschaft Erbpächterin geworden; alsdann wurde durch Gesetz vom 2. Mai 1850 alle Erbpachtgerechtigkeit aufgehoben; mithin besitze nun die Gesellschaft das 1823 erworbene Land zu Eigentum.

Das, wofür sie als Eigentümerin eingetragen ist, komme ihr deshalb zu, weil sie in rechtsverjährender Frist Eigenbesitzerin gewesen. Der Pachtvertrag von 1796 habe sich auf dieses Land gar nicht bezogen. Es sei aber auch kein Grund ersichtlich, weshalb nicht ein Pächter Ersitzungsbesitz soll beginnen können, wenn er so bestimmt als Eigentümer auftritt, wie es hier in den Jahren 1822 ff. geschehen. Der gute Glaube der Gesellschaftsmitglieder, soweit er in Frage käme, sei nicht zu bezweifeln. Und die Ersitzungszeit sei längst erfüllt. Zudem sei es eine nur vereinzelte Ansicht (FITTING in Gruchots Beiträgen Bd. 10, S. 330), daß gegen Stadtgemeinden nach preußischem Rechte nur 44jährige Frist laufe.

Der Kugelfang sei in dem Vertrage von 1823 einbegriffen gewesen. Wenn auch dort nur von *der linken Seite* die Rede war, so müsse dem Sinne des Vertrages nach auch jener Hügel mit gemeint gewesen sein. Denn dieser Sinn war, der Gesellschaft *alles* Land in dem Zwingerteil zu übertragen, was sie nicht schon so besäße; und jener enge Ausdruck, der nur die linke Seite beschreibend nannte, werde durch den Zusatz *bis an die Mauer des Mellinschen Gartens* genügend klar gestellt.

XVI
Anlehen der konföderierten Südstaaten von Nordamerika.

(1869)

1. Zur Zeit des Krieges zwischen den Südstaaten Nordamerikas, den *Confederated States of America*, und der Nordamerikanischen Union hatten jene zwei bedeutende Anlehen zu London, Paris, Amsterdam und Frankfurt a. M. aufgenommen.

Das eine Anlehen im Betrage von 75 Millionen Franken oder 3 Millionen Pfund Sterling, zu 7 $^0/_0$ verzinslich, war durch eine *Act of Congress* vom 29. Januar 1863 genehmigt worden, und führte als Namen, unter dem die einzelnen Schuldscheine ausgestellt sind: *7 per cent cotton loan of the Confederated States of America*, deshalb *cotton loan* genannt, weil den Besitzern der auf den Inhaber gestellten Teilverschreibungen durch die Anlehensbedingungen gestattet war, die Rückzahlung der spätestens bis zum 1. September 1883 zu amortisierenden Schuld statt in barem Gelde in Baumwolle anzusprechen.

Das andere Anlehen, zu 8 $^0/_0$ im Jahre verzinslich und genehmigt durch einen *Act of Congress* der *Confederated States of America* vom 20. Februar 1863 sollte am 1. Juli 1868 zurückbezahlt werden. Auch hier waren die einzelnen auf den Inhaber lautenden *Bonds* unter dem Namen *Confederated States of America* ausgestellt.

2. Nachdem die Südstaaten im Kampfe gegen den Norden unterlegen, wurde durch ein Bundesgesetz *addition to and amendement of the Constitution of the United States adopted by Congress on 21. July 1869* bestimmt, daß Schulden, welche zur Hilfe der Insurrektion oder Rebellion gegen die Union eingegangen worden seien, weder durch die Vereinigten Staaten noch durch einen Einzelstaat übernommen oder bezahlt werden sollten, indem solche Obligationen vielmehr für ungesetzlich und nichtig zu erachten seien.

Ähnliche Bestimmungen waren schon früher, aber auch erst nach beendetem Kriege, in die Verfassungen einzelner Südstaaten übergegangen. So *Virginia*, Art. X sect. 10 (1864): *Keine Zahlung soll aus dem Staatsschatze stattfinden für irgend eine Schuld oder Obligation, welche im Namen des Staates von Virginien durch die insurgierten und angeblichen Autoritäten, welche während des letzten Krieges in Richmond versammelt waren, eingegangen worden ist; . . . soll keine Steuer für die Zahlung einer Schuld, welche behufs der Unterstützung der Rebellion . . gegen die Union geschaffen worden sei, erhoben werden;* — *Louisiana* Art. 169 (1864): *Keine Verbindlichkeit des Staates noch einer Parochial- oder Bürgergemeinde soll bestehen für irgend eine Schuld, welche für oder im Interesse der Rebellion gegen die United States eingegangen worden ist;* — *Süd-Carolina* Art. X, sect. 16 (1866): *Keine Schuld, welche durch diesen Staat zur Unterstützung der letzten Rebellion eingegangen worden ist, soll ganz oder teilweise bezahlt werden.*

Auf Grund dessen wurde die Zahlung der oben erwähnten Anlehensschulden von den vormals konföderierten Staaten verweigert.

3. Zum Schutze der hierdurch geschädigten Inhaber der *Bonds* der *Confederated States of America* bildete sich in London ein Komitee, das nun vor allem von angesehenen Juristen Gutachten erbat, ob eine rechtliche Verbindlichkeit aus den erwähnten Anlehen bestehe?

Es kommt dabei namentlich auf folgende Fragen an:

1) Waren von vornherein gültige Darlehen eingegangen? Wer hatte das Anlehen aufgenommen? Die Südstaaten waren nicht überall völkerrechtlich anerkannt; andererseits übten ihre Organe in ihren Grenzen die Gewalt aus.

2) Ist *die Konföderation* in Betracht zu ziehen, oder die einzelnen Südstaaten, oder beide, oder keines? Hat die Wiederaufnahme der Südstaaten in die Union Einfluß? Ist das Recht der Gesellschaft, der juristischen Person, der Vollmacht, der nützlichen Geschäftsführung, der Bereicherung u. s. w. heranzuziehen. Wie wäre es mit der *condictio Iuventiana?*

3) Rechtliche Bedeutung der Auflösung der Konföderation; der Verfassungsänderung der drei Südstaaten (s. ob.); des Bundesgesetzes von 1869?

4) Waren die Anlehen innerhalb der Grenzen der Vertragsfreiheit; — oder vielleicht umgekehrt: kann die Zahlungspflicht,

wenn nicht auf technisch geformtes Recht, so doch auf grundsätzlich richtiges Recht für diesen Fall — *ex fide bona* — gestützt werden?

XVII
Der Leipziger Theaterprozeß.
(1873)

1. Die *Deutsche Genossenschaft dramatischer Autoren und Komponisten,* Roderich Benedix und Genossen, erhob gegen Friedrich Haase, Pächter und Direktor des Stadttheaters zu Leipzig, Klage, mit dem Antrage, denselben zu verurteilen wegen unbefugter Aufführungen von Werken der Mitglieder jener Genossenschaft, welche Aufführungen vom 1. Januar 1871 bis 17. Oktober 1872 stattgefunden, die gesetzliche Entschädigung, auf Grund einer hierüber abzulegenden Rechnung, bar zu entrichten.

Die genannte Genossenschaft hat Rechtsfähigkeit. Mitglied kann jeder Urheber eines zur öffentlichen Aufführung bestimmten dramatischen, musikalischen oder dramatisch-musikalischen Werkes werden, sowie jeder Rechtsnachfolger eines solchen Urhebers. Aufgabe ist gemeinsame Wahrung der Rechte aller Mitglieder. Den letzteren ist die beliebige Verwendung ihrer Aufführungsrechte durchaus gestattet, nur sollen sie, bei Meidung von Vertragsstrafe, zur Vermittelung des Vertriebes derselben sich keiner anderen als der Genossenschaftsagentur bedienen. Die aus unbefugten Aufführungen erwachsenen Rechtsansprüche können sowohl von den einzelnen Geschädigten, als von der Genossenschaft erhoben werden; letzteres wird als Normalfall gedacht: die Genossenschaft prozessiert auf Genossenschaftskosten, zieht die Entschädigungen und Geldbußen zur Genossenschaftskasse ein und behält für diese Kasse als Vergütung $^1/_5$ der beigetriebenen Gelder.

Die vorliegende Klage war in Vollmacht der elf damaligen Genossenschaftsmitglieder angestellt. Sie stützte sich auf RG. vom 11. Juni 1870 § 54; 55;[1] und forderte Zahlung der jenen zuzusprechenden Entschädigung an die Genossenschaftskasse.

2. Friedrich Haase beantragte Abweisung der Klage. Er stellte durch seinen Anwalt die Aktivlegitimation in der er-

---

[1] Vgl. jetzt RGes. v. 19. Juni 1901 § 37 flg.

hobenen Klage in Abrede. Die Genossenschaft habe weder eigene Urheberrechte, noch auch ständen ihr die Urheberrechte der Mitglieder zu.

Zur Sache leugnete er, daß *unbefugte* Aufführungen vorgelegen hätten. Bei dem Antritte seiner Stelle habe er Manuskripte, Partituren u. s. w. vorgefunden; und sei daher im zweifellosen *Besitz* des Aufführungsrechtes. Da aber die jetzt beanstandeten Aufführungen schon seit 1834, 1838, 1840 vorgenommen waren, so sei auch endgültige *Ersitzung* jenes Rechtes eingetreten.

Dabei ist zu bemerken, daß das dortige Theater Eigentum der Stadtgemeinde ist, die es seit 1834 an verschiedene Pächter nacheinander überlassen hat. Diese Vorgänger des Beklagten haben die fraglichen Aufführungsrechte für das Theaterunternehmen erworben; und zwar nicht nach dem Tantieme-, sondern dem Honorarsystem, wobei das Unternehmen lediglich auf Gefahr und Vorteil der Bühne geht, und der Autor durch einen festen Honorarsatz *ein für allemal* abgefunden wird. Jeder Theaterdirektor habe also das Aufführungsrecht der jetzt streitigen Stücke in Vertretung der Stadtgemeinde Leipzig oder doch zu deren Gunsten erworben; wobei umgekehrt der Rat der Stadt bei jeder neuen Verpachtung der Theatergebäude und des Inventares stillschweigend die ihm zustehenden Aufführungsbefugnisse überlassen habe.

3. Von klägerischer Seite wurde betont, daß man sich sehr wohl durch eine juristische Person vor Gericht vertreten lassen könne. Wenn dabei dem Beklagten angesonnen werde, an die Kasse der vertretenden Genossenschaft zu zahlen, so sei er dadurch nicht beschwert und dieses den Rechten nicht zuwider.

Die erhobene Klage sei eine Deliktsklage. Eine Ersitzung sei hier nicht möglich; jedenfalls nach dem Sächs. GB. nicht. Und da dieses am 1. Januar 1865 in Kraft getreten, so sei auch für keine Aufführung die altsächsische Verjährungsfrist von *Jahr und Tag* erfüllt gewesen.

Die rechtlichen Deduktionen des Beklagten übersähen, daß *das Theater* keine juristische Person sei. Aber auch kein *Organ* der Stadt, die es vertreten könne. Ein Vertrag auf Leistung an einen Dritten sei nicht gegeben, weil ja gar nicht die Stadtgemeinde als solche aufführen wolle, sondern der Theaterdirektor; und sonst müßte man annehmen, daß der Vertragschließende zugleich für seine Nachfolger kontrahiert habe. Das sind aber *incertae personae*, zu denen man durch Vertrag in Rechtsbeziehungen nicht treten könne. Endlich übersehe der Beklagte auch, daß ja inzwischen erst das Urheberrecht reichsgesetzlich geschützt worden, so daß jener nach 1870 die Aufführungsrechte schon aus diesem Grunde neu hätte erwerben müssen.

XVIII

Rechtsfall der Fürstin Bibesco.

(1875)

1. Die Fürstin Bauffremont, geb. Gräfin von Caraman-Chimay, war von ihrem Gatten, dem Fürsten Bauffremont, in Paris, wo der Fürst seinen Wohnsitz hatte, am 1. August 1874 von Tisch und Bett geschieden worden. Am 3. Mai 1875 erhielt sie eine Naturalisations-Urkunde, ausgestellt von der Regierung in Sachsen-Altenburg, gegründet auf die Zeugnisse der Marie von Ménars vom 21. Dezember 1871 und 9. Oktober 1874 über die persönlichen Verhältnisse der Fürstin, und auf ein anderes Zeugnis des Herrn Berge, Administrator der Güter der Fürstin, worin deren Vermögensstand beglaubigt ist.

Nachdem die Fürstin sich in Loschwitz bei Dresden und im September 1875 in Berlin niedergelassen hatte, ging sie in Berlin am 24. Oktober 1875 vor dem zuständigen Standesbeamten eine zweite Ehe mit dem Fürsten G. Bibesco ein.

2. Hieraus entstanden Verwickelungen, die zu einem Prozesse führten, in welchem es namentlich auf folgende Fragen ankam:

a) War die von der Fürstin bei der Herzoglich Sachsen-Altenburgischen Regierung erlangte Naturalisation trotz fehlender Zustimmung ihres Gatten rechtlich möglich?

b) Ist die Fürstin dadurch Deutsche geworden? Hat sie ihre Eigenschaft als Französin verloren?

c) Hatte sie das Recht erworben, in Deutschland eine zweite Ehe einzugehen? War die neue Ehe rechtsgültig?

d) Welches wären die gesetzlichen Folgen, wenn diese zweite Heirat in Frankreich durch Richterspruch für nichtig erklärt würde?

3. Gesetzesstellen:

Reichs-Gesetz v. 1. Juni 1870 über die Erwerbung und den Verlust der Bundes- und Staatsangehörigkeit, Art. 8; 13. — CC. 17. — EG. 41.

Conc. Trident. Sess. XXIV c. 7 de sacr. matr.: *Si quis dixerit, ecclesiam errare, quum docuit et docet, iuxta evangelicam et apostolicam doctrinam propter adulterium alterius coniugum matrimonii vinculum non dissolvi et utrumque, vel etiam innocentem . ., non posse altero coniuge vivente aliud matrimonium contrahere, moecharique eum, qui dimissa adultera aliam duxerit, et eam, quae dimisso adultero alii nupserit, anathema sit;* — c. 2 C. XXXII qu. 1; c. 4, 5 X. de divortiis 4, 19; — Art. Schmalk. de pot. episc.: . . *Iniusta etiam traditio est, quae prohibet coniugium personae innocenti post factum divortium.* — ALR. II. 1 §§ 732 ff.; — Sachsen-Altenburgische Eheordnung v. 1837 §§ 194 ff.; — CC. 306 ff.

Reichs-Gesetz v. 6. Februar 1875 über die Beurkundung des Personenstandes und die Eheschließung, § 77 (in Preußen in Kraft seit 1. März 1875, in Sachsen-Altenburg seit 1. Januar 1876, — s. Reichs-Ges. § 79.) — BGG. 1564; 1575; 1586.

ALR. II, 1 §§ 16 ff.; 936. — CC. 188; 189. — RGes. v. 6. Februar 1875 § 34. — StGB. 171. — BGB. 1309; 1326; 1586.

EG. 7; 13 ff.; 40; 46.

XIX

Lahrer Stiftung zu kirchlichen Zwecken.

(1875)

1. Durch eigenhändigen letzten Willen v. 15. Februar 1874 hat der seitdem (am 7. Mai 1875) mit Tod abgegangene Rentner Christian Wilhelm Jamm über sein, etwa anderthalb Millionen Mark betragendes Vermögen im wesentlichen dahin verfügt:

. . *und setze als meine Universalerbin von meinem sämtlichen Vermögen die Lahrer Bürgergemeinde ein, mit der ausdrücklichen Bedingung, daß meine Vermächtnisse, wie hier verzeichnet, geregelt und meine Bestimmungen mit der gewissenhaftigsten Genauigkeit vollzogen werden . . . Ich bestimme 250000 ℳ zur Erbauung und Dotierung einer christlich protestantischen Kirche nebst dem erforderlichen Pfarrhause; nämlich 140000 ℳ für die Kirche, 80000 ℳ als Kirchenfonds für Dotierung des Pfarrers etc., sowie 30000 ℳ für das Pfarrhaus. Die Kirche soll in meinem Garten (der Dreyspringsche) erbaut werden, ebenso das Pfarrhaus . . Es versteht sich von selbst, daß diese Kirche und deren Fonds unter Obhut des Gemeinderates stehen soll. — Die Kirche soll zu Ehren Christus benannt sein. — Streng Orthodoxe sollen ausgeschlossen sein. — Es kann niemand Pfarrer ohne Genehmigung des städtischen Gemeinderates sein. — Es soll in dieser Kirche wieder die alte Sitte eingeführt werden, daß sich jedermann einen besonderen Platz aussuchen kann gegen eine mäßige Bezahlung an den Kirchenfonds per Jahr . . . Mein Rebgut im kleinen Vögele vermache ich dem Fonds der zu erbauenden Christuskirche . . .*

Zum Schlusse werden, nach anderen hier gleichgültigen Anordnungen, drei Lahrer Bürger zu Testamentsvollstreckern ernannt.

Durch Entschließung des Staatsministeriums v. 20. Juli 1875 wurde der Verfügung des nun verstorbenen Erblassers bezüglich der 250 000 *M* und ihrer Verwendung die Staatsgenehmigung erteilt; dagegen in diesem Erlasse der weiteren Anordnung des Erblassers wegen des dem Fonds der zu erbauenden Kirche vermachten Rebgutes keine Erwähnung getan.

2. In der Folge entstanden rechtliche Meinungsverschiedenheiten zwischen dem Evangelischen Oberkirchenrate zu Karlsruhe und dem Städtischen Gemeinderate zu Lahr.

Jener verlangte das Vermächtnis von 250 000 *M* nebst dem Rebgute heraus, um es im Sinne des Erblassers zu verwenden und zu verwalten; die Stadtgemeinde Lahr dagegen schrieb sich beides als Recht und Pflicht zu.

Nach längerem Verhandeln erklärte der Oberkirchenrat, daß er zur Vermeidung von Weiterungen seinen Anspruch auf den selbständig gestifteten Fonds von 80 000 *M* für Pfarrdotierung und auf das, diesem Fonds zugewendete Rebgut beschränken wolle. Die Vertretung und Verwaltung dieser Stiftung mit eigener Rechtsfähigkeit komme nach dem badischen Stiftungs-Gesetz v. 5. Mai 1870 [1] dem örtlichen Kirchengemeinderat, unter Aufsicht des Oberkirchenrates, zu; *die Obhut* des städtischen Gemeinderates, welche der Testator gewünscht habe, könne durch Gewährung einer Mitaufsicht über die Abrechnung der kirchlichen Gemeindevertretung verwirklicht werden. Dagegen müsse nach dem neuzeitlichen Kirchenrechte der Passus des Testamentes gestrichen werden, welcher die Pfarrer von der Genehmigung der politischen Gemeinde abhängig machen wolle. Das Ver-

[1] Bleibt in Geltung: BGB. 85.

mächtnis des Rebguts an *den Fonds* bestätige nur die vorhin bemerkte Rechtsansicht des Oberkirchenrates.

3. Der städtische Gemeinderat hielt dem gegenüber daran fest, daß auch die Summe von 80000 *M* im Vermögen der Gemeinde bleibe und daß dieses *Zweckvermögen* nicht unter das erwähnte Stiftungs-Gesetz falle. Auch komme die kirchliche Organisation, auf die der Oberkirchenrat oben Bezug nehme, gegenüber einer privaten Stiftung nicht in Frage, und deren Grundsätze nicht zur Anwendung.

Die Vermächtnisverfügung des Testators über das Rebgut sei überhaupt ungültig, weil *das Gut* nicht als besondere juristische Person gelten könne; auch nicht einmal in der staatlichen Genehmigung der Stiftung genannt sei. Als einfaches Vermächtnis sei die fragliche Bestimmung des Testamentes juristisch nicht haltbar, weil *der Fonds* damals als juristische Person nicht bestand. Das Rebgut sei danach wie alles übrige Vermögen des Testators zu behandeln, d. h. es habe im freien Eigentum der Stadtgemeinde Lahr zu verbleiben.

XX

Das interkantonale Vorbereitungskomitee der Gäubahn.

(1876)

1. Im Jahre 1870 bildete sich in Solothurn unter dem Namen einer *Initiativgesellschaft der Gäubahn* ein Verein, der sich nach Art. 1 seiner Satzungen die Vornahme der technischen und sozialen Vorarbeiten für den Bau einer Eisenbahn von Solothurn nach Olten durch das Gäu, und nach Art. 7 die Gründung einer endgültigen Baugesellschaft für die Vollführung jenes Eisenbahnbaues zum Zwecke setzte. Nach Annahme der Satzungen und erfolgter Konstituierung erwählte diese Initiativgesellschaft, gemäß Art. 4 der Satzungen, ein aus 21 Mitgliedern bestehendes Initiativkomitee, das die erforderlichen Vorarbeiten, insbesondere die Ausarbeitung der Pläne und Kostenberechnungen vornehmen sollte.

In seiner ersten, am 13. Juni 1870 in Dürrmühle abgehaltenen Sitzung gab sich das Initiativkomitee eine Geschäftsordnung, in der u. a. bestimmt war, es habe der Kassierer das Vermögen der Gesellschaft nach Anleitung des Komitees zu verwalten, und dürfe er von sich aus keine Ausgaben auf Rechnung der Gesellschaft machen.

Bereits in der zweiten Sitzung zu Solothurn am 20. März 1871 wurde Bericht über Unterhandlungen erstattet, welche mit der Gesellschaft der Broyetalbahn für eine Fortsetzung dieser letzteren von Lyß über Solothurn nach Olten stattgefunden hatten; und wurden die Bedingungen eines Vertragsentwurfes verlesen. Zugleich wurde beschlossen, es sei für diese neue und ausgedehntere Eisenbahnbestrebung ein interkantonales Komitee zu bilden, zusammengesetzt aus dem seitherigen Initiativkomitee und Abgeordneten der interessierten Ortschaften. Dabei wurde wörtlich bemerkt: *Das Gäubahn-Komitee wird wie bisher fortbestehen, erweitert sich jedoch auf oben beschlossene Art für diesen speziellen Zweck.*

Das interkantonale Komitee konstituierte sich nun in einer im Amthause zu Solothurn abgehaltenen Versammlung am 15. August 1871 als *Interkantonales Vorbereitungskomitee für die Gäubahn resp. für den Bau einer Eisenbahnlinie Lyß-Büren-Solothurn-Olten*; und bestellte unterm 25. Februar 1872 aus seiner Mitte zum Zwecke ber Geschäftsleitung einen *Exekutiv-Ausschuß*. Von jetzt an umfaßte die Bezeichnung *Gäubahn* die ganze Linie von Olten über Solothurn nach Lyß.

2. Das interkantonale Vorbereitungskomitee der Gäubahn erlangte verschiedene Eisenbahnkonzessionen; insbesondere am 15. September 1871 vom Solothurnischen Kantonsrate eine Konzession für eine Eisenbahn Aarau-Solothurn-Lyß, soweit sie auf Solothurnischem Gebiete gelegen, und am 3. Februar 1872 vom Bernischen Großen Rate für die auf bernisches Gebiet zu stehen kommenden Teile der Gäubahn.

Auch waren zwischen ihm und dem Direktorium der Centralbahn wegen Übernahme jener Konzessionen, sowie wegen des Baues und Betriebes der genannten Eisenbahnstrecken Verhandlungen eingeleitet worden, welche zur Abschließung eines Vertrages führten, der in Solothurn am 16. Februar 1873 und in Basel am 18. Februar 1873 unterzeichnet wurde; und zwar werden als Vertragschließende genannt *das Direktorium der Schweizerischen Centralbahn-Gesellschaft, vertreten durch Herrn Sulger, Präsident, und Seiler, Direktor,* und *das interkantonale Vorbereitungskomitee der Gäubahn, vertreten durch die Herren Landammann Vigier und Baumgartner.* Der Vertrag erhielt die in ihm vorbehaltene Genehmigung des Verwaltungsrates und der Aktionäre der Centralbahn einerseits, sowie des interkantonalen Komitees für die Gäubahn andererseits.

Durch diese Übereinkunft vereinigten sich das Vorbereitungskomitee und die Centralbahn zu einer besonderen Unternehmung mit dem Zwecke des Baues und des Betriebes der Gäubahn auf Grund der von dem Komitee erworbenen Konzessionen. Dieser erste Teil des Vertrages (Art. 1—15) ist nachmals völlig erfüllt worden und außer Streit geblieben.

Zweitens verpflichtete sich die Centralbahn-Gesellschaft zum Baue und Betriebe der sog. Wasserfallenbahn von der Solothurnischen und Basellandschaftlichen Grenze bis zum Anschlusse an die Gäubahn, sowie zum Bau und Betrieb der Fortsetzung der Wasserfallenbahn von Solothurn nach Schönbühl (Art. 16). Zugleich übernahm besagte Gesellschaft die Verbindlichkeit, ihrerseits das Nötige zu tun, damit ihr die Konzessionen für beide Bahnen erteilt werden. Diese sollten, *Einflüsse höherer Gewalt vorbehalten,* binnen 5 Jahren von der Konzessionserteilung durch den Bund an gerechnet, vollendet und dem Betriebe übergeben werden.

3. Die Konzessionen wurden der Centralbahn durch den Bund erteilt; und zwar durch Beschluß vom 23. und 24. September 1873. Danach sollte die Wasserfallenbahn bis zum 31. März 1879, die Bahn von Solothurn nach Schönbühl bis zum 1. August 1878 vollendet sein.

Beide Bahnen wurden von der Centralbahn in Angriff genommen; auch einzelne kleine Strecken fertig gestelt. Bald aber stockten die Arbeiten. Und im Herbst 1875 verbreitete sich das Gerücht, die Centralbahn beabsichtige, den Bau der Wasserfallenbahn aufzugeben.

Darauf ermächtigte das Vorbereitungskomitee seinen Exekutivausschuß, die angezeigten Maßnahmen zu treffen und nötigenfalls den Prozeßweg zu betreten.

In einer am 22. Januar 1876 zu Olten veranstalteten Konferenz beider Teile erklärten die Delegierten der Centralbahn, daß letztere bei der wirtschaftlichen Krisis, wie sie zur Zeit bestehe, also durch ein Ereignis höherer Gewalt, gegenwärtig außer stande sei, die finanziellen Mittel für den Bau der Wasserfallenbahn aufzubringen. Daher sei das Direktorium entschlossen, beim Bundesrate für die Leistung des Finanzausweises und den Beginn der Erdarbeiten Frist bis 1881 zu erbitten.

Dies ist denn auch geschehen. Durch Bundesbeschluß vom 8. Februar 1877 wurde dem aber nur teilweise dahin entsprochen, daß die Frist für die Einreichung der technischen und finanziellen Vorlagen bis 31. Dezember 1878 erstreckt wurde; ferner sei vor dem 31. März 1879 der Anfang mit den Erdarbeiten zu machen; und bis zum 31. März 1884 die Wasserfallenbahn zu vollenden.

4. Schon am 1. Dezember 1876 war jedoch das interkantonale Vorbereitungskomitee der Gäubahn gegen die Gesellschaft der Schweizerischen Centralbahn klagbar geworden.

Die nach Art. 20 des Vertrages vom 16./18. Februar 1873 schiedsrichterlich zu erledigende Klage gründet sich darauf, daß sowohl die Wasserfallenbahn, wie deren Fortsetzung nach Schönbühl vertragsmäßig bis zum 23. September 1878 zu vollenden seien; daß aber das Direktorium der Schweizerischen Centralbahn durch die oben berichtete Erklärung vom 22. Januar 1876 den Vertrag vom 16./18. Februar 1873 gebrochen habe. Die Centralbahn habe erklärt, erst Ende 1881 den Bau der Wasserfallenbahn und Schönbühlbahn fortsetzen zu wollen; wolle sie dies auch früher tun, so würde infolge des langen Zögerns, also aus Schuld der Centralbahn, zur Vollendung der Bauten in vertragsmäßiger Frist die Zeit fehlen.

Es wird darauf das Klagebegehren gegründet:

Die Gesellschaft der Schweizerischen Centralbahn sei schuldig, die Wasserfallenbahn bis zum Anschlusse an die Gäubahn und die Fortsetzung der Wasserfallenbahn von Solothurn nach Schönbühl bis 23. September 1878 zu vollenden, dem regelmäßigen Betriebe zu übergeben und in der Folge zu betreiben;

oder für den Fall der Nichterfüllung dieser Verbindlichkeit:

1) *dem interkantonalen Vorbereitungskomitee der Gäubahn, oder seinem allfälligen Nachfolger behufs der Verwendung zum Bau und der Inbetriebsetzung der bezeichneten Bahnen die hierfür erforderlichen Summen, und zwar für die Wasserfallenbahn 17 000 000 Franken und für die Eisenbahn Solothurn-Schönbühl 8 875 000 Franken zur Verfügung zu stellen. — Mehr- oder Minderkosten, über welche nach Vollendung des Baues Rechnung gestellt werden soll, sind vorbehalten.*
2) *Allfällig bei dem Betriebe der beiden Bahnen künftig sich ergebende Ausfälle zu decken, sofern nicht die Centralbahn als gegenwärtige Konzessions-Inhaberin, es vorzieht, Eigen-*

tum und Betrieb der beiden Bahnen nach der Erstellung derselben an sich zu ziehen unter Folge der Kosten.

5. Es entstanden nun folgende Rechtsfragen:

a) Was ist ein *Vorbereitungskomitee*, das von einer Gesellschaft eingesetzt ist, die selbst keine Rechtsfähigkeit besitzt? Wer ist danach das Subjekt der angestellten Klage?

b) Welches ist der juristische Charakter des Vertrages vom 16./18. Februar 1873?

c) Kann der Begriff *der höheren Gewalt* auf Geldschulden angewandt werden? Fällt die Finanzkrisis von 1873 unter jenen Begriff?

d) Von welchem Einflusse war der Bundesbeschluß vom 8. Februar 1877 auf die oben beschriebenen Abmachungen und Vertragsbestimmungen?

e) Besteht nicht die im Vertrage vom 16./18. Februar 1873 versprochene Leistung in einem *facere* des Schuldners für den Schuldner? Stößt die Gültigkeit des Vertrages in dieser oder einer verwandten Richtung auf grundsätzliche Rechtsbedenken?

f) Kann Zwangsvollstreckung dahin verlangt werden, daß der verurteilte Beklagte zum Bau und Betriebe von übernommenen Bahnstrecken durch Zwangsmaßregeln angehalten werde? Oder: daß jenes einfach auf Kosten des Beklagten vorgenommen werde? Oder: daß dem Kläger eine annähernd bestimmte Geldsumme zugewiesen werde, um die Ausführung des fraglichen Unternehmens seinerseits zu bewirken?

g) Nach welchen Regeln ist der Schadensersatz festzustellen, falls eine Zwangsvollstreckung im besonderen Falle untunlich sein sollte? Steht ein solcher Anspruch dem Komitee als solchem zu, oder haben die einzelnen Mitglieder ihr jeweiliges Privatinteresse zu liquidieren?

XXI

Die Couponsprozesse der österreichischen Eisenbahngesellschaften.

(1876)

1. Die meisten der jetzigen nordösterreichischen Bahnen sind Ende der sechziger Jahre mit Hilfe von ausländischem Kapital gebaut worden. Schuldverschreibungen und Zinsabschnitte waren in sogenannter bunter Währnng ausgestellt. So hat die Franz-Josef-Bahn *Schuldverschreibungen über 200 Gulden österreichischer Währung Silber, gleich $233^1/_3$ Gulden süddeutscher Währung, oder $133^1/_3$ Taler der Talerwährung oder 500 Franken* ausgegeben; auf denen es heißt:

Die Auszahlung der Zinsen erfolgt ohne allen Abzug für Einkommensteuer gegen Rückstellung der darüber ausgestellten Zinscoupons nach Wahl der Besitzer entweder in Wien bei der Hauptkasse der k. k. privilegierten Kaiser Franz-Josefs-Bahn oder der k. k. privilegierten österreichischen Kreditanstalt für Handel und Gewerbe mit fünf Gulden österreichischer Währung in Silber, oder bei den vom Verwaltungsrat der Gesellschaft bekannt zu gebenden Bankhäusern des Auslandes und zwar in Süddeutschland mit 5 fl. 50 kr. süddeutscher Währung, an den Talerplätzen mit 3 Tlrn. 10 Gr. und in Paris mit 12,50 Franken,

und weiter unten:

Die Rückzahlung der verlosten Obligationen erfolgt sechs Monate nach der Ziehung nach Wahl des Besitzers entweder in Wien . . . mit 200 fl. österr. Währung in Silber, oder . . . in Süddeutschland mit $233^1/_3$ fl. südd. Währung, an Talerplätzen mit $133^1/_3$ Tlr. des Talerfußes und in Paris mit 500 Franken.

Der dazu gehörige Coupon wird bezeichnet als Zinsencoupon über 5 fl. österr. W. in Silbermünze, oder 5,50 fl. südd. W., oder 3 Tlr. 10 Gr. in Tlr.-W. oder 12 Fr. 50 Cts.

2. Nach dem Reichs-Münz-Gesetz vom 9. Juli 1873 sind vom 1. Januar 1876 an alle Geldschulden in Reichsgoldwährung zu berechnen; das Umrechnungsverhältnis ist nach Art. 14 § 1: Ein Taler gleich drei Mark, oder ein süddeutscher Gulden gleich $1^5/_7$ Mark.

Da aber infolge der Einführung der Goldwährung (auch wegen der Sistierung der Silberausprägung in Frankreich) der Silberpreis sehr sank, so konnten z. B. 20 ℳ nicht mehr mit 10 fl. österr. W. beschafft werden, wie früher $6^2/_3$ Tlr., sondern nur mit $12^1/_2$ fl.

Die österreichischen Bahnen weigerten sich zumeist, diese Differenz zu tragen. Nach der Einführung der Goldwährung, behaupteten sie, sei der noch in Umlauf befindliche Taler etwas ganz anderes, nämlich ein Wertzeichen der Goldwährung geworden, er habe durch seine Gleichstellung mit drei Mark in Gold eine künstliche Werterhöhung erfahren, die je nach dem Stande des Silberkurses 15—25 % betragen. Die Aktiengesellschaften seien aber jetzt nicht mehr gebunden $133^1/_3$ Taler zu zahlen, welche unter Umständen 230—250 Gulden österr. W. gleich kämen, sondern nur verpflichtet, das Äquivalent von 200 Gulden zu entrichten, nach dem nunmehrigen Kurse des österreichischen Geldes also etwa 321—348 ℳ.

Dagegen waren nach der Meinung der deutschen Gläubiger dem oben angeführten Artikel des Reichs-Münz-Gesetzes auch diejenigen Geldschulden unterworfen, die *vor* dem Eintritt der Reichswährung auf Silberwährung eingegangen worden; und in ihr zu bezahlen sein würden, wenn die Silberwährung noch bestände und nicht durch die Goldwährung essetzt wäre. Diese Bestimmung wäre also gültige Norm für *alle* Zahlungen, welche bis dahin in inländischer Währung in Deutschland zu leisten waren, gleichviel, ob der Gläubiger oder der Schuldner Inländer oder Ausländer ist.

3. So kam es in vielen Fällen zu Prozessen. Teils wurden die österreichischen Bahnen vor den Gerichten ihres Heimatstaates verklagt (vgl. CPO. 17); teils belegten die deutschen Gläubiger Wagen jener Gesellschaften mit Beschlag, wenn sie auf deutschen Bahnen liefen, und klagten dann nach CPO. 23 vor dem deutschen Gerichte.

Allerdings hörte die letztere Möglichkeit bald auf, da die österreichischen Bahnen ihre Wagen einfach nicht mehr über die Grenze gehen ließen, auch durch Artikel 17 des deutsch-österreichischen Handelsvertrages von 1878 die Beschlagnahme des Betriebsmaterials eine Zeitlang verboten war, um dann durch Vereinbarung vom 31. Dezember 1879 wieder freigegeben zu werden.

4. Aus den rechtlichen Deduktionen der Streitteile ist hervorzuheben:

Die Kläger meinten, daß die Beklagten sich freiwillig dem Rechte des Erfüllungsortes unterworfen hätten und daher auch dessen Änderungen mitmachen müßten. Auch folge diese Pflicht aus dem Territorialitätsprinzip, das heutzutage im internationalen Privatrecht entscheide. Gar nicht bezweifeln könne man es für Schuldverschreibungen, die in Talern zu zahlen seien, denn Taler gebe es noch heute im Deutschen Reiche. Welchen Wert sie in Österreich hätten, sei gleichgültig; und es sei nicht anders, als wenn zu lieferndes Getreide später, vor dem Zahltermin, einen höheren Preis erhalte.

Von der Seite der Beklagten wurde entgegnet: Sie seien nur verpflichtet, auf Verlangen an den genannten Plätzen des Auslandes, nicht aber gehalten, dortselbst auch mit ausländischem

Gelde zu zahlen. Denn die Hinzufügung anderer Währungen hinter der österreichischen sei nur zur Belehrung der Käufer von Obligationen über den Wert des österreichischen Geldes zu verstehen. Die gegenteilige Annahme würde aber auch gleichgültig sein, da es weder süddeutsche Gulden noch Taler im alten Sinne mehr gebe. Der Schluß der obigen klägerischen Ausführungen sei unzutreffend; man könne nicht von Preissteigerung reden, wie bei Getreidelieferungen, sondern nur von gänzlichem Wegfall und von Neuordnung der Münzverhältnisse. Was dabei die ausländische Gesetzgebung an die Stelle des seitherigen dortigen Geldes setze, berühre sie, die Österreicher, gar nicht. Das Territorialprinzip, das auch im allgemeinen bei Kollision der Statuten keineswegs gelte, enthalte über unseren Fall überhaupt keine Bestimmung; von freiwilliger Unterwerfung unter das ausländische Gesetz könne keine Rede sein, namentlich nicht unter ein Gesetz, das erst nachträglich erlassen worden und damals, beim Eingehen der streitigen Verbindlichkeiten, gar nicht vorauszusehen war.

XXII

Rechtsstreit wegen des Schießplatzes Wylerfeld.

(1877)

1. Vor der Stadt Bern liegt das *Wylerfeld*, das seit 1853 als Schieß- und Exerzierplatz benutzt worden ist; nachdem die früher benutzte *Schützenmatte* als Schießplatz nicht mehr für tauglich erachtet war.

Das *Wylerfeld* wurde 1857 von der Schweizerischen Centralbahn durchschnitten; und zwar so, daß der Schießstand auf die eine und der Scheibenstand mit Zielwall auf die andere Seite des Bahnkörpers zu liegen kam. Dadurch wurde selbstverständlich der bisherige Schieß- und Exerzierplatz beeinträchtigt, und als es sich um den Ankauf des zum Bahnbau erforderlichen Landes handelte, wurde in dem Kaufvertrag vom 29. Mai 1857 unter den Vertragsbedingungen wörtlich folgendes bestimmt:

lit. d) *Da die Militärbehörde des Kantons Bern sich bereit erklärt, das Wylerfeld in seinem nunmehrigen, durch die Bahnanlagen veränderten Bestand um einen bedeutend ermäßigten Pachtzins auch ferner als Exerzier- und Schießplatz zu behalten, so wird für dessen gestörte Benutzung und bleibende Beschränkung und die dadurch bedingte Herabsetzung des vom Staate zwar bezahlten Pachtzinses der Einwohnergemeinde Bern statt der von ihr auf den Fall der Verlegung des Schießplatzes verlangten Entschädigung der Fr. 10000 eine solche von Fr. 2000 zugesichert . .* lit. e) *Die Centralbahngesellschaft gestattet, daß die Schießübungen der Schützen und Truppen auf dem Wylerfeld ihren ungehinderten Fortgang nehmen und verspricht, solche Sicherheitsvorkehren zu treffen, daß das Zielschießen über die Bahn ohne Gefährdung des Bahnbetriebes stattfinden könne. Die Verkäuferin tritt das für diese Sicherheitsvorkehren nötige, noch zu erwerbende, mithin nicht in der vorgeschriebenen Fläche begriffene Terrain zu 7 Rappen und die allfällige Erweiterung der Materialgruben für 5 Rappen per Quadratfuß ohne weitere Inkonvenienzentschädigung ab, dagegen verpflichtet sich die Gesellschaft, im Falle sie das zur Ausgrabung angekaufte Land wiederum zu veräußern gedenkt, solches zuerst der Stadtbehörde von Bern anzutragen.*

2. Nach Eröffnung der Eisenbahn stellte sich heraus, daß das Zielschießen über die Bahn den Bahnbetrieb gefährdete; und die Regierung veranlaßte die Centralbahn nach Untersuchung der Sache, die nötigen Sicherheitsvorkehren zu treffen. Im Einverständnis mit der Regierung und der Stadt Bern wurde südlich der Bahn und längs derselben ein Schutzwall von etwa 5 Fuß Höhe aufgeworfen, und auf diese Weise der Bahnbetrieb gegen das Zielschießen über die Bahn geschützt. Die Arbeiten wurden im Jahre 1864 ausgeführt.

Auch dies genügte auf die Dauer nicht. Es ergab sich, daß der Schützenwall das Zielschießen über die Bahn bemerkenswert beeinträchtigte. Sobald die Schützen dem Damme zu nahe gekommen waren, konnten sie die Scheibe nicht mehr sehen, was iusbesondere dann lästig wurde, wenn Übungen im Schießen aus liegender Lage am Boden vorgenommen werden sollten. Dem gegenüber hätte entweder der Damm beseitigt und die Bahn durch Tieferlegung geschützt, oder die Scheiben höher gestellt werden müssen. Beide Hilfsmittel waren mit beträchtlichen Kosten verbunden.

Nach dem Gesetz über die Militärorganisation des Kantons Bern vom Jahre 1852 sind die Gemeinden verpflichtet, den Truppen und Schützen *die erforderlichen Exerzier- und Schießplätze unentgeltlich einzuräumen.*

Hiernach verlangte die Stadt Bern, daß der erwähnte Schützenwall wieder entfernt und andere und zwar solche Sicherheitsvorkehren für den Bahnbetrieb getroffen werden, daß das Zielschießen über die Bahn in keiner Weise beeinträchtigt werde. Sie stützte es darauf, daß die Centralbahn nach dem Vertrage verpflichtet sei, alles zu unterlassen, was den ungehinderten Fortgang der Schießübungen der Schützen und Truppen auf dem *Wylerfeld* und namentlich das Zielschießen über die Bahn stören könnte.

Die Centralbahngesellschaft hielt sich auf Grund des vorliegenden Tatbestandes nicht für rechtlich verbunden, dem gestellten Ansinnen Folge zu leisten.

XXIII

Die Berlin-Dresdener Eisenbahnsache.

(1877)

1. Im Laufe des Jahres 1872 hatte sich eine Aktiengesellschaft zum Bau und Betrieb einer Eisenbahn von Berlin nach Dresden gebildet. Die zu dem Unternehmen erforderlichen Konzessionen wurden im gleichen Jahre von der preußischen, wie der sächsischen Regierung erteilt; und in einem Staatsvertrage, den beide Regierungen am 6. Juli 1872 schlossen, die der Gesellschaft aufzuerlegenden Bedingungen und die für das Verhältnis der Regierungen zum Unternehmen maßgeblichen Gesichtspunkte festgesetzt. Die Eisenbahn wurde hierauf von der Aktiengesellschaft 1876, innerhalb der in der Konzession bestimmten Frist, fertiggestellt und in Betrieb gesetzt; sie befindet sich ungefähr zu $^2/_3$ auf preußischem und etwa $^1/_3$ auf sächsischem Gebiete.

Allein es ergab sich bald, daß die sehr verschuldete Aktiengesellschaft wegen Mangels an den erforderlichen Mitteln nicht im stande sein werde, den Betrieb der Bahn fortzusetzen und die noch nötige Vollendung von einzelnen Bauten und Ausstattungen der Bahn zu bewerkstelligen. Der Ausbruch eines Konkurses über die Gesellschaft stand unvermeidlich bevor, wenn man ihr nicht auf eine außerordentliche Weise zu Hilfe kommen konnte.

Nach mehrfachen Verhandlungen der Bahn sowohl mit Preußen, als mit Sachsen, wie auch der beiden letzteren untereinander, wurde am 5. Februar 1877 von der preußischen Staatsregierung mit der Gesellschaft ein Vertrag geschlossen, nach dem 1) die Gesellschaft sofort für immer die Verwaltung und den Betrieb der Bahn auf den preußischen Staat übertrug; bis auf weiteres allerdings das Unternehmen auf Rechnung und Gefahr der Gesellschaft geführt werden, und zu diesem Zwecke sowohl jährlich eine Generalversammlung der Aktionäre berufen werden, als auch der dort zu wählende Aufsichtsrat in Tätigkeit bleiben sollte; 2) Preußen das Recht erhielt, nach Ablauf von 15 Jahren die Übertragung des Eigentums der ganzen Bahn von der Gesellschaft zu verlangen; 3) der preußische Staat befugt wurde, alle für ihn aus diesem Vertrage hervorgehenden Rechte und Verpflichtungen auf das Deutsche Reich zu übertragen.

Daß zu diesem Vertrage die Zustimmung der sächsischen Regierung nötig war, unterlag keinem Zweifel. Die preußische Regierung war aber der Meinung, daß der Staatsvertrag vom 6. Juli 1872 die Verpflichtung der sächsischen Regierung mit sich bringe, von ihrem Einwilligungsrechte keinen schrankenlosen und unsachgemäßen Gebrauch zu machen, und daß der Inhalt des neuen Vertrages v. 5. Februar 1877 keinen haltbaren Grund darbiete, die Zustimmung zu verweigern.

Die sächsische Regierung nahm dagegen die völlige Freiheit ihrer Entschließung gegenüber der ganzen Veränderung in Anspruch; und beanstandete die angeführten Abmachungen im besonderen, unter der Weigerung diesen zuzustimmen.

Die Streitfrage ist nachmals durch ein Schiedsgericht erledigt worden.

Sie ist von besonderem Interesse für die Lehre von der Auslegung der Verträge. Danach ist zunächst der Staatsvertrag v. 6. Juli 1872 näher mitzuteilen.

2. Der Vertrag enthält 17 Artikel.

Art. 1: *Die Königlich preußische und Königlich sächsische Regierung verpflichten sich gegenseitig, die Herstellung einer direkten Eisenbahn von Berlin nach Dresden zu gestatten und zu fördern. Zu diesem Behufe wird die Königlich sächsische Regierung die Konzession für den Bau und Betrieb der im sächsischen Gebiete belegenen Bahnstrecke derselben Gesellschaft erteilen, welche die Konzession für den im preußischen Gebiete der Bahn belegenen Teil bereits erhalten hat.*

Der Art. 2 bestimmt, daß die Gesellschaft den Sitz ihrer Verwaltung in Preußen zu nehmen hat und für alle Maßnahmen über Beaufsichtigung und Verwaltung des Unternehmens im allgemeinen nur die preußische Regierung zuständig ist.

Die folgenden Artikel handeln vom Bau und Betrieb der Bahn durch die Aktiengesellschaft, von der ihr zu erteilenden Konzession und von ihren Rechten und Pflichten und dem Rechtsverhältnisse beider Regierungen zu dem Unternehmen der Gesellschaft. Über besondere Ereignisse, die etwa nach der Herstellung und dem begonnenen Betriebe der Bahn eintreten könnten, enthält der Vertrag keine Bestimmung; nur Art. 14 sagt:

Die beiden vertragenden Regierungen werden sich der Gesellschaft gegenüber das Recht vorbehalten, die auf ihren beteiligten Gebieten belegenen Strecken der Bahn nach Maßgabe des preuß. Eisenbahngesetzes vom 3. November 1838 zu erwerben [d. i. nach § 42 dieses Gesetzes nach 30 Jahren von der Betriebseröffnung an]. Es soll jedoch, ungeachtet einer etwa eintretenden Änderung in den Eigentumsverhältnissen der Bahn, der Betrieb einheitlich, nach zuvor erzielter, den Verhältnissen angepaßter Verständigung weiter geführt werden. — *Für den Fall, daß die K. preußische Regierung die in ihrem Gebiet belegene Strecke der Bahn ankaufen, die K. sächsische Regierung aber von dem ihr der Gesellschaft gegenüber zustehenden Ankaufsrechte nicht gleichzeitig Gebrauch machen würde,* gewährt die sächsische Regierung das Recht des Ankaufes der sächsischen Strecke; behält sich aber ein Rückkaufsrecht dieser Bahnstrecke vor: *Aber auch in diesem Falle soll die Verwaltung und die Leitung des Betriebes auf der fraglichen Bahn in ihrer gesamten Ausdehnung der K. preußischen Regierung gegen Ablieferung der auf die sächsische Strecke entfallenden Betriebsüberschüsse nach den überall in Kraft bleibenden Bestimmungen dieses Vertrages verbleiben.*

3. Die sächsische Regierung weigerte ihre Zustimmung zu Punkt 1) des Vertrages v. 5. Februar 1877, weil die Voraussetzungen des Staatsvertrages — daß die konzessionierte Gesellschaft *als solche* bauen und betreiben werde — gefallen seien. Der Staatsvertrag sei dadurch mit gefallen. Ein Vorvertrag sei in ihm nicht enthalten gewesen; es müsse also ganz von vorne verhandelt und sich vertragen werden.

Von Preußen wird sich darauf berufen, daß eine *vertragsmäßige* Verpflichtung auch dann für begründet zu erachten sei, wenn sie sich als *notwendige Folge* der in dem Vertrage zum Ausdruck gelangten grundsätzlichen Anschauung ergebe. Das sei hier der Fall, wo es sich um Fortführung einer *gemeinsam* gewünschten und im öffentlichen Interesse *beider* Staaten geförderten Bahn handele. Und folge auch aus dem durch den Staatsvertrag begründeten Gesellschaftsverhältnis.

Dagegen führt Sachsen an, daß jene Deduktion sich *nur* auf diejenigen Folgerungen beziehen könne, welche sich für *den Vertragswillen* der Kontrahenten ergäben, nicht aber auf *objektiv ergänzende.* Insbesondere dürfe unter der *grundsätzlichen Anschauung* nicht etwa die damalige Beurteilung der Interessenverhältnisse, in denen das Motiv zur Eingehung des Vertrages gelegen habe, mitbegriffen werden. Von diesen allgemeinen Grundsätzen des Vertragsrechtes könnten auch Staatsverträge keine Ausnahme machen. Wenn Preußen jetzt betone, daß es die Bahn nach Maßgabe der sächsischen Konzession auf der sächsischen Strecke betreiben wolle, und daß Sachsen kein Opfer zugemutet werde, so sei letzteres nicht verpflichtet, objektive Rechtfertigungsgründe für seine Weigerung anzugeben; es gehöre zu den Grundprinzipien unseres Vertragsrechtes, daß die Auswahl der Person, mit der man kontrahieren will, eine völlig freie und ungebundene ist, — das Verlangen, jetzt einen *neuen* Vertrag mit der preußischen Regierung zu schließen, unterstehe selbstredend diesem Grundsatze.

4. Die Bestimmung unter 2) des Vertrages v. 5. Februar 1877 läuft, nach Ansicht Sachsens, dem Art. 14 des Staatsvertrages von 1872 zuwider; und ebenso erhebt es gegen Punkt 3) das Bedenken, daß hier es sich um Übertragung an eine dritte Macht handele, mit der Sachsen nicht kontrahiert hat, und zu der es zuzustimmen rechtlich nicht verbunden sei.

Hiergegen bringt die preußische Regierung vor, daß durch die Änderung *der Zeit* des Ankaufes Sachsen in seinen Rechten nicht geschädigt werde und an der Aufrechterhaltung seines Widerspruches kein objektiv berechtigtes Interesse habe, weil die Rechte aus dem Staatsvertrag natürlich fortliefen, und Sachsen bei etwaigem früheren Ankaufe der Bahn durch Preußen das im Staatsvertrage bestimmte, allerdings *gleichzeitig* auszuübende Vorkaufsrecht habe. Der ganz allgemeine Vorbehalt möglicher Übertragung an das Reich sei zur Stütze der sächsischen Bedenken nicht geeignet; da die beiden Kontrahenten im Sinne des Staatsvertrages zu allem gehalten seien, was das Unternehmen aus seiner Notlage erretten könne, so müsse sich die sächsische Regierung auch das Eintreten eines dritten geeigneten Unternehmers gefallen lassen.

XXIV

Verpflichtungen der Mitglieder des internationalen Konsortiums für das Gotthardbahn-Unternehmen.

(1878)

1. Zur Anstrebung einer Gotthardbahn hatte sich in der Schweiz eine Vereinigung schweizerischer Kantone und Eisenbahngesellschaften unter dem Namen *Gotthardvereinigung* gebildet. Auf dessen Anregung trat 1869 in Bern eine internationale Konferenz zusammen, in deren Gefolge am 22./28. Oktober 1871 ein Vertrag zwischen der Schweiz, Italien und dem Deutschen Reiche zu stande kam, wonach die Gotthardbahn genehmigt und mit staatlicher Subvention versehen wurde.

Bereits am 10. Oktober 1871 war in Bern zwischen der durch Nationalrat Dr. Escher vertretenen Gotthardvereinigung einerseits und der Diskontogesellschaft in Berlin, der Bank für Handel und Industrie in Darmstadt, dem Schaffhausenschen Bankverein und dem Bankhause S. Oppenheim jun. & Comp. in Cöln andererseits, die letzteren sämtlich vertreten durch Geh. Kommerzienrat Hansemann, ein Vertrag über die Beschaffung des Baukapitals für die Gotthardbahn abgeschlossen worden. Durch diese Übereinkunft unternahmen die vier genannten Firmen zum Zwecke der Ausführung des Gotthardbahn-Unternehmens die Bildung eines *internationalen Konsortiums,* das aus drei Gruppen, einer deutschen, italienischen und schweizerischen, bestehen sollte. Unter gewissen Bedingungen wurde der Eintritt in den Vertrag und das Konsortium noch anderen Gesellschaften und Häusern vorbehalten; wonach später die Bankhäuser M. A. v. Rothschild in Frankfurt am Main und Bleichröder in Berlin den Beitritt zum Konsortium erklärten.

2. Das Konsortium sollte die Gotthard-Eisenbahn-Gesellschaft errichten. Es sollte die das Grundkapital des Aktienvereins darstellenden Aktien im Betrage von 34 Millionen Franken übernehmen; und zur festen Übernahme der im Betrage von 68 Millionen Franken von der Eisenbahn-Gesellschaft auszugebenden Prioritäts-Obligationen verpflichtet sein. Andererseits machte sich der Ausschuß der Gotthardvereinigung verbindlich, die in seinem Besitze befindlichen Konzessionen für das gesamte Gotthardbahnnetz nebst allen daraus hervorgehenden Rechten und

Pflichten an die durch das Konsortium zu bildende Gesellschaft abzutreten.

Nachdem durch den Staatsvertrag zwischen den drei Staaten die Subvention von 85 Millionen Franken gesichert war, wurde durch einen Syndikatsvertrag, der Ende 1871 gleichfalls in Bern abgeschlossen wurde, jener Vertrag vom 10. Oktober 1871 bestätigt und das Konsortium konstituiert. Dabei wurde, außer Organisationsfragen, namentlich auch bestimmt, daß jedes Mitglied des Konsortiums alle Verpflichtungen, welche letzteres bezüglich der Übernahme von Aktien und Obligationen gegen die Gotthardvereinigung und Gotthardbahn-Gesellschaft übernommen, nach Verhältnis seiner Beteiligung und mit Ausschluß der Solidarität im direkten Verkehr mit der Gotthardvereinigung und der Gesellschaft zu erfüllen habe.

Die geplante Eisenbahn-Gesellschaft wurde nun mit dem Sitze in Luzern durch das Konsortium in das Leben gerufen. Von den durch dasselbe übernommenen Stammaktien, im Betrage von 34 Millionen Franken, sind 60 %, von den Prioritäts-Obligationen 48 Millionen Franken einbezahlt, ohne daß in dieser Hinsicht eine Übereinkunft zwischen den Konsorten und der Vertretung der Eisenbahn-Gesellschaft stattgefunden hatte. Jetzt fordert die Direktion der Gesellschaft die Übernahme der 20 Millionen, welche von dem in Aussicht genommenen Prioritätsanlehen noch ausstehen.

3. Die Konsorten verweigern einstweilen die Einbezahlung jener Summe.

Diese Weigerung wird damit begründet, daß das Konsortium sich zur Übernahme der Obligationen nur der Vereinigung und nicht der jetzigen Gesellschaft gegenüber sich verpflichtet habe. Auch sei bei dem jetzigen Stande des Unternehmens (Ende 1877) die Gefahr augenscheinlich, daß die 20 Millionen ohne alle Aussicht auf Zinsen und auf Kapitalrückzahlung hergegeben würden, da es sich gezeigt habe, daß die Herstellung der Bahn nach dem ursprünglichen Plane 102 Millionen Franken mehr, als die veranschlagten 187 Millionen kosten würde.

Insbesondere weigern die deutschen Bankhäuser, für sich in dem nun in Aussicht stehenden Rechtsstreite einen gemeinsamen Zahlungsort und Gerichtsstand anzuerkennen.

XXV

Der Nachlaß des Diamanten-Herzogs.

(1879)

1. Herzog Karl II. von Braunschweig war 1830 aus seinem Lande vertrieben worden; sein Nachfolger war sein Bruder, Herzog Wilhelm. Seitdem hatte er an verschiedenen Orten im Auslande gelebt, die letzten drei Jahre seines Lebens in Genf, wo er am 18. August 1873 starb. Er war ein wegen seiner Absonderlichkeiten, wie wegen seines großen Reichtums bekannter Herr; seine Sammlungen von Wertsachen und Kuriositäten verschafften ihm verschiedene Beinamen, von denen der in der Überschrift genannte am bekanntesten geblieben ist.

Unter den Papieren des Herzogs fand man ein holographisches Testament, datiert *Genf am 5. März 1871*; nach dem dort geltenden CC. 970 errichtet.

Durch dieses Testament setzte der Herzog die Stadt Genf zu seiner Universalerbin ein, indem er ihr die Verpflichtung auferlegte, ihm auf einem öffentlichen Platze ein kostbares Denkmal zu errichten. Zugleich ernannte er Testamentsvollstrecker, welchen er verbot, sich mit seinem Bruder oder irgend welchen Erbprätendenten zu vergleichen.

Die Stadt Genf trat die Erbschaft an und hat in der Folge das prächtige *Monument Brunswick* auf der Place des Alpes errichtet; ausgeführt nach des Herzogs Angabe, im Stile der Scaligermonumente, nach Franels Entwurf.

Aber auch Herzog Wilhelm von Braunschweig trat als Erbprätendent auf. Nach mehrfachen Verhandlungen schlossen die beiden Teile am 6. März 1874 einen Vergleich. Das testamentarische Verbot konnte nicht hindern, da auf es kein Präjudiz gesetzt war.

Nach diesem Vertrag verzichtete Herzog Wilhelm auf jegliches Erbrecht an dem Gesamtnachlaß, indem er sein Erbrecht an Genf übertrug. Dagegen übernahm Genf alle Schulden und trat dem Herzog jeden Anspruch an dem in Deutschland befindlichen Vermögen ab, das seit der Abwesenheit des Diamanten-Herzogs durch Pflegschaft verwaltet worden war. Unter diesem Vermögen befindet sich auch das unter dem Namen der *Onyx-Vase* berühmte antike Kunstwerk zu Braunschweig. Der der Stadt

Genf zugefallene Nachlaß soll au 30 Millionen Franken betragen haben.

2. In seiner Jugend hatte Herzog Karl längere Zeit in London zugebracht. Dort lernte er 1825 die Tochter des Admirals Colville kennen; die er aus ihrem elterlichen Hause entführte. Sie bewohnte in dem bei Wolfenbüttel gelegenen Dorfe Wendessen ein herzogliches kleines Schloß, wo sie der Herzog regelmäßig besuchte. Aus dieser Verbindung wurde am 5. Juli 1826 eine Tochter geboren, die am 17. August 1826 durch den Hofprediger von Braunschweig getauft und in das Kirchenbuch als *Marie Elisabeth Wilhelmine Gräfin von Kolmar* eingetragen wurde. Paten waren Herzog Karl und sein Bruder Wilhelm.

Miß Colville war, wie es scheint, durch einen Trugakt zu dem Glauben verleitet gewesen, sie sei dem Herzog rechtmäßig angetraut. Nachdem dies sich nun berichtigte, gab es Zerwürfnisse; die Miß kehrte zu ihren Eltern zurück.

Die Tochter aber ließ der Herzog in Braunschweig und dann in Paris erziehen. 1847 heiratete sie mit seiner Zustimmung den Marquis de Civry. Der Herzog gab für den Unterhalt der Familie die nötigen Summen her. Als jedoch die Marquise zum katholischen Glauben übergetreten war, verstieß er sie und versetzte sie dadurch mit den Ihrigen in bittere Not.

1865 versuchte es die Marquise mit einem Alimentenprozeß gegen den damals in Paris lebenden Herzog; ward aber nach CC. 340 abgewiesen. Seitdem blieben beide außer aller Berührung.

3. Während der Verhandlungen zwischen Braunschweig und Genf verhielt sich die Marquise ganz ruhig. Sie mußte abwarten, wohin das Geld fiel. Kam es nach Braunschweig, so waren die Aussichten dürftig. Denn dort ist zwar die Nachforschung nach dem unehelichen Vater statthaft, aber das uneheliche Kind hat nur einen mäßigen Anspruch auf Alimente bis zum 14. Jahre, das die Marquise längst hinter sich hatte. In Genf waren die Aussichten glänzend, weil nach CC. 657 uneheliche Kinder in Ermangelung von ehelichen Kindern neben den Geschwistern des Erblassers die Hälfte des Nachlasses verlangen können, und zwar nach CC. 913 in der Art des Pflichtteiles; aber dann müssen sie ausdrücklich anerkannt sein.

Es trat nun ein Konsortium von Geldmännern und Advokaten zusammen, mit deren Rat und Hilfe die Marquise Civry Klage gegen den Herzog Wilhelm von Braunschweig anstellte.

Dieser sei wegen Nichtigkeit des Genfer Testamentes gesetzlicher Erbe ihres natürlichen Vaters; habe sich auch als solcher in den Verhandlungen mit Genf bekannt und die Erbschaft angetreten: *semel heres semper heres.*

Klägerin besaß zwar keine Anerkennungsurkunde, behauptete aber, daß sich eine solche im braunschweigischen Archiv befände, durch die sie als Prinzessin nach deutschem Privatfürstenrecht zugelassen oder doch *per rescriptum principis* als eheliches Kind des Herzogs Karl legitimiert oder jedenfalls als seine uneheliche Tochter anerkannt sei; und sie trug dem Herzog im Bestreitungsfalle den Eid an, daß er nicht wisse und nicht glaube, daß eine solche Urkunde bestanden habe.

Sollte diese Klage keinen Erfolg haben, so klage sie einfach auf Feststellung der unehelichen Vaterschaft des Herzogs Karl. Diese nach römischem, wie nach heutigem Rechte zulässige Status- und Präjudizialklage sei dadurch begründet, daß sie an der Feststellung folgendes Interesse habe: Die Ansprüche, die sie auf den Nachlaß ihres Vaters gegen Genf nach CC. 756 ff. habe, würde sie auch ohne Beibringung einer nach CC. 334 und 1317 geforderten Anerkennungsurkunde geltend zu machen berechtigt sein, wenn es ihr gelänge, den nach Genfer Recht unerbringlichen Beweis (CC. 340) auch nur in ihrer Eigenschaft als eines natürlichen Kindes des Herzogs Karl schlechthin vor dem dafür zuständigen Gericht ihres Geburtslandes gegen einen *iustus contradictor* zu erbringen und diese Eigenschaft durch förmliches Erkenntnis festgestellt zu erlangen.

4. Der Beklagte bestritt seine Passivlegitimation; er habe zu solcher Feststellungsklage keinen Anlaß gegeben. Die Verhandlungen, die er mit Genf geführt, gingen Dritte nichts an.

Das Vorhandensein einer Anerkennungsurkunde wurde geleugnet; zur Leistung eines von der Klägerin geforderten Eides halte er sich nach deutschem bürgerlichen Rechte nicht für verpflichtet. Über die Möglichkeit der Klägerin, als deutsche Prinzessin zugelassen zu werden, sei nicht zu diskutieren; das Privatfürstenrecht verordne das Gegenteil von dem, was Klägerin angebe. Ein *rescriptum*, das Legitimationskraft habe, sei in den (oben erzählten) Handlungen des Herzogs Karl nicht zu finden; auch entfalle dieser Ausweg überhaupt, sobald unehelicher Vater und Regent eine und dieselbe Person seien.

Die Eventualklage könne nicht zulässig sein; denn sie sei nur angestellt, um im Auslande gebraucht zu werden, während nach den Gesetzen des angegangenen Gerichtes kein Interesse der Klägerin vorliege. Auch bestehe ein festzustellendes Statusverhältnis, nach Analogie der römischen Statusklagen (Savigny, System d. röm. R. V S. 19; VI S. 471ff.; Kierulff, Theorie des Civilrechts I S. 307ff.), zwischen unehelichen Verwandten überhaupt nicht.

5. Noch ist zu bemerken, daß Herzog Wilhelm der Stadt Genf den Streit verkündet und sie zu dem Prozesse gegen die Marquise de Civry hat beiladen lassen; weil sie alles, wozu er etwa verurteilt werden würde, kraft der in dem Vergleiche vom 6. März 1874 übernommenen Vertretung zu entrichten und zu ersetzen haben würde.

Die Stadt Genf hat sich hiergegen ablehnend verhalten, weil *sie dem Forum Braunschweig nicht unterworfen sein könne.* Auch bestreitet sie, daß die Marquise de Civry berechtigt sei, dort Recht zu suchen; denn sie sei Französin. Der zwischen der Schweiz und Frankreich am 15. Juni 1853 abgeschlossene Staatsvertrag bestimme aber, daß bei Streitigkeiten, welche Forderungen und bewegliche Sachen betreffen, wenn sich darüber Prozesse zwischen Franzosen und Schweizern erheben, der Kläger gehalten sei, den Beklagten — hier also Genf — wie vor seinem ordentlichen heimischen Richter zu belangen. —

Die Marquise de Civry ist am 2. November 1880 gestorben. Ihre sieben Kinder und Erben haben den Prozeß aufgenommen und fortgesetzt.

XXVI

Der Mitscherlichsche Patentstreit.

(1884)

1. Der Professor der Chemie Dr. Mitscherlich hat in den siebziger Jahren ein Verfahren erfunden, mittels dessen Zellstoff (Cellulose) aus Holz auf chemischem Wege, d. h. durch Kochen des Holzes mit einer bestimmten chemischen Flüssigkeit (doppelschwefligsaurem Kalk) bereitet wird. Die so gewonnene Cellulose findet vorzugsweise Anwendung in der Papierfabrikation.

Die einzelnen Teile der Erfindung sind im wesentlichen: 1) Ein Verfahren zur billigen und massenhaften Bereitung der erwähnten chemischen Flüssigkeit. 2) Die Konstruktion der dazu nötigen Apparate. 3) Das Verfahren zum Kochen des Holzes, wodurch die im Holze enthaltene Cellulose freigelegt wird. 4) Die Konstruktion des dazu erforderlichen großen Kessels, der mit sinnreichen Vorrichtungen versehen ist zum Schutze gegen die Einwirkung der das Eisen stark angreifenden Flüssigkeit; sowie die Konstruktion sämtlicher Nebenapparate.

Dieses Verfahren hat Dr. Mitscherlich zuerst in seiner Fabrik zu Münden geheim ausgeübt. Im Jahre 1879 hat er ein Patent auf die obigen Teile 1—3 seiner Erfindung erhalten, gültig bis 1890. In dem Gesuche um das Patent war das Verfahren möglichst knapp beschrieben; es wurde die Konstruktion sämtlicher Apparate und eine Menge einzelner Vorschriften geheim gehalten, deren Beobachtung das nutzbringende Gelingen der Operation im Großbetriebe erst ermöglichte.

2. In den Jahren 1879 bis 1883 hat Dr. Mitscherlich mit 28 Fabriken in Deutschland, Österreich, Frankreich und der Schweiz Verträge über die Mitteilung und Verwertung seines Verfahrens geschlossen. Dadurch wurde in der seitherigen Produktion ein völliger Umschwung bewirkt, ja geradezu eine neue Industrie geschaffen.

Die erwähnten Verträge über den Erwerb des Mitscherlichschen Verfahrens haben im wesentlichen gleichlautend folgenden Inhalt:

1) Dr. Mitscherlich gestattet die gewerbliche Verwertung seines patentierten Verfahrens dem Herrn X. Er teilt ihm dieses neue Verfahren in allen Einzelheiten mit, läßt ihn in seiner (Mitscherlichs) Fabrik vollständig nach jeder Richtung hin anlernen und macht ihn auf alle Einzelheiten der Fabrikeinrichtungen, wie des Betriebes aufmerksam.

2) Innerhalb des Umkreises von 250 geographischen Quadratmeilen mit der Fabrik des Herrn X. als Mittelpunkt verpflichtet sich Dr. Mitscherlich niemandem die gleiche Fabrikation zu erlauben und gegen Zuwiderhandelnde auf Grund des Patentgesetzes vorzugehen.

3) Als Entgelt verspricht Herr X. auf die Dauer von zwölf Jahren eine prozentuale Abgabe von dem Bruttogewinn aus dem Jahresumsatz von Cellulose. Die Prozente sind nach der Höhe des Umsatzes verschieden; die Abgabe fällt ganz weg, wenn der aus der Jahresproduktion erzielte Verkaufspreis die Herstellungskosten nicht übersteigt. Die erwähnten zwölf Jahre

sind von dem jeweiligen Vertragsschlusse an zu rechnen; mit der Dauer des Mitscherlichschen Patents hatten sie nichts zu tun.

4) Herr X. verpflichtet sich eidlich, das Verfahren vollständig geheim zu halten, seine Angestellten und Arbeiter auf Geheimhaltung vereidigen zu lassen und sie so zu beschäftigen, daß sie keine Übersicht über die Produktion erlangen.

3. Das Patent des Dr. Mitscherlich wurde angefochten. Ein Fabrikant stellte 1883 Klage auf Nichtigkeitserklärung beim Patentamte an. Er brachte vor, daß ein Amerikaner namens Tilghman schon 1865 in zwei gedrukten englischen Patentschriften das in der Patentschrift des Dr. Mitscherlich beschriebene Verfahren im wesentlichen dargelegt hatte. Diese Tatsache war allen jetzt Beteiligten seither unbekannt geblieben.

Nunmehr wies Mitscherlich darauf hin, daß Tilghman über unfruchtbare Versuche nicht hinausgekommen war. Erst die Kenntnis des von Mitscherlich neu gefundenen und von ihm geheim gehaltenen Verfahrens und die Anwendung der von ihm so hergestellten Apparate ermöglichte die praktische Durchführung und die Erzielung von großen Massen handelsfertiger Ware.

Das Patentamt und in letzter Instanz das Reichsgericht erklärten jedoch das Patent des Dr. Mitscherlich für nichtig. Denn der Teil seiner Erfindung, der patentiert worden, sei schon von Tilghman gefunden und nicht neu gewesen; was er aber, in seinem ausführenden Verfahren, neu gefunden, das habe er nicht zum Patente angemeldet und nicht als solches erhalten.

4. Nachdem dieses Gerichtsurteil am 28. Oktober 1884 ergangen war, entstanden Streitigkeiten zwischen Mitscherlich und den Erwerbern seines Verfahrens. Die letzteren behaupteten, daß ihnen das *Patent* die Hauptsache gewesen, das ihnen nicht gewährt sei. Sie weigerten sich deshalb, ihre in den damaligen Verträgen bestimmten Abgaben weiter zu entrichten, forderten die Rückerstattung der bereits bezahlten Bezüge und erhoben Ersatzansprüche wegen des ihnen durch den Monopolverlust zugefügten Schadens und entgangenen Gewinnes.

Dagegen machte Mitscherlich geltend: daß jene Verträge doch vor allem als Lehr- und Dienstverträge aufzufassen seien. Soweit er Überlassung des Patentes versprochen, sei er schuldlos in Unmöglichkeit der Erfüllung gekommen; die Geheimhaltung des ihm eigenen Verfahrens habe er stets bewirkt und werde das auch weiterhin tun. Auch sei es ungerechtfertigt, wenn die Erwerber des Verfahrens es unbeachtet ließen, daß sie das versprochene Patent tatsächlich seither genossen hätten. Er bestreite aber auch, daß sie gerade durch den Wegfall des Patentes, wie er jetzt geschehen, überhaupt Nachteil hätten, da ihnen ja das Geheimverfahren bliebe; und erwarte über die Höhe der gewünschten Minderung Beweis.

Seine Gegner erwiderten dahin, daß schon aus der Geheimhaltung des einen Teiles des Verfahrens vor dem Patentamte das Nebensächliche dieses Teiles der Erfindung sich ergebe. Die Unmöglichkeit der Leistung des Dr. Mitscherlich sei nicht eine nachfolgende, sondern eine ursprüngliche, da das zuerst patentierte Verfahren als patentfähige Erfindung und damit als verkehrsfähiger Gegenstand nie bestanden habe. Sollte beim Betrage des Schadens eine Minderung des im Vertrage genannten Entgeltes von Bedeutung werden, so treffe den Dr. Mitscherlich die Beweislast wegen der Höhe der Minderung, da er die ursprüngliche Unmöglichkeit zu vertreten habe.

XXVII

Die Orellischen Namensprozesse.

A. Corragioni d'Orelli.

(1886)

1. In Luzern lebt seit mehr als 200 Jahren die Familie Corragioni. Es steht urkundlich fest, daß deren Vorfahr Franzisk Corragione de Orelli, Statthalter in dem Maintale, mit seinen vier Söhnen am 24. Juni 1669 als Luzerner Bürger angenommen worden ist. Im Jahre 1737 wird in den Standesregistern zum ersten Male der volle Name Corragioni d'Orelli gebraucht; und dieser seitdem regelmäßig angeführt; dagegen wird bei der am 3. September 1860 in Bern erfolgten Verehelichung des Emanuel Carragioni d'Orelli mit Hilda von Mulinen in dem Ehebuche des Luzerner Pfarramtes als Name des Gatten *d'Orelli Corragioni* aufgeführt. Seitdem ist die Reihenfolge der beiden nebeneinander stehenden Namen in den öffentlichen Registern ganz verschieden.

Im Jahre 1883 erwirkte es der oben angeführte Emanuel Corragioni d'Orelli, daß für seine beiden Söhne der mit dem seinigen übereinstimmend eingetragene Familienname berichtigt und für sie in dem Geburtsbuche des Civilstandesamtes als Name *d'Orelli Corragioni* bewirkt wurde.

Das verstrickte sie in Streitigkeiten mit der in Zürich verbürgerten Familie *von Orelli*. Diese stellte am 12. November 1886 das Gesuch, zu erkennen: Dem Emanuel Corragioni und seinen Söhnen sei verboten, einen anderen Familiennamen zu führen, als *Corragioni d'Orelli,* sowie auch diesen Namen umzustellen.

In dem so entstehenden Rechtsstreite kommt es wesentlich auf drei Erwägungen an, die im folgenden getrennt aufgeführt sind.

2. War in dieser Frage der Rechtsweg zulässig oder geboten?

Emanuel Corragioni d'Orelli bejahte beides. Denn es hätte sich nicht um Berichtigung eines offenbaren und äußeren Irrtums bei der Eintragung gehandelt. Er brachte eine große Anzahl von Urkunden bei, aus denen sich ergab, daß schon sein Großvater, wie auch sein Vater sich d'Orelli Corragioni geschrieben haben, auch in zugefertigten amtlichen Akten, Reisepässen u. s. w. so genannt wurden. Danach hätte jetzt nicht die Verwaltungsbehörde das Recht, über die korrekte Schreibweise zu entscheiden, sondern nur der Richter.

Dagegen wurde angeführt, daß ein öffentliches Interesse für richtige Führung des Namens bestehe; und es Amtspflicht der Behörden sei, auf Anzeige ungehöriger Namensführung einzuschreiten. Darum gehörten Civilstandsfragen, wie die vorliegende, zum öffentlichen Recht. Nun sei es aber auch eine Umkehrung der wahren Sachlage, wenn die Corragioni die Züricher von Orelli auf den Rechtsweg verweisen wollten; denn jene hätten ja gerade ein Einschreiten der öffentlichen Behörde veranlaßt, das nicht bloß die Berichtigung eines offenbaren äußeren Versehens bei der Registerführung war.

3. Konnte die Familie von Orelli in Zürich für sich den oben genannten Anspruch mit Grund erheben?

Sie stützte dies darauf, daß der Name einer Person und der Familie ein geschütztes Rechtsgut sei; darum müßte es jedem Familienangehörigen frei stehen, für dasselbe aufzutreten. Das Tragen eines Namens als Unterscheidungsmerkmal für die Individualität bilde ein wesentliches individuelles Recht des Menschen (vgl. Jhering, Jahrb. f. Dogmatik d. röm. R. 23 S. 320 ff.).

Von den Corragioni wurde aber ausgeführt, daß sie gar nicht beanspruchen, mit der Züricher Familie von Orelli verwandt zu sein. Sie behaupten, von den im Tessin zurückgebliebenen Orelli herzustammen, die katholisch sind; während jene Familie zu den

Nachkommen des 1555 wegen Übertrittes zur Reformation nach Zürich eingewanderten Aloysio Orello gehört. Die zürichschen und tessinischen Stämme sind auseinander gegangen und bilden nicht mehr eine Familie. Die tessinischen Orelli nahmen auch an dem vorliegenden Streite gar keinen Teil. Eine schriftliche, beglaubigte Erklärung des Herrn Cesare Orelli fù Giuseppe Emilio da Locarno vom 17. Juni 1889 besage, daß er gegen die Führung des Namens d'Orelli Corragioni nichts einzuwenden habe und der Züricher Familie von Orelli das Recht bestreite, im Namen aller Orelli aufzutreten.

4. Lag überhaupt eine unbefugte Namensführung vor?

Dafür wurde von Züricher Seite angeführt, daß man nicht beliebig seinen Familiennamen ändern oder verstellen könne. Das öffentliche Interesse gestatte nicht, daß zwei verschiedene Geschlechter aus einer Familie hervorgehen; das wäre aber der Fall, wenn der eine Bruder sich d'Orelli Corragioni nenne, der andere Bruder umgekehrt. Wenn jene neue Namensstellung gelegentlich vorgekommen, so sei es eben aus Irrtum geschehen; und ein Irrtum erzeuge niemals ein Recht. Noch nicht einmal der Besitzstand sei vorhanden, weil die Reihenfolge der beiden Namen jedenfalls vielfach geschwankt habe. So habe weder besondere Verfügung der Staatsgewalt, noch sicheres Herkommen für die luzernische Familie die Form *d'Orelli Corragioni* festgestellt. *Zwei* Namen dürfe aber niemand führen. Und der Unterschied zwischen beiden sei durchaus nicht unerheblich: die Form *Corragioni d'Orelli* bedeute eine Zugehörigkeit zur *Familie Corragioni*, die jetzt usurpierte eine solche zur *Familie von Orelli*.

Die luzernische Familie bestritt die Richtigkeit dieser Ausführungen. Es sei kein Recht verletzt, wenn im gleichen Staatsgebiete mehrere denselben Namen tragen. Im Fragefall treffe es aber noch nicht einmal zu; die Züricher heißen sich *von Orelli*, die Luzerner *d'Orelli Corragioni*, und es werde nicht der Name *Orelli*, sondern nur *die Reihenfolge* der beiden Namensbezeichnungen beanstandet. Ein festes Verhältnis für zwei verbundene Familiennamen gebe es in der deutschen Sprache nicht; es könne auch umgekehrt sein, als die von der Jenseite gemachte Angabe, z. B. *Bethmann-Hollweg*, wobei in *die Familie Hollweg* ein *Bethmann* adoptiert wurde, oder die *Pfauen-Escher*, wobei der Zusatz *Pfau* vom Namen eines Hauses herrührt. Übrigens gebe es andere Corragioni überhaupt nicht, und die früher Corragioni d'Orelli genannten könnten deshalb auch nicht ein bloßer Zweig der Corragioni sein; sind aber die Corragioni d'Orelli ein Zweig der Orelli, so sei die Form d'Orelli Corragioni, nach der eigenen Meinung der Gegner, gerade keine unbefugte Namensänderung.

B. Bopp-Orelli.

(1890)

1. Der Forstmeister K. A. L. von Orelli, Mitglied der in Zürich angesessenen und seit 1787 körperschaftlich organisierten Familie v. Orelli, hat vor seinem, am 28. Januar 1890 erfolgten Tode mit dem Württemberger F. Bopp einen Vertrag geschlossen, wonach der letztere und dessen sämtliche Abkömmlinge das Recht haben sollten, seinen Namen v. Orelli neben ihrem bisherigen Namen zu führen.

Die Kontrahenten kleideten ihr Übereinkommen in die Form eines Adoptionsvertrages, nach dem der Forstmeister v. Orelli alle vorhin genannten Personen an Kindesstatt annehmen zu wollen erklärte; obwohl die übereinstimmende Absicht nur war, den Übergang des Familiennamens zu bewirken, ohne daß im übrigen ein Kindesverhältnis eintreten sollte.

Der so als Arrogation abgeschlossene Vertrag wurde von dem württembergischen Amtsgerichte Vaihingen trotz wiederholter Einsprachen von Mitgliedern der Familie v. Orelli bestätigt; das Landgericht Heilbronn hob dies zwar auf, durch Beschluß des Oberlandesgerichtes Stuttgart wurde aber die amtsgerichtliche Bestätigung wieder hergestellt.

Darauf teilte der Bevollmächtigte der Kinder des noch im Jahre 1889 verstorbenen Herrn F. Bopp der Familie v. Orelli zu Händen ihres Vertreters in einem Schreiben vom 22. Juli 1890 mit, daß *nach nunmehriger Bestätigung des Arrogationsvertrages vom September 1889* seine Auftraggeber beschlossen haben, den Namen Bopp-Orelli anzunehmen.

Hiernach haben die sämtlichen Mitglieder der Familie v. Orelli namens dieser Familie und zugleich für sich selbst gerichtliche Klage gegen jene bei dem Landgericht Heilbronn erhoben, mit dem Antrage, zu erkennen: die Beklagten sind nicht befugt, den Namen *Orelli* zu führen, und haben deshalb diese Führung des Namen zu unterlassen.

2. Die Beklagten bestritten die Zulässigkeit des Rechtsweges und wollten die Kläger auf den Weg der Beschwerde vor den

Verwaltungsbehörden verwiesen haben. Auch wurde in Abrede gestellt, daß die Aktivlegitimation der Kläger in Ordnung stehe, namentlich da gar kein vermögensrechtliches Interesse oder sonstige erhebliche Schädigung von ihnen behauptet worden sei.

Da es sich um einen internationalen Streit handle, so komme hier das Privatrecht von Zürich in Betracht. Dieses hat jedoch über das Namensrecht gar keine Bestimmung; ein *allgemeines* Privatrecht, wie Kläger es *über* den Staaten anzunehmen schienen, gebe es aber überhaupt nicht. Übrigens würde man auch nach württembergischem Rechte nicht zu anderem Ergebnisse gelangen (vgl. Motive z. BGB. 4 S. 1005 flg.). Nun hätten aber nach CPO. 293 die Kläger beweisen müssen, daß eine Klage der vorliegenden Art seitens eines Deutschen gegen einen Züricher Kantonsbürger im Kanton Zürich zugelassen würde, und daß das für die Familie v. Orelli maßgebliche Landesgesetz ein Verbietungsrecht auch Ausländern gegenüber mit Wirkung im Auslande gewähre; und da sie dieses versäumt, so sei die Klage von vornherein noch nicht genügend begründet.

Zudem liege gar keine unbefugte Namensführung vor. Die Beklagten wollten gar nicht den Namen *v. Orelli* haben, sondern nur zu ihrem Familiennamen, ohne Adelsprädikat, den Zusatz *Orelli* nehmen. Dazu berechtige sie der im Tatbestande angegebene Vertrag, auch wenn dieser nicht als wirklicher Adoptionsvertrag anerkannt werden sollte. Letzteres sei aber allerdings geboten, da ihm die gerichtliche Bestätigung zu teil geworden sei.

XXVIII

Rechtsstreitigkeiten über die Einführung der Kriegsversicherung.

(1888)

1. Die ältesten Lebensversicherungsanstalten schlossen das *Kriegsrisiko* von der Lebensversicherung aus. Viele Lebensversicherungsanstalten tun dies noch heute.

In der Verfassung der ältesten deutschen Lebensversicherungsbank, der zu Gotha, von 1828 findet sich ebenfalls in § 61:

Wenn ein Versicherter in aktiven Kriegsdienst oder in Seedienst geht, wird die sein Leben betreffende Police ungültig.

Es bleibt aber dem Eigentümer unbenommen, vor erfolgter Annahme solcher Dienste über die Füglichkeit einer bedingten Fortdauer der Versicherung mit der Bank zu unterhandeln.

Die revidierte, am 17. Juni 1838 landesherrlich bestätigte Bankverfassung gedenkt des Kriegsrisikos an zwei Stellen. Nach § 48 sollen *wegen ihres Berufes* von der Versicherung *ausgeschlossen sein: Personen, die im Seedienste stehen, und Militärpersonen, sowohl eigentliche Kombattanten, als auch andere Militärbeamte, sobald sie den wirklichen Kriegsdienst antreten.* In einer erläuternden Note heißt es, daß dieser Paragraph jedoch nicht so zu verstehen ist, als wenn die Aufnahme von Militärpersonen, die im aktiven Dienste stehen, überhaupt nicht stattfinden könnte. Wohl können dieselben, ebenso wie Militärbeamte, z. B. Regimentsauditoren, Militärärzte, Kriegskommissäre und Feldprediger, zu gleichen Prämien, wie die anderen Stände, bei der Bank aufgenommen werden; wenn sie aber zum wirklichen Dienste vor dem Feinde beordert werden und diesen antreten, so wird ihre Versicherung aufgehoben oder nach § 74 suspendiert.

Und im § 68 heißt es dann:

Ferner hört die Versicherung auf, wenn derjenige, auf dessen Leben dieselbe besteht, in aktiven Kriegsdienst oder Seedienst tritt (§ 48). *Der hiernach Ausscheidende wird aber als freiwillig abgegangen betrachtet.*

2. Die Beteiligung von Kriegsdienstpflichtigen aller Stände an dem Kriege von 1870 und der gewaltige Umfang, welchen dieser Krieg annehmen mußte, nötigten die Bank zur Einführung eines neuen Grundprinzips in der Behandlung der Kriegsgefahr ihrer Versicherten. *Mit der allgemeinen Wehrpflicht*, welche nunmehr zu einer Fundamentaleinrichtung des deutschen Volkes geworden ist — heißt es im Rechenschaftsbericht für 1870 — *scheine es nicht länger verträglich,* die seitherige Versicherungsbedingung, wonach durch aktiven Kriegsdienst die Versicherung ihre Gültigkeit verliert, in ihrer ausnahmslosen Allgemeinheit beizubehalten. Es wurde daher am 26. Juli 1870 durch einen Zusatz zu § 68 der Bankverfassung die Möglichkeit einer Beseitigung dieser Ausnahme von der Versicherungsgarantie gewährt. Dies geschah durch die in Gemäßheit des § 28 der Bankverfassung vom Bankvorstand einstimmig beschlossene und von den beteiligten Staatsregierungen unbedenklich genehmigte Zusatzbestimmung zu § 68:

Durch Vorstandsbeschluß können Modalitäten und Be-

dingungen festgestellt werden, unter welchen die Versicherung für den Fall aktiven Kriegsdienstes aufrecht erhalten werden kann.

Solche Modalitäten und Bedingungen setzte der Bankvorstand alsbald durch das Regulativ vom 26. Juli 1870 fest. Hiernach sollte das Kriegsrisiko bis zum Belaufe vom 18000 ℳ für die Versicherung gegen Entrichtung von Zuschlagprämien von 6 % (Kombattanten) und 4 % (Nichtkombattanten) für jedes begonnene Kriegsjahr übernommen werden.

Die Erfahrung zeigte, daß von dieser großen und wohltätigen Änderung *verhältnismäßig nur geringer Gebrauch* gemacht wurde. Auch in den aufgeregten Zeiten der Kriegsbefürchtigungen von 1887 hatten von den 70000 Versicherten der Gothaer Lebensversicherungsbank am Schlusse des Jahres 1887 nur ihrer 139 Vorkehr getroffen gegen den Verlust ihrer Versicherungen im Kriegsfall.

Danach wurde am 18. Januar durch einstimmigen Beschluß des Vorstandes in jenem § 68 bestimmt:

Versicherungen auf das Leben solcher Personen, welche infolge der im Bankgebiete geltenden gesetzlichen allgemeinen Wehrpflicht ..... am wirklichen Kriegsdienste sich beteiligen, werden durch den letzteren nicht beeinträchtigt, sofern die betreffenden Versicherungsscheine am Tage der Mobilmachung zum Zwecke eines Krieges bereits eingelöst waren. Andernfalls treten dieselben nicht in Kraft.

3. Durch diesen Beschluß geriet die Bank in schwierige Rechtsstreitigkeiten mit einigen ihrer Mitglieder. Im Mai 1888 wurde sie von Rechtsanwalt Dr. Pansa in Leipzig, im Juli 1888 von Redakteur Dunker und Genossen in Stettin verklagt.

Die Kläger verlangten die Aufhebung des genannten Beschlusses bezüglich der Übernahme des Kriegsrisikos als rechtsungültig und die Unterlassung seiner Ausführung, weil durch die Übernahme des Kriegsrisikos

1) in ihre wohlerworbenen Rechte eingegriffen werde, da sie dahin führen werde, daß den Mitgliedern Dividende nicht mehr gezahlt werde, sondern Nachschüsse erforderlich würden;
2) der Bankvorstand seine durch § 28 der Statuten von 1838 bestimmten verfassungsmäßigen Rechte überschritten habe und zu der darin enthaltenen Abänderung der Verfassung selbst durch einstimmigen Beschluß nicht befugt gewesen sei, da die kostenlose Übernahme des Kriegsrisikos gegen

das Prinzip der Gegenseitigkeit, den juristischen Charakter der Lebensversicherung auf Gegenseitigkeit überhaupt verstoßen und aus dem Rahmen der Versicherung falle.

Die Beklagte beantragte Abweisung der Klage.

4. Die maßgeblichen Bestimmungen der Verfassung (auch eine neue Redaktion vom 15. Dezember 1895 hat hieran nichts Wesentliches geändert) sind die folgenden:

§ 1.

Die in Gotha errichtete, in der Eigenschaft einer moralischen Person vom Staate anerkannte Lebensversicherungsbank für Deutschland beruht auf Gegenseitigkeit und auf Öffentlichkeit: auf Gegenseitigkeit, indem die Gesamtheit der Teilhaber derselben (§ 4) jedem einzelnen Versicherten (§ 2) für die Erfüllung der gegen ihn übernommenen Verbindlichkeiten Gewähr leistet; auf Öffentlichkeit, indem alljährlich öffentliche Rechenschaft ohne Rückhalt abgelegt wird.

§ 2.

Unter Lebensversicherung wird hier ein Vertrag verstanden, nach welchem die Bank gegen gewisse jährliche Leistungen die Verpflichtung übernimmt, beim Ableben einer gewissen Person ein im voraus festgesetztes Kapital auszuzahlen. Derjenige, mit welchem die Bank einen solchen Vertrag abschließt, heißt der Versicherte.

§ 4.

Diejenigen allein, welche eine lebenslängliche Versicherung auf ihr eigenes Leben oder auf dasjenige eines anderen oder eine Überlebensversicherung mit der Bank abgeschlossen haben, bilden die Bankteilhaber oder Eigentümer des Instituts. Sie leisten sich nicht nur untereinander, sondern auch den auf kurze Zeit Versicherten für die Erfüllung der von der Bank übernommenen Verbindlichkeiten Gewähr; ihnen gehören daher auch die sich ergebenden Überschüsse, an welchen die auf kurze Zeit Versicherten keinen Teil haben.

§ 17.

Die Leitung und Verwaltung der Bank geschieht durch drei Bankausschüsse, aus denen der Bankvorstand sich bildet, und durch die bei der Bank angestellten Beamten und Agenten.

Die Verhältnisse und Obliegenheiten dieses Personals sind nächst dem, was diese Verfassung darüber enthält, durch besondere Geschäftsordnungen und Instruktionen näher bestimmt.

§ 18.

Die drei Bankausschüsse sind die Vertreter und Bevollmächtigten der Bankteilhaber. Es liegt ihnen ob und steht ihnen zu, über alle Verfassungs- und Verwaltungsangelegenheiten zu beraten und zu entscheiden.

Nach §§ 19 ff. werden die Bankausschüsse in drei Bezirken Thüringens von den daselbst wohnenden Bankteilhabern männlichen Geschlechtes gewählt. — Eine Mitgliederversammlung der (z. Z. etwa 100000) Versicherten gibt es nicht.

§ 26.

Jeder Ausschuß wählt aus seiner Mitte alljährlich einen Vorsteher, dem die Leitung der Angelegenheiten seines Ausschusses obliegt. Der frühere Vorsteher kann wieder gewählt werden.

§ 27.

Die drei Vorsteher machen den Bankvorstand aus. Bei Versammlungen des Bankvorstandes ist jeder Vorsteher Geschäftsträger seines Ausschusses und vertritt denselben.

Zur formellen Leitung der Vorstandsgeschäfte wird von den drei Vorstehern ein Vorstandsdirigent gewählt, welcher in einer der drei Zentralstädte wohnt. Es ist nicht nötig, daß derselbe zu den Versicherten gehört; auch hat er bei den Entscheidungen keine Stimme, es sei denn, daß er zugleich Vorsteher eines der drei Ausschüsse wäre. Der Vorstandsdirigent wird gleich den Vorstehern alljährlich gewählt; doch kann dieselbe Person immer wieder neu gewählt werden.

§ 28.

Der Bankvorstand handelt jedesmal im Auftrag der drei Ausschüsse und als Stellvertreter derselben.

Die Beschlüsse des Vorstandes müssen daher in allen Fällen aus den Entscheidungen der Ausschüsse hervorgehen. Unter dieser Modalität besteht die Wirksamkeit des Vorstandes darin, daß jeder Vorsteher die von seinem Ausschusse gefaßten Beschlüsse vorlegt und hiernach seine Stimme abgibt. Die Entscheidung wird in Verwaltungssachen durch Stimmenmehrheit herbeigeführt; in Verfassungssachen aber kann nur Stimmeneinheit von Wirkung sein, auch können selbst durch diese nur wenige wesentliche Bestimmungen gemacht werden, indem die eigentlichen Grundsätze der Bank, so wie sie ursprünglich festgesetzt sind, unverändert bleiben.

XXIX
Der Kampf gegen die Schleuderer im Buchhandel.

(1889)

1. Die Organisation, welche sich der deutsche Buchhandel seit mehr als 100 Jahren gegeben, ist neuerdings dadurch mehrfach in Frage gestellt worden, daß sich einzelne Sortimentsbuchhandlungen an die vom Verleger für die neu erscheinenden Bücher festgesetzten Preise nicht binden, sondern den Käufern einen hohen Rabatt bewilligen. Dadurch wird das Bestehen zahlreicher kleinerer Sortimentshandlungen gefährdet, die Ausbreitung derselben bis in kleinste Orte gehindert und die unbeschränkte Möglichkeit von Ansichtssendungen, wie sie nur in Deutschland besteht, bedenklich unterbunden.

Der *Börsenverein der Deutschen Buchhändler* zu Leipzig, ein mit Rechtsfähigkeit ausgestatteter Verband, dem die weitaus meisten Buchhändler Deutschlands angehören, hat deshalb gegen jene *Schleuderer* seit längerem Maßregeln ergriffen.

Zuerst versuchte man es mit Einschränkung des Rabattes der Verleger gegenüber schleudernden Sortimentern. Da dieses nicht fruchtete, so ging man zur Lieferungssperre über.

Bei der Änderung seiner Satzungen im Jahre 1888 sprach der Verein als Pflicht jedes Mitgliedes aus, die vom Vereine für den Kundenrabatt gezogenen Grenzen einzuhalten und buchhändlerische Ware an solche nicht zu liefern, welche diese Grenzen nicht innehielten. Die Verletzung dieser Pflichten wurde mit Ausschluß aus dem Verein bedroht, welcher den Verlust des Rechtes auf Benutzung aller vom Verein geschaffenen Anstalten und Einrichtungen, insbesondere des Deutschen Buchhändlerhauses, des Bezuges des Börsenblattes für den Deutschen Buchhandel und seiner Benutzung für Inserate, zur Folge haben und im Börsenblatte kundgegeben werden sollte.

Nun traten die Schleuderer aus dem Börsenverein der Deutschen Buchhändler einfach aus.

2. Hierdurch wurde der Vorstand jenes Vereins zu weiteren Maßnahmen gedrängt. Er erließ an seine Mitglieder eine Reihe von Kundgebungen, die sich von Ende 1888 bis April 1889 hinzogen.

Er veröffentlichte im Börsenblatte diejenigen Firmen, die, wenn sie Mitglieder des Börsenvereins der Deutschen Buchhändler wären, ausgeschlossen werden könnten; und forderte die sämtlichen Mitglieder auf, gegen jene Handlungen, unter Absehen von einer Rabattverkürzung, gänzliche Lieferungssperre eintreten zu lassen.

Infolgedessen wurde von dem Verein der Buchhändler zu Leipzig, einem Organ des Börsenvereins der Deutschen Buchhändler, die von ihm unterhaltene Bestellanstalt für die Geschäftspapiere der Schleuderer gesperrt. Und lehnten die Mitglieder des Vereins Leipziger Kommissionäre es ab, den Schleuderern Sortiment zu liefern.

Verschärft wurde die Lieferungssperre noch durch Ausspruch der Unstatthaftigkeit der indirekten Lieferung; indem der Vorstand es betonte, daß er auch gegen diejenigen Buchhändler einschreiten werde, welche wider Willen eines Verlegers dessen Verlagsartikel an Schleuderer lieferten.

3. Die Firma Mayer und Müller in Berlin gehört zu den Schleuderern, deren Namen mit den eben angegebenen Aufforderungen wiederholt im Börsenblatt für den Deutschen Buchhandel veröffentlicht waren. Dieses Blatt wurde regelmäßig nur an Vereinsmitglieder abgegeben; ausnahmsweise auch an Nichtmitglieder, wenn der Vorstand des Börsenvereins die Versendung besonders genehmigte. Die Listen waren zum Teil in der Art hergestellt, daß die gekennzeichneten Firmen in fetter Schrift so angegeben waren, daß das Blatt — wie es in der einen Nummer des Börsenblattes hieß — zur Vermeidung von Irrtümern des Personals an dem Expeditionsgatter angeheftet werden konnte.

Durch alles dieses erachtete sich die genannte Firma für geschädigt; sie ging gegen die Vorstandsmitglieder des Börsenvereins, welche die Kundgebungen gegen die Schleuderer bewirkt hatten, mit einer Schadensersatzklage vor; darauf fußend, daß nach dem ihrer Ansicht nach anzuwendenden ALR. in dem geschilderten Vorgehen des Börsenvorstandes eine unerlaubte rechtswidrige Handlung vorliege.

Die Beklagten beriefen sich darauf, daß sie nur als Vertreter des rechtsfähigen Vereins gehandelt haben, die Klage daher gegen diesen anzustellen sei. Sie leugnen die Rechtswidrigkeit ihres Tuns, das durch kein Gesetz verboten sei; und stellten eine Schädigungsabsicht und ein Bewußtsein von Rechtswidrigkeit ihrerseits in Abrede.

XXX
Eine Wasserleitung aus Appenzell nach St. Gallen.

(1892)

1. Der Gemeinderat der Stadt St. Gallen hatte durch Vertrag vom 21. März 1892 von der Alpgenossenschaft in der großen Schwägalp, Gemeinde Hundwil, zum Zwecke der Ableitung nach der Stadt St. Gallen Wasserkräfte käuflich erworben. Dabei war ein zu lieferndes Maximum von 50 Sekundenlitern angesetzt; und die Verpflichtung auferlegt, auf der Alp selbst künstliche Vorrichtungen für Tränkung des Viehs, für sachgemäße Leitung und Reinhaltung des Wassers zu treffen.

Zur Ausführung war die Genehmigung der Verwaltungsbehörde erforderlich. Vor der Erteilung erging im Auftrage des Regierungsrates durch die Gemeindekanzlei Hundwil eine öffentliche Aufforderung an alle, die an dem Wasser der fraglichen Quellen Eigentums- oder Nutzungsrechte beanspruchten oder überhaupt gegen die beabsichtigte Wasserableitung Einsprache zu erheben berechtigt zu sein glaubten. In der Tat wurden denn auch eine Reihe von Eingaben innerhalb der gestellten Frist eingereicht, die von verschiedenen Gesichtspunkten aus gegen das geplante Werk Widerspruch erhoben.

Für die daraus entstandenen Rechtsfragen war dortselbst das Appenzeller Gesetz über Liegenschaften vom 28. April 1889 maßgeblich, bes. §§ 7; 9; 10; 13; 14. Sie sind aber von gleichem Interesse, wenn man ihrer Erörterung das römische, das ältere deutsche Recht oder die neueren deutschen Landesgesetze (EG. 65) unterlegt.

2. Die eine Art der erwähnten widersprechenden Eingaben rührte von den Bewohnern des Urnäschtales im allgemeinen her. Sie hoben das große Interesse des ganzen Tales am laufenden Wasser der Urnäsch hervor; und sprachen die Befürchtung aus, daß sie nach Ableitung der Quellen jedenfalls Jahr für Jahr geraume Zeit ein trockenes Flußbett haben würden. Einzelne Eingaben verbreiteten sich auch über den Wert, den der Gemeingebrauch des Flusses zum Tränken, Waschen und anderem biete.

Nun besitzt heute die Alpgenossenschaft der großen Schwägalp an ihrem Alpgebiet ein privates Eigentum. Es steht dem Eigentum von einzelnen Bürgern im allgemeinen durchaus gleich;

die Unveräußerlichkeit, die ihm eignet, kommt hier nicht in Betracht.

Hiernach ist die erste Frage: Ob damit über das Eigentum an den Quellen entschieden sei? Sodann: Wie es mit der privaten Verfügung über die Brunnen, Teiche, Wasserläufe stehe? Endlich: In welcher Art die gesetzlich geforderte Genehmigung der Verwaltungsbehörde zur Ableitung von Quellen mit den Antworten auf jene ersten Fragen zu vereinigen sei?

3. Eine andere Klasse von Protesten rührte von Wasserwerksbesitzern her, die an der Urnäsch Mühlen, Fabriken und andere technische Anstalten errichtet haben. Sie betonten ihre Anwartschaft auf einen ungestörten, vollen Wasserlauf; nahmen ein Recht an der Urnäsch und deren Quellen, zu denen die verkauften Wasseradern gehören, in Anspruch; und verwahrten sich gegen irgend welche Schädigung bestehender Brunnen durch Abgraben und Tieferlegen der veräußerten Quellen.

Hier fragt es sich zuvörderst: Wie solche Anlagen in rechtlich zulässiger Weise errichtet werden können? Sodann: Welche Folgen sich daraus für befugte Benutzung des Wasserlaufes herleiten, — und zwar sowohl wegen des geschöpften Wassers (durch Stauwerke, Wasserräder, Tröge, oder auch Teiche und Kanäle), als auch für den gesamten Wasserlauf von der Quelle abwärts als Ganzes? Endlich: Was für eine Bedeutung ein etwaiger Beschluß der Verwaltungsbehörde, die Ableitung des Wassers zu genehmigen, auf diese bürgerlichen Rechtsverhältnisse besitze?

4. Mit dem Gesuche um Genehmigung der Ableitung der Quellen hat die Stadt St. Gallen zugleich an den Regierungsrat von Appenzell Außer Rhoden das weitere Begehren gestellt, daß zur Ausführung jenes Werkes der Stadt St. Gallen das Recht der Enteignung zu bewilligen sei. Sie begründete es damit, daß die Zuführung der Schwägalpquellen dem allgemeinen Interesse entspreche und dem öffentlichen Wohle zu dienen bestimmt sei.

Da die davon Betroffenen auch hiergegen Widerspruch einlegten, so ist in erster Linie zu prüfen: ob auf die Enteignung, die im öffentlichen Interesse vorgenommen werden soll, jemand ein Recht haben kann, — oder ob es ein frei zu vergebendes Privilegium ist, für dessen Erteilung der Gesichtspunkt der *Gnade* maßgeblich wäre.

Dazu tritt im vorliegenden Falle ein weiterer Zweifel. Ist die staatliche Behörde nach dem geltenden Enteignungsrechte in der Lage, auch aus einem *außerhalb* des Staatsgebietes bestehenden *Grunde des öffentlichen Wohles* eine Enteignung *innerhalb* des diesseitigen Gebietes zu beschließen? Ist es von Einfluß, ob das dort zu verfolgende öffentliche Interesse in einem anderen Bundesstaate oder in dem Auslande oder in einem Schutzgebiete des Reiches sich erhebt?

XXXI

Der historische Kombinationstisch von Amerika.

(1894)

1. Vor einigen Jahren erhielten sämtliche Gouverneure der Vereinigten Staaten von Amerika — es waren damals 44 und Utah war noch nicht in den Staatenverband aufgenommen — von einem Herrn John R. Wilson in Salte Lake City ein Schreiben mit den folgenden Angaben: Man habe in Utah den Plan gefaßt, einen Tisch anzufertigen, zu dem Hölzer aus allen 44 Staaten der Union verwandt werden sollten; es müßten diese Hölzer von *historischem* Werte, oder doch wenigstens *repräsentative* Hölzer der Staaten, aus denen sie kämen, sein. Aus ihnen wolle man einen Tisch fertigen, und auf diesem Tische solle die erste in Utah angenommene Bill vom ersten Staatsgouverneur unterzeichnet werden.

Die Zuschrift von Wilson fand in den Augen der Herren Gouverneure, an die sie gerichtet war, Gefallen, und alle fanden den Plan eigenartig, ausgezeichnet und nachahmenswert. Sie beeilten sich entweder selbst, dem Wunsche Wilsons zu willfahren, oder ließen dies durch ihre Privatsekretäre, durch den Staatssekretär, durch die Staatsforstbehörde oder sonst zuständige Personen besorgen.

So erhielt Wilson prachtvolle Hölzer aus allen Staaten.

Viele schickten einfach ein tadelloses Stück einer ihrem Staate eigentümlichen Holzart, andere dagegen sogar Stücke von geschichtlichem Werte. So schickte der Gouverneur von Conecticut ein Holzstück von der berühmten *Charter-Eiche;* der von Maryland Holz von einem Maulbeerbaum, unter dem Leonard Calvert am 27. März 1634 den ersten Vertrag mit den Indianern Marylands unterzeichnete. Mac Kinley, der damalige Gouverneur von Ohio, sandte ein Stück gewellten Pappelholzes und Morton von New York ein Stück gelber Birke, das von der Staatsforstkommission in den Adirondacks ausgewählt worden war. Von Kaliforniens Gouverneur erhielt Wilson Oliven- und Lorbeerbaumholz, aus Pennsylvanien trafen Stücke ein, die man dem Gebälk des Pennhauses und dem des alten Bundeskriegsschiffes *Konstitution* entnommen hatte.

Auf diese Weise kamen Hölzer aus allen Teilen der Vereinigten Staaten, versehen mit Begleitschreiben der Staatsoberhäupter oder deren Staatsbeamten, in denen der Wert des betreffenden Stückes natürlich unter viel Behagen in das rechte Licht gesetzt wurde.

2. Seitdem Wilson seine Gesuche nach allen Teilen der Union hinausgeschickt, hörte man lange Zeit nichts von ihm und seinem *historischen Kombinationstisch,* obwohl Utah längst Staat geworden war.

Vor kurzem erschien indessen wiederum allenthalben ein Wilsonsches Rundschreiben. Es enthielt eine in den glühendsten Farben gehaltene Schilderung des fertigen Tisches und Abschriften aller Briefe, welche die *Staatshölzer* begleitet hatten. Am Schlusse des Rundschreibens stand, nicht etwa, wann der Tisch Seiner Ehren dem Herrn Gouverneur überreicht werden sollte, nein, wann er an einen Meistbietenden von dem unternehmenden Herrn Wilson verkauft wird! Es lautet dieser Schluß: *Dieser Tisch wird meistbietend verkauft; Angebote können bis zum 15. Juli an meine Adresse gesandt werden. Ich behalte mir das Recht vor, einzelne oder alle Angebote zurückzuweisen.*

3. Der Gouverneur von New York, der seine Kollegen vergeblich zu einem gemeinsamen Vorgehen gegen Wilson aufgefordert hat, beabsichtigt nun, selbständige Schritte zu tun und sich an die Gerichte von Utah zu wenden, das, wie jeder amerikanische Bundesstaat, seine eigene Gesetzgebung, Verwaltung und Rechtspflege hat.

Welches Recht wäre nach den Sätzen unseres internationalen Privatrechtes der Entscheidung zu Grunde zu legen?

In Unterstellung, daß der Fall nach deutschem bürgerlichem Rechte zu beurteilen sei: Welcher juristische Rat würde begründetermaßen zu geben sein?

XXXII

Verlassenschaft des Johann Orth (Erzherzog Johann von Österreich).

(1896)

1. Am 21. Februar 1887 hat Erzherzog Johann von Österreich durch den Freiherrn Oberst von Meuschengen der Aktiengesellschaft Bank in St. Gallen Wertpapiere in bedeutendem Betrage zur Aufbewahrung übergeben, wogegen die Bank ihm einen auf den Namen lautenden Depositenschein ausstellte.

Dieser Depositenschein nimmt auf die *anderseitig abgedruckten Bedingungen* Bezug, deren Art. 2, 1 dahin lautet: *Die Auslieferung eines Depositums erfolgt gegen Rückgabe des quittierten Depositenscheines an den Deponenten oder an einen von ihm hierzu genügend Bevollmächtigten. Wenn die Auslieferung nur für kurze Zeit verlangt wird, so kann dies gegen einfache Rückgabe des Depositenscheines geschehen.*

In der Folge fanden verschiedene Änderungen im Bestande des Depositums statt, worüber neue und abgeänderte Depositenscheine, zuletzt, wie es scheint, am 8. Januar 1890, ausgestellt wurden.

In einem Briefe vom 1. September 1889 fragte Erzherzog Johann bei der Bank an, ob irgend jemand sich um den Bestand seines in St. Gallen deponierten Vermögens erkundigt habe, und verband damit das Gesuch, vorkommenden Falles Auskunft zu verweigern, und auch die untergeordneten Beamten in diesem Sinne anzuweisen.

2. Im Jahre 1889 verzichtete Erzherzog Johann auf sein Recht, als Prinz des Kaiserlich österreichischen Hauses öffentlich angesehen und behandelt zu werden; und nahm mit Bewilligung des Kaisers von Österreich den bürgerlichen Namen Johann Orth an.

Am 9. Januar 1890 stellte er in Birstein (Landgericht Hanau, Oberlandesgericht Kassel) dem Dr. Franz Ritter von Haberlen, Hof- und Gerichtsadvokaten in Wien, eine sehr umfassende Vertretungsvollmacht aus. Diese ermächtigte den Bevollmächtigten, den Machtgeber in allen rechtlichen und politischen Angelegenheiten zu vertreten, Gelder und Geldeswert zu erheben und darüber rechtsgültig zu quittieren, Zahlungen zu leisten, alle

Arten von Erklärungen abzugeben, *überhaupt alles vorzukehren, was er für notwendig und nützlich erachten wird.* Die Unterschrift des Johann Orth auf dieser Vollmacht wurde durch das Kgl. preußische Amtsgericht Birstein beglaubigt.

Bald danach erwarb Johann Orth das Schiff *St. Margarethe.* Es segelte am 11. Juni 1890 befrachtet von La Plata ab, ohne den Bestimmungshafen Valparaiso zu erreichen. Seitdem ist weder über das Schicksal des Schiffes, noch über dasjenige des Johann Orth, von dem angenommen wird, er habe sich bei der Abfahrt von La Plata mit seiner ihm inzwischen angetrauten Gemahlin an Bord des Schiffes befunden, sichere Kunde eingegangen.

Seit dem Frühjahr 1891 sandte die Bank in St. Gallen, welche bis dahin ihre Kontokorrentauszüge an Johann Orth adressiert hatte, diese zu dessen Händen an Dr. Franz Ritter von Haberlen; hat dann auch an den letzteren auf Rechnung des Kontokorrentes Zahlungen gemacht.

3. Am 10. September 1896 erhob Dr. von Haberlen, als Bevollmächtigter seiner K. u. K. Hoheit Erzherzog Johann (Johann Orth) in St. Gallen Klage gegen die Bank von St. Gallen, mit dem Antrage, die Beklagte zu verurteilen, das gesamte bei ihr von Johann Orth deponierte Vermögen in dem durch die Bücher der Bank sich ergebenden Bestande an Wertpapieren und Bargeld an den Kläger herauszugeben.

Der Kläger führte im wesentlichen aus:

Kraft der formell beweiskräftigen Vollmachtsurkunde vom 9. Januar 1890 sei er zur Erhebung des Depositums ermächtigt. Die Vollmacht sei nicht erloschen; denn es sei eine Todeserklärung nicht erfolgt. Eine solche sei auch nach österreichischem Rechte in diesem Falle erst in 30 Jahren möglich. Vgl. österr. GB. 24; 278; woraus auch hervorgehe, daß eine Lebensvermutung bestehe, und der Tag der Rechtskraft der Todeserklärung als Sterbetag gelte.

Allerdings sei der Depositenschein nicht zur Stelle. Aber das sei nach schweizer. OblR. 105, 1 zu behandeln: *Behauptet der Gläubiger, es sei der Schuldschein abhanden gekommen, so kann der Schuldner bei der Zahlungsleistung fordern, daß der Gläubiger die Entkräftung des Schuldscheins und die Tilgung der Schuld in einer öffentlichen oder beglaubigten Urkunde erkläre.*

4. Dagegen brachte die Beklagte vor:

Es liege kein Grund vor, von den bei der Hinterlegung ausdrücklich verabredeten Bedingungen abzugehen; und nach diesen sei sie nur gegen Rückgabe des Depositenscheines zur Zahlung verpflichtet. Durch diese Vertragsbestimmung sei der Schein ein *Wertpapier* geworden; auf den schweizer OblR. 105, 1 nicht Anwendung finde, da dieser Artikel nur von gewöhnlichen Schuldscheinen spreche. Zudem sage er ausdrücklich, daß *der Gläubiger* die dortige Entkräftungserklärung abgeben müsse, Stellvertretung also ausgeschlossen sei.

Selbstverständlich wäre sie, die Beklagte, jederzeit zur richtigen Auszahlung des Depositums an die Erben des Johann Orth oder deren Bevollmächtigte bereit, wenn diese die Amortisation des verlorenen Depositenscheines als Wertpapieres ordnungsmäßig betrieben. Denn der Tod des letzteren sei derartig wahrscheinlich, daß sie, die Bank, ohne Gefahr doppelter Zahlung nicht anders verfahren könne.

Die jetzige Vollmacht des Klägers genüge aber hierzu nicht. Das sei eine gewöhnliche Advokatenvollmacht, die überhaupt nicht zur Rückforderung der so bedeutenden deponierten Summe berechtige; zumal nicht gegenüber dem warnenden Brief des Johann Orth an die jetzige Beklagte vom 1. September 1889.

Selbst wenn man den Tod des Vollmachtgebers noch für ungewiß halten wollte, so würde für diese jetzige Frage das gleichgültig sein, da die Verschollenheit des Johann Orth notorisch sei. Nun gelte in Birstein, im ehemaligen Kurhessen, gemeines Recht; danach könne für einen Verschollenen nicht ein Anwalt mit einer einfachen früheren Privatvollmacht auftreten, sondern nur ein *curator absentis;* als welcher Kläger nicht bestellt sei.

Hiernach wurde um Abweisung der erhobenen Klage gebeten.

XXXIII

Photographie der Leiche des Fürsten von Bismarck.

(1898)

1. In der Nacht nach dem Tode des Fürsten Otto v. Bismarck drangen die Photographen Wilcke und Priester von Hamburg mittels Einsteigens durch ein offenes Fenster in das Sterbezimmer und machten dort, indem sie die angestellten Wächter zu veranlassen wußten, es zu dulden, bei Magnesiumlicht eine photographische Aufnahme von der Leiche und dem sie umgebenden Teile des Zimmers. Auf die Klage der Kinder des Verstorbenen wurden die beiden Photographen vom Landgerichte zu Hamburg solidarisch verurteilt, einzuwilligen, daß die Negative, Platten, Plattenabzüge, überhaupt sämtliche Reproduktionen oder von ihnen aufgenommene Photographien durch einen Gerichtsvollzieher vernichtet würden; auch wurde den Beklagten verboten, die gemachte photographische Aufnahme irgendwie zu verbreiten, bei Meidung einer Haftstrafe von 6 Monaten für jeden Fall der Zuwiderhandlung.

Die dagegen eingelegte Berufung ward vom Oberlandesgericht verworfen. Die Beklagten legten Revision ein. Da wurde über das Vermögen des Priester der Konkurs eröffnet. Die Kläger nahmen das Verfahren gegen den Konkursverwalter durch Zustellung eines Schriftsatzes auf. Der Konkursverwalter seinerseits beantragte, ebenso wie der Mitbeklagte Wilcke, Aufhebung der vorinstanziellen Urteile und Abweisung der Klage.

2. Bei der Begutachtung werden zwei Erwägungen zu trennen sein: a) Die Frage nach der Begründetheit des klägerischen Anspruches überhaupt; b) die Erwägung, ob der Beginn des Konkurses auf jenen nicht von besonderer Bedeutung sei.

In der ersten Hinsicht sind verschiedene Begründungen vorgeschlagen worden, die der kritischen Nachprüfung noch harren. Wir geben die wichtigsten hier als Material dafür an:

1) Jeder habe ein Recht auf sein eigenes Bild; und dieses Recht könne nach dem Tode auch von den Angehörigen des Verstorbenen ausgeübt werden.

2) Die nächsten Angehörigen eines Verstorbenen hätten einen Anspruch auf unbeeinträchtigte Erhaltung seines Andenkens.

3) Sie hätten ein *im allgemeinen Rechtsbewußtsein begründetes* Recht auf Obhut des Leichnams und Bestattung desselben, woraus sich ergebe, daß sie berechtigt seien, den Leichnam gegen jede *Einwirkung* Dritter zu schützen und jedes Verfahren abzuwenden, welches die Erscheinung des Leichnams an die Öffentlichkeit zu ziehen geeignet sei, insbesondere jede Art einer bildlichen Reproduktion desselben.

4) Der Klageanspruch folge aus StGB. 168; 189; 367 : 1.

5) *Es ist mit dem natürlichen Rechtsgefühle unvereinbar, daß jemand das unangefochten behalte, was er durch eine widerrechtliche Handlung erlangt und dem durch dieselbe in seinen Rechten Verletzten entzogen hat.*

6) Der Inhaber des Hausrechtes habe an sich das Recht und die Macht, die photographische Aufnahme eines umfriedeten Raumes zu hindern; und diese Möglichkeit hätten die Beklagten den Klägern widerrechtlich entzogen und deshalb wiederherzustellen, — nach Analogie von l. 6 D. de condictione ob turpem causam (12, 5) und l. 6 § 5; l. 25 D. de actione rerum amotarum (25, 2); sowie des Reichsgesetzes zum Schutze der Warenbezeichnungen v. 12. Mai 1894 § 19, 1.

3. Dagegen sind wegen des Einflusses der Konkurseröffnung die Zweifel zu bewältigen, ob gegen die Konkursmasse überhaupt vorgegangen werden könne. Es kommen in Betracht:

1) Masseschuld; — aber von den Fällen KO. 59 scheint keiner recht zu passen. Auch der dritte nicht, da ja die *rechtlose Bereicherung* nach der Angabe der Kläger nicht der Konkursmasse selbst zugeflossen, sondern schon bei dem Gemeinschuldner vorher eingetreten sein würde.

2) Eine anzufechtende Rechtshandlung nach KO. 29 ff.; — allein hier scheint es sich nur um Rechtsgeschäfte zu drehen, wovon im Streitfalle keine Rede war.

3) Aussonderung; — jedoch gehören die Gegenstände (Platten u. s. w.), deren Herausgabe verlangt wird, zweifellos dem Beklagten, und nicht den Klägern, zu Eigentum. Und das Bild als solches ist kein Gegenstand eines von der Platte unabhängigen Eigentumes.

4) Konkursforderung; — aber dann müßte nach KO. 69 die klägerische Forderung nach ihrem Schätzungswerte in Reichswährung geltend gemacht werden, während hier der Anspruch der Kläger überhaupt keinen *Vermögenswert* besitzt.

XXXIV

Ungelöste Kompetenzkonflikte.

(1899; 1901)

1. Das Dorf Blankenberg bei Ruppin besteht aus einem Guts- und einem Gemeindebezirk. Von alters her leistete der dortige Gutsnachtwächter auch für den Gemeindebezirk kostenlos Wachtdienste, bis das Gut Blankenberg im Jahre 1887 verkauft wurde. Mit dem neuen Besitzer hörte für die Dorfgemeinde der Wachtdienst durch den Gutswächter auf, da dieser fortan lediglich für den Gutsbezirk verwendet wurde.

Der Amtsvorsteher legte infolgedessen der Gemeinde auf, einen eigenen Wächter anzustellen. Als dieses abgelehnt wurde, bestellte er selbst einen Wächter und zog die dadurch entstandenen Kosten zwangsweise von der Gemeinde ein. Diese verklagte den Besitzer des Gutes auf Erstattung der eingezogenen Gelder, wogegen Beklagter im Wege der Widerklage Verurteilung der Klägerin zur Anerkennung, daß er zur Bestellung des Gemeindenachtwächters nicht verpflichtet sei, verlangte.

2. Das Amtsgericht, bei dem die Sache in erster Instanz anhängig gemacht wurde, erklärte sich für unzuständig und verwies die Klägerin an das Landgericht. Auch dieses und das Kammergericht wiesen die Sache ab, da sie keine *bürgerliche Rechtsstreitigkeit* sei. In vierter Instanz hatte sich das Reichsgericht mit dieser Sache zu beschäftigen; es erklärte den Rechtsweg für unzulässig, worauf sich die Gemeinde mit ihrer Klage an den Kreisausschuß wandte. Im Verwaltungsstreitverfahren passierte diese noch eine andere Instanz, worauf das Oberverwaltungsgericht als siebente Instanz wieder das Verwaltungsstreitverfahren für unzulässig erklärte und den Prozeß auf den ordentlichen Rechtsweg verwies.

Es lag nunmehr ein schöner *negativer Kompetenzkonflikt* vor.

3. Der preußische Gerichtshof zur Entscheidung der Kompetenzkonflikte erklärte sich nun im Februar 1895 für unzuständig, da zunächst die Auseinandersetzungs-Behörden angerufen werden müßten. Der Prozeß gelangte daher in neunter Instanz an die Generalkommission und in zehnter Instanz an das Oberlandeskulturgericht. Da sich wiederum beide für unzuständig erklärten, war die Klage so weit gediehen, daß sich am 14. Januar 1899 der Gerichtshof zur Entscheidung der Kompetenzkonflikte abermals damit befassen konnte. Er entschied, daß der ordentliche Rechtsweg der allein zulässige sei, hob das vorerwähnte reichsgerichtliche Urteil auf und verwies die Sache zur anderweiten Verhandlung und Entscheidung an das Reichsgericht. Eine Ausfertigung des Urteils wurde nebst den Prozeßakten von dem preußischen Justizminister durch Vermittelung des Staatssekretärs des Reichs-Justizamtes dem Reichsgerichte unter Bezugnahme auf § 17, 2 der preußischen Verordnung v. 1. August 1879 übersandt.

Das Reichsgericht, das nun als die zwölfte Instanz mit der Sache betraut war, erachtete jedoch durch den V. Civilsenat ein weiteres gerichtliches Verfahren in der Sache für unzulässig und lehnte demgemäß die Zustellung des Urteiles an die Parteien ab.

4. Damit war diese Angelegenheit formalistisch erledigt. Die rechtsuchenden Parteien hatten keinen Richter gefunden, der die unter ihnen schwebende Streitfrage entschieden hätte.

Der Rechtsfall kann belehrend besonders in diesen Fragen nachgeprüft werden:

a) War der Rechtsweg begründetermaßen für zulässig zu behaupten oder zu verneinen?

b) Welche Auffassung über die Behandlung des erzählten negativen Kompetenzkonfliktes verdiente nach damaligem Rechte den Vorzug?

c) Wie würde heute, nach inzwischen erfolgter Änderung der Gesetzgebung zu entscheiden sein?

5. Nicht lange nachher wurde bei einem preußischen Landgerichte von einem Privatmanne gegen die Kirchengemeinde wegen des Rechtes auf Benutzung gewisser Kirchenstühle ein Rechtsstreit erhoben. Dieser war in dritter Instanz vor das Reichsgericht gelangt. Ehe er dort mündlich verhandelt worden war, wurde von dem preußischen Konsistorium jenes Bezirkes der Kompetenzkonflikt erhoben. Es stand nunmehr zur Frage, ob das Verfahren gemäß § 7 der preußischen Verordnung vom 1. August 1879 für unterbrochen zu erachten sei.

Die Senate des Reichsgerichtes stimmten nicht überein. Durch die vereinigten Civilsenate wurde die Frage verneint und ausgesprochen, daß nach ihrer Ansicht die Erhebung des positiven Kompetenzkonfliktes dann nicht mehr zulässig sei, wenn der Rechtsstreit bereits durch Einlegung der Revision bei dem Reichsgerichte anhängig geworden ist.

Die drei vorhin bezeichneten Zweifelsfragen können auch hier entsprechend erhoben werden.

XXXV
Prometheus-Prozesse.
(1902)

1. *Prometheus* ist der Name für eine Versicherungsgesellschaft auf Gegenseitigkeit. Sie wurde 1871 mit dem Sitze in Berlin unter der Firma *Gegenseitige Lebens-, Invaliditäts- und Unfallversicherungsgesellschaft Prometheus* gegründet. Nach dem Statut sollte sie die Rechte einer juristischen Person haben. Durch Königlichen Erlaß vom 15. Mai 1871 wurde dem Statute die landesherrliche Genehmigung erteilt.

Im Jahre 1898 erhob der Polizeipräsident zu Berlin bei dem Bezirksausschusse daselbst Klage gegen die Gesellschaft, mit dem Antrage, die ihr seinerzeit erteilte staatliche Genehmigung zum Abschlusse von Versicherungsgeschäften zurückzunehmen: Die mit der Vertretung und Geschäftsführung betrauten Organe der Gesellschaft hätten — wie aus bestimmten Handlungen und Unterlassungen hervorgehe — die Eigenschaft der Zuverlässigkeit nicht mehr, die nach dem Gesetze über den Geschäftsverkehr der Versicherungsanstalten v. 17. Mai 1853 vorausgesetzt werde.

Der Bezirksausschuß prüfte die vom Kläger vorgebrachten Bedenken. Er erachtete sie für begründet; und erkannte sodann dahin, daß die der Beklagten erteilte Genehmigung zum Betriebe einer Versicherungsgesellschaft zurückzunehmen sei. Die hiergegen an das Oberverwaltungsgericht eingelegte Berufung hatte keinen Erfolg; sie wurde durch Urteil vom 3. November 1900 rechtskräftig verworfen.

2. Hierauf trat am 29. Dezember 1900 eine Generalversammlung der Mitglieder zusammen. Sie erachtete nach jenem Urteile den Fall der Auflösung der Gesellschaft für gegeben; und beschloß, die Liquidation vorzunehmen, mit der Maßgabe, daß der damalige Direktor Dr. Schellenberg, der Major z. D. Freiherr zu Putlitz und der Rechtsanwalt von Glasenapp zu Liquidatoren ernannt wurden. Durch Verfügung des Polizeipräsidenten vom 20. März 1901 wurde Dr. Schellenberg als Liquidator der Gesellschaft abgesetzt. Gleichzeitig wurden die beiden anderen Liquidatoren vom Polizeipräsidium ersucht, die Führung der Geschäfte ohne fernere Mitwirkung des Dr. Schellenberg fortzusetzen. Diese Führung der Fortsetzung der Geschäfte durch die beiden genannten Herren wurde von der Generalversammlung v. 4. Juni 1901 genehmigt und der Postdirektor a. D. von Fuchs in dieser zum Liquidator ernannt. In derselben Versammlung wurde die Jahresrechnung für das Jahr 1900 entlastet und zur Deckung des sich auf 841296 *M* belaufenden Fehlbetrages die Einziehung eines Nachschusses festgesetzt, der für die Lebensabteilung das Fünffache, für die Unfallabteilung das Dreißigfache der für das Jahr 1900 fälligen Prämie betragen sollte.

Die Versicherten aber, mißtrauisch geworden durch die jahrelange schlechte alte Geschäftsführung, übertrugen ihren Widerstand auf die Liquidatoren und verhinderten auf diese Weise selbst eine schnelle und möglichst billige Liquidation. Von dem ausgeschriebenen Nachschuß ging nur ein sehr geringer Teil ein, die weitaus größte Anzahl der Versicherten verweigerte eine Zahlung des Nachschusses, und infolgedessen mußten die Liquidatoren zur zwangsweisen Beitreibung dieses Nachschusses schreiten.

Hierbei wurde wiederholt die Vertretungsbefugnis der klagenden Liquidatoren angegriffen. Es kam auf § 3 des Statuts an: *Die Dauer der Gesellschaft ist unbeschränkt, insofern nicht die Auflösung von zwei Dritteilen der Mitglieder verlangt oder von der Staatsregierung auf Grund der bestehenden Gesetze angeordnet wird. Die Bestimmungen über Liquidation der Geschäfte bleiben dem Beschlusse der in diesem Falle alsbald einzuberufenden Generalversammlung vorbehalten.* Die genannte Mehrheit war nicht beobachtet gewesen. Eine Auflösung der Gesellschaft war bei der Konzessionsentziehung nicht ausgesprochen worden.

Die unteren Instanzen waren zunächst verschiedener Ansicht. Schließlich sprach sich das Reichsgericht am 20. Januar 1902 dahin aus: daß es an einer ordnungsmäßig erfolgten Auflösung der Gesellschaft fehle und eine Liquidation derselben gar nicht bestehe.

3. Inzwischen war das Reichsgesetz über die privaten Versicherungsunternehmungen vom 12. Mai 1901 in Kraft getreten (vgl. § 125 dieses Gesetzes, sowie Kaiserl. Verordnung vom 21. November 1901). Dieses ist bei der Bearbeitung des vorliegenden Rechtsfalles genauer zu studieren. Es kommen im besonderen folgende Bestimmungen dabei in Betracht:

§ 24: Art der Haftung der Mitglieder für die Ausgaben der Gesellschaft. — Dazu §§ 25; 26.

§ 46: *Nach der Auflösung des Vereins findet die Liquidation statt, sofern nicht über sein Vermögen der Konkurs eröffnet ist. — Bis zur Beendigung der Liquidation gilt der Verein als fortbestehend . . . — Neue Versicherungen dürfen nicht mehr übernommen, die bestehenden nicht erhöht oder verlängert werden.*

§ 47: Die Liquidation hat nach dem Vorbilde der im HGB. für die Liquidation einer Aktiengesellschaft gegebenen Vorschriften zu erfolgen.

§ 49: *Durch die Eröffnung des Konkurses wird der Verein aufgelöst . . .*

§ 50: Haftung der Mitglieder im Falle des Konkurses des Vereins; vgl. § 51. —

§ 52: Im Konkurse des Vereins erfolgt die Feststellung und Ausschreibung der erforderlichen Nachschüsse oder Umlagen durch den Konkursverwalter. Er hat dabei nicht den Rechtsweg vor dem Prozeßgerichte zu betreten, sondern eine Vorschußberechnung aufzustellen. Die Normen dafür sind dem Reichsgesetze über die Erwerbs- und Wirtschaftsgenossenschaften vom 1. Mai 1889 entnommen. Die aufgestellte Berechnung wird nach einer summarischen Verhandlung durch das Konkursgericht für vollstreckbar erklärt. Jedes Mitglied ist befugt, die für vollstreckbar erklärte Berechnung im Wege der Klage anzufechten, die binnen einer Notfrist von einem Monat gegen den Konkursverwalter anzustellen ist.

§ 67, 3: *Bei Versicherungsvereinen auf Gegenseitigkeit hat die Untersagung des Geschäftsbetriebes die Wirkung eines Auflösungsbeschlusses . . .*

§ 68: Sobald der Verein zahlungsunfähig ist, hat der Vorstand der Aufsichtsbehörde Anzeige zu machen, damit sie den Konkurs über das Vermögen des Versicherungsvereins beantragt. *Der Antrag auf Eröffnung des Konkurses kann nur von der Aufsichtsbehörde gestellt werden.*

§ 101: *Vereine, die zur Zeit des Inkrafttretens dieses Gesetzes die Versicherung ihrer Mitglieder nach dem Grundsatze der Gegenseitigkeit betreiben und die Rechtsfähigkeit besitzen, unterliegen auch den Vorschriften dieses Gesetzes über die Versicherungsvereine auf Gegenseitigkeit (Abschnitt III)* . . . d. i. von §§ 15 bis 53.

§ 104: *Die Vorschriften dieses Gesetzes finden keine Anwendung auf Versicherungsunternehmungen, die sich bei seinem Inkrafttreten in Liquidation oder im Konkurse befinden.*

4. Vor allem erhebt sich nun der Zweifel: Ob das neue Gesetz auf die schwebende *Prometheus*-Frage Anwendung zu finden hat?

Für die Bejahung wird von manchen angeführt, daß es in Preußen bisher keine besondere gesetzliche Ordnung eines Liquidationsverfahrens für Versicherungsvereine auf Gegenseitigkeit gegeben habe. Die Formen und Voraussetzungen eines solchen richteten sich also ausschließlich nach dem Gesellschaftsvertrage (ALR. II. 6 §§ 11; 22; 26), also hier nach dem oben wiedergegebenen § 3 des Statuts. Nun waren aber die statutarischen Voraussetzungen einer *Liquidation*, wie früher bemerkt, nicht erfüllt, also § 104 des neuen Gesetzes für den *Prometheus* ohne Bedeutung.

Dagegen wenden andere ein, daß doch *tatsächlich* ein Liquidationsverfahren bestanden habe. Dem Begriffe der *Liquidation* sei genügt, wenn eine Beschränkung auf die Abwickelung der begonnenen Geschäfte eingetreten sei; und das habe hier vorgelegen.

Die Absicht des Gesetzes sei in der angeführten Übergangsbestimmung sicherlich nur die gewesen, diejenigen Vereine von sich auszunehmen, die keine neuen Geschäfte mehr machen wollten und konnten. In der Tat sei schon seit 1898, jedenfalls aber seit dem Urteile des Oberverwaltungsgerichtes 1900 für den *Prometheus* keine Möglichkeit mehr dagewesen, Versicherungen abzuschließen. Als das neue Gesetz kam, sei also kein Unternehmen mehr vorhanden gewesen, das der neuen Ordnung zu unterwerfen war.

Die entgegengesetzte Ansicht verwirft den Unterschied von *tatsächlicher* und *rechtlicher* Liquidation. Das Reichsgericht habe die letztere, und damit jede Liquidation verneint. Eine *Versicherungsunternehmung* (§ 104 cit.) bilde nur den Gegensatz zu einzelnen Versicherungen, die in einem anderen geschäftlichen Unternehmen, z. B. einer Wechselbank, nebenher gehen. Und ein *Betrieb von Versicherungsgeschäften* könne auch da noch vorgenommen werden, wo die Konzession zur Vereinbarung neuer Verträge entzogen und dadurch die Zahl der Versicherten geschlossen ist.

5. In einer von dem Seitherigen unabhängigen Weise entstanden auch Zweifel darüber, ob nicht die Bedenken über die Begründetheit der Liquidation und der Vertretungsmacht der Liquidatoren durch § 67 des neuen Gesetzes beseitigt seien.

Von verschiedenen protestierenden Mitgliedern werden jene Bedenken noch jetzt aufrecht erhalten. Es sei, führen sie an, ein allgemeiner und zwingender Satz unseres Rechtes, daß Gesetze keine *rückwirkende Kraft* hätten: l. 7 C. de legibns (1, 14); ALR. Einl. § 14.

Andere Juristen betonen, daß dieses nur gelte, sofern nicht ein Gesetz die schwebenden Rechtsverhältnisse besonders ergreife; und dies sei in § 67, 3 des neuen Gesetzes geschehen. Das Gesetz gebe hier authentisch an, welche rechtliche Bedeutung *die Untersagung des Geschäftsbetriebes* eigentlich habe. Seither habe man darüber verschiedener Ansicht sein können, jetzt sei eine Spaltung der Meinungen hierüber nicht mehr erlaubt.

Dies wird aber von der zuerst genannten Gruppe doch vorgegenommen, die den § 101 des Gesetzes für sich anzieht. Zu dem dort als *rückwirkend* bezeichneten III. Abschnitt gehöre § 67 nicht.

6. Ganz besonders ist jedoch die Frage der Eröffnung und Durchführung des Konkurses über das Vermögen des *Prometheus* zweifelhaft erschienen.

Die Liquidatoren stellten am 11. März 1902 bei dem Kaiserlichen Aufsichtsamte für Privatversicherung (§ 70 d. Ges.) den Antrag, die Eröffnung des Konkurses herbeiführen zu wollen. Sie stützten sich auf § 68 des neuen Gesetzes: Das Aufsichtsamt lehnte aber den Antrag durch Entscheidung vom 26. März 1902 ab, da es nach seiner Ansicht nicht zuständig sei. In der Rekursinstanz (§ 74 d. Ges.) bestätigte es diese Entscheidung und die Auffassung von der Unanwendbarkeit des neuen Gesetzes.

Nunmehr wurde von dem Amtsgericht I Berlin am 14. Mai 1902 auf Antrag der Gerichtskasse der Konkurs über das Vermögen des *Prometheus* eröffnet. Das Gericht ernannte den Kaufmann Dielitz in Berlin zum Konkursverwalter. Frist zur Anmeldung von Konkursforderungen wurde bis zum 10. August 1902 gesetzt. Und Termin zur Beschlußfassung über die Beibehaltung des ernannten oder die Wahl eines anderen Verwalters, sowie über die Bestellung eines Gläubigerausschusses und eintretendenfalles über die in § 132 der Konkursordnung bezeichneten Gegenstände auf den 10. Juni 1902, und zur Prüfung der angemeldeten Forderungen auf den 10. Oktober 1902 vor dem Amtsgericht I anberaumt.

Das Amtsgericht stellte sich damit dem Anschein nach entschieden auf die Seite derer, welche das neue Gesetz, insbesondere dessen § 68, nicht für anwendbar hielten. Danach wurde der Konkursverwalter bei der Einziehung der Nachschüsse auf den Weg der Klage gegen jeden einzelnen Versicherten (ungefähr 24000) angewiesen.

Aber schon in dem Termine am 10. Juni 1902 traten zwei andere Rechtsansichten auf. Die eine hielt die Eröffnung des Konkurses überhaupt zu Unrecht, da nach § 68 des neuen Gesetzes nur die Aufsichtsbehörde ihn hätte beantragen können. Nach der zweiten Meinung hätte das Amtsgericht mit der Eröffnung recht gehabt; aber die Durchführung des Konkurses habe nun auf Grund von § 101 des neuen Gesetzes in Gemäßheit des dortigen § 52 zu erfolgen.

FSC
www.fsc.org
MIX
Papier | Fördert
gute Waldnutzung
FSC® C083411

Kolibri 360 GmbH
Ferdinand-Jühlke-Straße 7
99095 Erfurt, Deutschland
produktsicherheit@kolibri360.de